Michael Schmidt · Formel 1 – Jahrbuch 2013

DER KOMPLETTE SAISON-RÜCKBLICK

ALLE RENNEN ALLE HIGHLIGHTS ALLE DUELLE

FORMEL 1
JAHRBUCH 2013

Motor
buch
Verlag

IMPRESSUM

Chefredaktion: Ralph Alex, Jens Katemann
Stellvertretende Chefredaktion: Birgit Priemer
Redaktion: Michael Schmidt
Fotos: Daniel Reinhard, Wolfgang Wilhelm
Grafische Gestaltung: Frank Zähringer
Layout: Elke Hermann
Produktion: Christine Oehling

ISBN: 978-3-613-03589-8

1. Auflage 2013

Herstellung: Medienfabrik GmbH, 70174 Stuttgart
Druck und Bindung: Castelli bolis, Cenate sotto (Bergamo)
Printed in Italy

INHALT

Ralph Alex, Chefredakteur
auto motor und sport

Das war wieder die Saison eines Mannes: Sebastian Vettel

Solche Jahre gibt es nun mal in der Formel 1: Jahre, in denen ein Fahrer und ein Auto alle anderen klar dominieren. Das war 1952 und 1953 mit Alberto Ascari so, 1955 mit Juan-Manuel Fangio, 1963 und 1965 mit Jim Clark, 1969 und 1971 mit Jackie Stewart. Noch mehr Beispiele? Bitteschön: 1975 mit Niki Lauda, 1992 mit Nigel Mansell, 1993 mit Alain Prost, 2001, 2002 und 2004 mit Michael Schumacher und 2011 mit Sebastian Vettel. Der ragte auch wieder in dieser Saison heraus. Vettel holte seinen vierten Titel in Folge, und er stempelte diese historische Leistung vier Rennen vor Saisonende in den Asphalt.

Merkwürdig war nur: Der Seriensieger und sein Team standen trotzdem in der Kritik. Zu glatt, zu angepasst, zu erfolgsorientiert, zu perfekt sei er. Gute Gewinner sind oft auch schlechte Verlierer. Vettel musste sich auf dem Podium bisweilen Buhrufe anhören. Man gab ihm die Schuld, dass der Sieger schon vorher feststand. Dabei hat er einfach nur einen besseren Job gemacht als seine Verfolger.

Dennoch hatte diese Saison ihren Reiz. Mercedes wurde endlich ein Siegerteam. Ferrari lief dem WM-Titel weiter hinterher. Fernando Alonso wird dabei immer mehr zur tragischen Figur. Er selbst hat die gleichen Qualitäten wie Vettel, aber kein so überlegenes Auto. Lotus kämpfte mit knappem Budget gegen Windmühlen, und der stolze McLaren-Rennstall stürzte ausgerechnet im 50. Jahr seines Bestehens ins Mittelfeld ab. Williams erlebte seine schwärzeste Saison seit der Firmengründung 1977.

Das erste Reizthema der Saison waren die Reifen. Red Bull sah in Pirellis kurzlebigem Gummi den Hauptgrund dafür, dass man nicht jedes Rennen gewann. Mercedes machte in dem unberechenbaren Produkt die Ursache für seine Reifenprobleme aus. Beide betrieben fleißig Lobbyarbeit, bis ihnen der Grand Prix von England das beste Argument in die Hand spielte. Das Rennen stand wegen vier Reifenplatzern kurz vor dem Abbruch. Pirelli musste zu den alten Reifen zurück. Das veränderte das Bild dieser Saison. Red Bull war fortan unschlagbar.

Auch das Wort Krise machte die Runde. Der Hälfte aller Teams geht es schlecht. Jeder zweite Fahrer muss Geld mitbringen – weil der Sport zu teuer ist und das Geld ungerecht verteilt wird. Im nächsten Jahr werden die Karten anders gemischt. Mit den V6-Turbo-Motoren steht die Formel 1 vor einem Neubeginn.

Unser Formel 1-Team 200 000 Flugkilometer legt Reporter Michael Schmidt pro Saison zurück. Hier mit den Fotografen Daniel Reinhard (l.) und Wolfgang Wilhelm (r.)

Titel Num

mer vier

Der Vettel-Finger Michael Schumacher zeigte die Faust, Vettel hält den rechten Zeigefinger als Sieges-Zeichen in die Luft. Das bringt ihm nicht nur Sympathien ein

Dank an den Wagen Vettel weiß, was er an seinem Red Bull hat. Der RB9 war genauso überlegen wie der RB7 von 2011. Doch überlegene Technik allein ist keine Sieg-Garantie. Siehe Mark Webber. Vettel setzt den Vorteil in Rundenzeit um

Das letzte Jahr Webber sagt Goodbye zur Formel 1. Der Australier hat nach zwölf Jahren in der Königsklasse die Nase voll und fährt 2014 für Porsche die Sportwagen-WM. Gegen Vettel war Webber chancenlos

Der vierte Titel. Hintereinander. Nur Juan-Manuel Fangio und Michael Schumacher haben das hingekriegt. Jetzt Sebastian Vettel. Der 26-jährige Heppenheimer, der im schweizerischen Ellighausen auf einem Bauernhof lebt, ist auf Rekordjagd. Michael Schumacher muss sich um seine Bestwerte Sorgen machen. Vettel gewinnt und gewinnt. Nach der Sommerpause war das gar keine Nachricht mehr. Man konnte sich schon gar nicht mehr daran erinnern, wie es noch war, als Vettel einmal nicht den Siegerfinger zeigte. Die Saison 2013 wurde zum Abziehbild des Jahres 2011. Vettel hatte nur eine kurze Phase in dieser Weltmeisterschaft echte Gegner. Bis zum GP Spanien Fernando Alonso, bis zum GP Ungarn Lewis Hamilton. Kimi Räikkönen schwamm im Strom der Verfolger immer so mit, doch eine echte Bedrohung war der Lotus-Pilot eigentlich nie. Während das Titelrennen 2010 und 2012 erst im Finale entschieden wurde, stand 2011 und 2013 der Weltmeister lange vor Torschluss fest.

Red Bull hatte von Anfang an das beste Auto. Das war schon im Training zum Saisonauftakt in Melbourne erkennbar. Doch anfangs stellte die Reifenentwicklung Red Bull ein Bein. Die Reifenkonstruktion mit einem Gürtel aus Stahl statt aus Kevlar war zu weich. Das gab anderen die Möglichkeit, mit wenig Luftdruck Hitze im Reifen zu generieren. Die Walkarbeit erledigte, was sonst aerodynamisch erzeugter Anpressdruck tut. Der war sogar kontraproduktiv. Red Bull wurde im Rennen der Abtrieb des RB9 zum Verhängnis. Der zog den Reifen die Lauffläche vom Unterbau. Dass man trotzdem einige Rennen gewann, zeigt die Qualität dieses Teams. Red Bull verzichtete freiwillig auf Speed, um besser mit den Reifen haushalten zu können.

Parallel dazu betrieb das Weltmeister-Team Lobbyarbeit gegen Red Bull. Unter dem Deckmantel von Sicherheitsbedenken. Die Reifenschäden von Silverstone gaben Pirellis Kritikern Recht. Als Pirelli zu den alten, steiferen Konstruktionen zurückkehrte, lief für Red Bull wieder alles nach Maß. Jetzt wurden die Anstellung des Autos und der vom Auspuff generierte Abtrieb zur Trumpfkarte. Testfahrer Sebastien Buemi erklärt: „Je steifer die Konstruktion, umso mehr brauchst du Abtrieb, um die Reifen zum Arbeiten zu bringen.“ Die Konkurrenz verzweifelt an der Erfolgsmaschinerie aus Milton Keynes. Einzige Hoffnung: Die neuen Turbomotoren für 2014 könnten das Kräfteverhältnis durcheinanderwirbeln.

Vettel hat das Pech, im besten Auto zu sitzen. Deshalb verweigert ihm die Formel 1-Gemeinde den Heldenstatus. Alonso, Hamilton oder Räikkönen kommen besser weg, weil sie mit unterlegenem Material Wunderdinge vollbringen. Ex-Pilot Martin Brundle findet das ungerecht: „Mark Webber ist ein guter Rennfahrer. Er fährt das gleiche Auto wie Vettel. Aber er macht viel weniger daraus.“ Pfiffe bei Siegerehrungen führten zu der Frage: Warum ist Vettel so unbeliebt? Ist er es wirklich? Oder muss er einfach mit der Tatsache leben, dass Seriensieger keine Publikumslieblinge sind? Vettel ist vielen zu glatt. Der ausgestreckte Mittelfinger als Ersatz für das Victory-Zeichen wirkt arroganter als die Schumi-Faust. Der Jubel am Funk nach seinen Siegen hört sich aufgesetzt an. Vettel will nur gewinnen. Da muss alles in den Hintergrund treten, was ihn davon abhält. Er will nicht durch markige Sprüche polarisieren, weil er sie im Anschluss erklären muss. Im Team oder bei den Medien. Das kostet Energie und Zeit. „Du musst mit deinen Aussagen vorsichtig sein. Alles wird aus dem Zusammenhang gerissen. Wenn ich mal etwas raus lasse, dann wird ewig nachgekartet.“

Vettel hat zwei Gesichter. Würde er sich vor der Kamera so geben, wie er wirklich ist, wäre er Everybodys Darling. Aber vielleicht nicht vierfacher Weltmeister. Auf der Rennstrecke schaltet Vettel in seinen Arbeitsmodus. Hier ist Effizienz gefragt, nicht Imagepflege. Es ärgert ihn, wenn die blondierten Haare ein wichtigeres Thema sind als die Erklärung einer schnellen Runde oder einer guten Rennstrategie. Vettel findet das oberflächlich. Das geht ihm gegen den

Gefragter Mann Vettel stellt sich in Singapur den Medienvertretern. Die Presserunden des Weltmeisters sind gut besucht. Doch wer auf kontroverse Aussagen wartet, wird enttäuscht. Vettel hat die Diplomatie gelernt

Verbotene Taxifahrt Webber kassiert für seine Mitfahrt auf Alonsos Ferrari in Singapur eine gelbe Karte

Hammerhai Der Red Bull RB9 ist das aerodynamisch effizienteste Auto im Feld. Der Frontflügel ist ein Kunstwerk

Begehrte Unterschrift Vettel kommt mit dem Autogrammeschreiben kaum nach

Strich, weil er durch und durch Rennfahrer ist. Er mag seinen Sport. Wer von der heutigen Fahrergeneration würde sich ein 25minütiges Video über den GP Belgien 1955 anschauen und dann jede einzelne Szene rezitieren? Wer von seinen Kollegen würde sagen, dass er gerne ein GP-Wochenende lang in dieser Zeit gelebt und ein Rennen mit PS-Monstern wie dem Mercedes W 194 oder dem Lancia D50 gefahren wäre?

Interessanterweise hat Vettel am meisten Punkte in der Öffentlichkeit gesammelt, als er nach der gebrochenen Stallregie beim GP Malaysia in die Offensive ging. Da gab er zu, dass er Webber nie den Sieg überlassen hätte, weil der Australier es nicht verdient gehabt hätte, dass man ihm einen Sieg schenkt. Das Fahrerlager erlebte plötzlich einen anderen Vettel. Einen, der sein wahres Gesicht hinter dem Lenkrad zeigt. Da werden keine Geschenke verteilt. Da zählt nur die eigene Person. Dafür bekam er mehr Lob als Kritik. Weil es authentisch war. Red Bull-Berater Helmut Marko applaudiert unverdrossen: „Wir sehen den besten Vettel, den es je gab. Er verschwendet seine Zeit nicht mit Politik, nicht mit der Presse, sondern konzentriert sich auf seinen Job. Zu seinem Speed kommen die Abgeklärtheit und das Verständnis für die Technik. Er begreift das Auto besser als andere."

Vettels Problem, seine Unbeliebtheit, hat auch etwas mit seinem Team zu tun. Red Bull hat sich in den letzten Jahren als schlechter Verlierer geoutet. Die Fangemeinde nimmt es Red Bull übel, dass man sofort auf Pirelli schoss, als die unberechenbaren Reifen die Siegesserie unterbrochen haben. „Dabei haben sie die Weltmeisterschaft immer angeführt", stichelt Pirelli-Sportchef Paul Hembery. „Keiner hat verstanden, warum sie sich beschweren."

Marko kritisiert die Kritiker: „Unser Erfolg ist das Resultat harter Arbeit. Wir haben keine Schwächen und machen keine Fehler. Es gibt keine falschen Setups mehr, keine schlechte Strategie, keine Pannen beim Boxenstopp." Einspruch: Es gibt sie noch, aber nur bei Mark Webber.

Red Bull trägt sich mittlerweile selbst. Aus dem Topf von Bernie Ecclestone, Hauptsponsor Infiniti und 23 weiteren Partnern fließen 240 Millionen Euro in die Kasse des Teams. Red Bull-Besitzer Dietrich Mateschitz muss seine Haushaltskasse gar nicht mehr anfassen. Dass Red Bull mit seinem RB9 gleich wieder an der Spitze fuhr, ist ein Kompliment an das Team. „Wir hatten noch nie eine so kurze Entwicklungsphase, weil wir 2012 bis zuletzt in den WM-Kampf eingespannt waren", gibt Christian Horner zu. Zeitweise drohte sogar die erste Testwoche in Jerez zu platzen. „Die Produktionsabteilung hat mehrere Wunder vollbracht", lobt Horner.

Red Bulls Strategie ist auf der heißen Nadel gestrickt. Wären alle Autos ganz allein auf der Strecke, dann hätte Red Bull mit dem RB9 über eine Renndistanz immer die Nase vorn. Die aerodynamische Effizienz, die Getriebeübersetzung und die Motorcharakteristik sind auf die optimale Rundenzeit unter optimalen Bedingungen abgestimmt. Das Kartenhaus bricht in dem Moment zusammen, in dem der Red Bull andere Autos vor sich hat. Im Verkehr leidet die Aerodynamik des RB9 mehr als bei den Konkurrenzprodukten. Der Topspeed reicht zum Überholen nicht aus, weil Abtrieb und eine kurze Übersetzung Vorrang haben.

Deshalb gibt es im Rennen meistens zwei Red Bull. Den von Vettel, der sich an Adrian Neweys Marschroute hält und so schnell wie möglich in Führung geht. Und den von Webber, der im Verkehr steckenbleibt und sich dort die Reifen ruiniert. Die Experten sind dann gezwungen, den Australier mit alternativen Strategien aus den Turbulenzen seiner Gegner zu holen. Was nur selten funktioniert. Webber ist im Rennen nicht um so viel schlechter als Vettel, wie es den Anschein hat. Siehe Malaysia. Da fuhr der neunfache GP-Sieger ausnahmsweise mal vorne und kämpfte mit Vettel um den Sieg. Vettels Leistung besteht darin, dass er sich ständig für die ersten zwei Startreihen qualifiziert und in den ersten Runden extrem aggressiv an die Spitze drängt, wenn er nicht sowieso schon

Ohne Gegner Ferrari konnte Red Bull nur sieben Rennen lang Gegenwehr leisten. Als Pirelli zu den Vorjahresreifen zurückkehrte, waren Vettel und Webber nicht mehr zu halten. Hier geht Webber mühelos an Alonso vorbei

den Start gewinnt. Das ist die Basis dafür, dass er dann im Rennen unschlagbar ist. Sonst hat er Schadensbegrenzung betrieben. Was er 2013 meisterhaft geschafft hat. In der Disziplin steht er Fernando Alonso um nichts mehr nach.

Mark Webber brachte keinen Fuß auf den Boden. Das hat auch technische Gründe. Der aktuelle RB9 ähnelt in seiner Charakteristik dem RB7 von 2011. Auch da fiel Webber gegen Vettel stark ab. Das Auto ist wieder stärker angestellt als im Vorjahr. Das verlangt einen speziellen Fahrstil, weil man den Auspuffstrahl braucht, um den Diffusor zu versiegeln und Abtrieb zu produzieren. Webber hat da Mühe, Vettel nicht. Er kann seinen Fahrtstil darauf einstellen. Das Geheimnis liegt darin, wie er bremst, runterschaltet, Gas gibt, Kers einsetzt, welche Linie er in den Kurven wählt, damit der Motor so oft wie möglich am Gas hängt und Auspuffgase produziert, die Anpressdruck bringen.

Webber hat das Kapitel Formel 1 abgeschlossen. „Mein Entschluss stand schon Weihnachten fest." Wieder ein Charakterkopf, der geht. Es gibt nicht mehr allzu viele davon. Der Australier kehrt zu seinen Wurzeln zurück. Er wird ab 2014 für Porsche Langstreckenrennen fahren. 1999 hat er das für Mercedes getan. Sein Nachfolger kommt aus dem eigenen Stall. Daniel Ricciardo ist ein Zugeständnis an die Mission, mit der Red Bull einst im GP-Sport angetreten war: Wir bringen junge Talente in die Formel 1. Der Australier wird nicht viel Zeit bekommen, sich in der Todeszone der Formel 1 zu akklimatisieren. „Daniel kennt das Team, unsere Arbeitsweise, unsere Ansprüche. Das verkürzt die Flitterwochen", konstatiert Teamchef Christian Horner. Ricciardo gewann das Rennen um die Webber-Nachfolge gegen Kimi Räikkönen. Der Finne ist der Held der Fans, aber nicht unbedingt der Teamchefs. Er ist zu sehr Nonkonformist. Damit hätte er auch bei Red Bull angeeckt. Der große Schweiger aus Espoo ist nicht mehr kompatibel mit dem Nadelstreifen-Profil, das Dietrich Mateschitz seinem Vorzeige-Rennstall aufzudrücken versucht. Früher wäre einer wie Kimi cool gewesen und hätte wie die Faust aufs Auge in die verrückte Red Bull-Welt gepasst. Seriensieger sind seriös. So ändern sich die Zeiten.

Ex-Kollege Fünf Jahre lang war Webber Vettels Teamkollege

Neuer Kollege 2014 fährt Vettel mit Ricciardo im Team

Das Superhirn Newey baut seit 2009 das schnellste Auto im Feld

Doppelspitze Horner und Marko lenken das Red Bull-Imperium

Streckeninspektion Vettel unterwegs mit Ingenieuren „Rocky“ und „Timmy“

Blau gegen Rot Vettel schlägt Massa und Alonso in Malaysia-Qualifikation

Denkstunde Vettel und sein Renningenieur Rocquelin grübeln über das Setup. Wenn sie mal falsch lagen, dann höchstens für einen Tag. Spätestens im freien Samstagstraining waren alle Abstimmungsfehler wieder ausgebügelt

GP AUSTRALIEN: **MELBOURNE**

Überraschungssieger Mit Räikkönen hatte keiner gerechnet. Der Lotus-Pilot kam vom siebten Startplatz und wechselte ein Mal weniger die Reifen als die Konkurrenz

Orientierungsprobleme Formel 1-Neuling Bottas kommt in der ersten Kurve vom rechten Weg ab. Der Finne qualifiziert sich bei seinem Debüt vor Teamkollege Maldonado und landet auf Platz 14

Nullrunde zum Auftakt Nico Rosberg hat nach 26 Runden Feierabend. An seinem Mercedes stellt es durch Vibrationen den Hauptschalter auf Aus. Die Batterie liefert daraufhin keinen Saft mehr

Böse Ohrfeige Grosjean beendet den ersten Grand Prix des Jahres auf Platz 10. Das schmerzt, wenn der Teamkollege Räikkönen gewinnt. Grosjean hadert mit der Abstimmung seines Lotus E21

Trio Infernale Alonso, Räikkönen und Vettel stehen da wie Wachsfiguren. Der Sieg beim Saisonauftakt entlockt Räikkönen sogar ein Lächeln. Lotus-Chefingenieur Permane freut sich mit

Räikkönen streichelt die Reifen und gewinnt

Der Sieger kommt aus dem Nirgendwo. Sebastian Vettel liest die meiste Zeit auf seiner Boxentafel die Nachricht „P3“. Dass Fernando Alonso vor ihm liegt, weiß er. Auf den langen Geraden kann er den Ferrari am Horizont sehen. Doch wer ist der dritte Mann? Und vor allem: Wo kommt er her? Auf einer der großen Videoleinwände erkennt Vettel dann, wer das Rennen von der 23. bis zur 33. Runde und ab dem 43. Umlauf bis zum Schluss anführt. Es ist Kimi Räikkönen, der Mann, der vom siebten Startplatz aus ins Rennen geht. Wer die Dauerläufe am Freitag richtig gelesen hat, gibt dem Finnen eine Außenseiterchance. „Uns war da schon klar, dass wir mit zwei Stopps über die Distanz kommen“, berichtet Technikchef James Allison. Daran ist für Red Bull und Mercedes gar nicht zu denken. Auch Felipe Massa bedauert: „Meine Hinterreifen haben zu stark abgebaut.“ Bei Alonso hätte es funktionieren können, doch Ferrari traut sich nicht. „Wir waren zu konservativ“, gibt Rennleiter Stefano Domenicali zu. Mercedes-Teamchef Ross Brawn rechnet nach: „Alonso hatte den besten Rennspeed. Er hätte mit zwei Stopps gewonnen. Kimi wäre mit einer Dreistopptaktik nur Vierter geworden.“

Räikkönen erwidert, dass er gar nicht gefordert wurde. „Mein leichtester Sieg.“ Kurz vor Schluss deutet er mit der schnellsten Rennrunde an, was möglich gewesen wäre. „Die ist Kimi wichtig, weil er da in der ewigen Bestenliste weit vorne liegt“, verraten seine Freunde. Und warum muss dann Romain Grosjean ein Mal öfter stoppen als sein Teamkollege und kommt mit 82 Sekunden Rückstand auf den Sieger ins Ziel? „Weil die Abstimmung meines Autos nicht mehr so war wie sie sein sollte. Ich hatte zuerst Untersteuern, dann Übersteuern. Das hat Hinterreifen gefressen.“

Die Reifen drücken diesem Grand Prix den Stempel auf. Im Training ist Red Bull unantastbar, im Rennen dafür nur dritte Kraft hinter Lotus und Ferrari. Mancher hätte Vettel bereits nach seiner Pole Position zum vierten WM-Titel gratuliert. Er ist 1,083 Sekunden schneller als der beste Ferrari. Red Bull fliegt der Konkurrenz vor allem in den langsamen Ecken davon. Es fällt auf, dass der neue RB9 wieder so stark angestellt ist wie das Meisterauto von 2011. Obwohl der Auspuffstrahl den Diffusor seitlich nicht mehr so versiegeln kann wie zwei Jahre zuvor. Eine Neupositionierung des Auspuffs, dünnere Endrohrdurchmesser, kurze Getriebeübersetzungen, damit der Motor so oft wie möglich am Gas hängt, und Vettel, der seinen Fahrstil darauf einstellt, erledigen das. Außerdem fährt Red Bull mit extrem viel Sturz an der Hinterachse. Das verbessert die Traktion. Doch im Dauerbetrieb schädigt es bei Asphalttemperaturen von 25 Grad die Reifen. Die Gummischicht schält es wie Haut nach einem Sonnenbrand von der Lauffläche. Da wird der Abtrieb zur Falle. Je mehr Energie dem Reifen abverlangt wird, umso schlimmer körnt der Gummi.

Eigentlich sollte das Feld im fünften Jahr eines Reglements zusammenrücken, doch es gibt eine Erklärung für das riesige Gefälle zwischen Arm und Reich. Wenn die Technik ausgereizt ist, findet der Fortschritt im Detail statt. Da werden Geld in der Kriegskasse und exzellente Werkzeuge zum Matchwinner. „Unser

> Wir haben gute Leute, exzellente Werkzeuge, aber nicht das Geld, um mit den Topteams mithalten zu können

Kimi Räikkönen

Windkanal misst die kleinen Fortschritte gar nicht", ärgert sich Force India-Sportdirektor Otmar Szafnauer.

Melbourne hat seine Eigenheiten. „Die Strecke ist viel schwieriger, als sie aussieht", warnt Mika Häkkinen, der Sieger von 1998. „Jede Kurve hat eine unterschiedliche Eingangsgeschwindigkeit und einen anderen Bremspunkt." Das Hauptkriterium ist eine gute Traktion. Funktioniert die Aerodynamik auch noch bei ausreichend Bodenfreiheit im Heck, ist das schon die halbe Miete. McLaren und Williams sind verloren, weil sie tief fahren müssen, um Abtrieb zu generieren. Darunter leidet der mechanische Grip. Die Reifen kommen nie auf Temperatur.

Im Rennen dominieren die Autos, die mit dem Anpressdruck gerade so in einem Fenster liegen, das ausreichend schnelle Rundenzeiten zulässt, die Reifen aber nicht überfordert. Das sind Lotus, Ferrari und Force India. Adrian Sutil führt den GP Australien elf Runden lang an. Den ersten Angriff von Vettel wehrt er ab. Ein zweiter kommt nicht mehr. Vettel hat sein Pulver verschossen, weil seine Reifen nach einer Runde Hinterherfahren sofort Grip verlieren. Hinter ihm drängeln die Ferrari und Räikkönen. Alonso schert aus diesem Zug aus. Drei Runden früher als geplant. So kommt er an Vettel vorbei. Als der Weltmeister später Alonso folgen will, muss er abreißen lassen. „Bei dem Tempo hätte ich mir die Reifen ruiniert."

Der Force India VJM06 sieht aus wie eine graue Maus. Doch Chefdesigner Andy Green und seine Gruppe sind gute Kopierer. Sie mixen erfolgversprechende Details der Konkurrenz mit eigenen Ideen und fahren gut damit. „Unsere Mittel sind begrenzt. Wir müssen so arbeiten", entschuldigt sich Szafnauer. Der neue Force India hat seine Defizite in schnellen Kurven abgelegt, ohne seine gute Traktion zu opfern. „Unser Auto ist einfach zu verstehen, abzustimmen und zu fahren", erklärt Szafnauer das indische Wunder. Sutil stürzt nur auf Rang sieben ab, weil die superweichen Reifen im letzten Abschnitt einbrechen. Warum, weiß keiner. „Ich kam mit diesem Reifentyp zurecht", erwidert Teamkollege Paul di Resta.

Mercedes hat das umgekehrte Problem. Keiner fährt länger auf den extraweichen Reifen als Nico Rosberg und Lewis Hamilton. „Wir träumten schon vom Doppelsieg", sagt Rosberg. Doch die harten Sohlen verschleißen zu schnell. Hamilton fährt nur elf Runden mit dem dritten Satz. Im Duell mit Alonso bremst er sich zwei Löcher in die Vorderreifen. Alonso reagiert brillant. Als Hamilton im toten Winkel schräg hinter ihm mit blockierenden Rädern heranfliegt, macht er die Lenkung auf. „Ich sah nur die Rauchfahne im Rückspiegel. Da wusste ich, dass Lewis ein Problem hat." Nico Hülkenberg verfolgt das Rennen im Hotelzimmer. Auch im dritten Anlauf hat er keine Runde beim GP Australien geschafft. Zwei Stunden vor dem Start entdecken die Sauber-Mechaniker ein Leck im Tank. In der Tankblase hat sich beim Spritablassen am Samstagabend ein Vakuum gebildet. Dabei ist einer der Befestigungsbolzen im Chassis gebrochen und hat ein Loch in den Tank gerissen. Hülkenberg ist untröstlich: „Meine Melbourne-Rennen werden immer kürzer: Kurve 6, Kurve 1, jetzt nicht mal ein Start."

Alle Fakten zu diesem Rennen auf Seite 186

GP MALAYSIA: **SEPANG**

Abgehoben Alonsos Ferrari setzt zum Sprung an. Aber nicht, weil er auf Webber auffährt, sondern weil der Frontflügel abbricht und dabei unter das Auto gerät

Tücken des Wetters Rennen in Sepang sind oft eine Wetterlotterie. Diesmal beginnt der GP Malaysia im Regen und endet im Sonnenschein. Zuschauer sind Mangelware. Webber hat gerade einen Caterham überrundet

Zu ungestüm Alonso touchiert in der zweiten Kurve den Red Bull von Vettel und fährt sich dabei den Frontflügel krumm. Dahinter kämpfen Massa, Webber und die beiden Mercedes-Piloten um Platz drei

Schneller Brüter Hamilton bekommt in 2,5 Sekunden vier neue Reifen. Dazu muss der Ablauf bis ins Detail stimmen. 21 Mann sind an dem Boxenstopp beteiligt. Hamilton wird dank der Mercedes-Stallregie Dritter

Sehen so Sieger aus? Bei Red Bull herrscht dicke Luft. Vettel hat die Stallorder ignoriert und Webber ausgetrickst. Der Australier fühlt sich von seinem Teamkollegen betrogen. Sein Gesichtsausdruck spricht Bände

Doppelsieg und schlechte Laune bei Red Bull

Der GP Malaysia ist mit der Zielflagge nicht vorbei. Auf dem Siegerpodest versammeln sich drei Fahrer, die ein Gesicht machen, als kämen sie gerade von einer Beerdigung. Red Bull und Mercedes haben ihren Fahrern nach dem letzten Boxenstopp mitgeteilt, dass sie Position halten sollen. Die beiden Tandems trennen zehn Sekunden. Keine Gefahr von hinten, keine Chance nach vorne zu kommen. Die Strategen auf der Kommandobrücke denken bereits an das nächste Rennen. Der Befehl „Multi 21" legt bei Red Bull nicht nur die Reihenfolge gemäß der Startnummern fest, sondern er weist die Piloten an, den Multifunktionsschalter am Lenkrad auf die entsprechende Zahl einzustellen. Das justiert alle Systeme auf Schongang, gestattet Kers nur noch in homöopathischen Dosen und bedeutet, dass man die Reifen am Leben halten soll. Mark Webber hält sich daran. Klar, er liegt ja auch mit 4,2 Sekunden Vorsprung auf Sebastian Vettel in Führung. Teamchef Christian Horner verteidigt die Stallregie: „Wir hatten nur Angst um die Reifen." Webber ergänzt: „„Wir fahren die meiste Zeit des Rennens mit 80 Prozent. Ich hätte auch lieber ein offenes Duell, aber erklären Sie mal eine Kollision mit dem Teamkollegen den 500 Angestellten in der Firma."

Vettel sagt, er hätte den Befehl nicht verstanden. Weil er ihn auch nicht verstehen will. Er hat sich die weicheren Reifen und mehr Sprit für das Finale aufgespart. Warum soll er Webber gewinnen lassen? „Mark hätte es nach allem, was zwischen uns passiert ist, nicht verdient gehabt." Mehr noch: Webber ist im Mittelteil des Rennens absichtlich langsam gefahren, damit Lewis Hamilton zu Vettel aufschließen kann. Und er hat seinem Renningenieur falsche Reifendaten genannt, um den letzten Boxenstopp vor Vettel abwickeln zu können. An der Box erkennt man jedoch, dass Webbers Reifen noch in Ordnung sind. In der 46.Runde kommt es zu einem sehenswerten Duell der Red Bull-Piloten über fünf Kurven. Das Vettel gewinnt: „Weil ich schneller war als Mark."

Nach der Zieldurchfahrt herrscht dicke Luft. Webber wird noch am Funk beruhigt: „Wir haben es Seb gesagt, aber er hat sich nicht daran gehalten." Der Australier presst mit versteinerter Miene hervor: „Einer im Team hat sich nicht an die Abmachungen gehalten." Im Parc fermé ist bei Vettel von Reue noch wenig zu spüren. Erst als er die Reaktion seines Teams sieht und Technikchef Adrian Newey bei der Siegerehrung ihm ein paar kritische Worte ins Ohr flüstert, wird dem Deutschen die Tragweite seiner Aktion klar. Von Freude über den ersten Doppelsieg der Saison ist da nicht viel zu spüren. Vettel geht auf Entschuldigungstour: „Ich habe gegen die Interessen des Teams gehandelt. Das hätte nicht passieren dürfen." Für Webber zeigt er kein Mitleid: „Mark hatte sich schon einige Male dafür entschieden, dass er dem Team nicht helfen will. Deshalb werde ich mich für meinen Sieg nicht entschuldigen."

Auch bei Mercedes hängt der Haussegen schief. In der 44. Runde weist Teamchef Ross Brawn seine Fahrer an, das Rennen im Spritsparmodus zu Ende zu fahren. Zufällig in der Runde hat Nico Rosberg seinen Teamkollegen Lewis Hamilton überholt. Hamilton darf wieder vorbei und mimt den zu Unrecht Beschenkten:

99 Mir wurde gesagt, das Rennen sei vorbei. Ich habe nichts gegen ein Duell, aber so wollte es das Team. Seb hat seine eigene Entscheidung getroffen **66**

Mark Webber

„Eigentlich sollte Nico hier sitzen. Er hat sich die Reifen besser eingeteilt und war schneller als ich." Die Mercedes-Bosse Niki Lauda und Toto Wolff kritisieren Brawns Machtwort. Der rechtfertigt sich mit besonderen Umständen. Ab Rennmitte liegen beide Fahrer mit dem Verbrauch im Minus. Die Spritmenge ist knapp kalkuliert, weil Mercedes eine längere Regenphase zu Beginn erwartet und nicht mit einrechnet, dass man das Tempo der Red Bull so lange mitgehen kann. Erst als die Asphalttemperaturen um zehn Grad sinken, muss das Mercedes-Duo abreißen lassen. „Das hat Red Bull mehr geholfen als uns", verrät Brawn.

Ab Runde 32 mahnen die Renningenieure Tony Ross und Pete Bonnington ihre Piloten zu spritsparender Fahrweise. Also 50 Meter vor dem Bremspunkt den Fuß vom Gas. Das Codewort heißt „lift and coast". „Da tut sich der Verfolger leichter als der Vordermann", erklärt Brawn: „Er kann den Windschatten nutzen und öfter den Heckflügel flachstellen." Deshalb hat Rosberg etwas mehr Reserven als Hamilton. Rosberg fehlen 1,4 Liter auf die Marschroute, Hamilton 2,1. „Es hätte beiden nicht gereicht, wenn sie so weitergefahren wären", beharrt Brawn. „Weil der Einspareffekt über den Fahrstil nicht ausgereicht hat, musste ich eingreifen. Rosberg mag der Schnellere gewesen sein, aber er hatte es bis dahin nicht geschafft, Hamilton zu überholen. Warum sollten wir ihn vorbeilassen? Dann hätte Lewis Jagd auf Nico gemacht. Mit dem Nachteil, dass uns der Sprit ausgegangen wäre."

Die Mitfavoriten Ferrari und Lotus bringen sich selbst um alle Chancen. Fernando Alonso fährt Vettel in der zweiten Kurve ins Heck. Daraufhin steht sein Frontflügel auf Halbmast. Statt ihn sofort an die Box zu holen, will Ferrari die ersten vier Runden auf nasser Fahrbahn überstehen, um dann gleich auf Slicks zu wechseln. Der Plan geht schief, als der Flügel zu Beginn der zweiten Runde abbricht, unter das Auto rutscht und zur Sprungschanze wird. Melbourne-Sieger Kimi Räikkönen spielt auch keine Rolle. Er muss nach einer Strafversetzung wegen Behinderung von Rosberg im Training von Platz zehn starten. Der Finne hängt die meiste Zeit im Verkehr fest, davon 21 Runden hinter Nico Hülkenberg im Sauber. In den Runden, in denen er frei fahren kann, deutet er an, dass er den Speed der Red Bull und Mercedes gehabt hätte.

Sauber freut sich über die ersten vier WM-Punkte. Doch nach der Zieldurchfahrt mahnt Hülkenberg seine Sauber-Crew am Bordfunk an: „Leute, wir müssen uns mit dem Auto noch in vielen Bereichen verbessern. Das ist nicht akzeptabel." McLaren verzeichnet einen Fortschritt. Der MP4-28 harmoniert nicht mit den Reifen. Als die Ingenieure den Unterboden rund um die Hinterräder modifizieren, „mit Messer und Gabel statt mit Hilfe von Windkanaldaten", wie Teamchef Martin Whitmarsh schaudert, ist das Auto gleich um eine halbe Sekunde schneller. Jenson Button verliert seinen fünften Platz, weil beim zweiten Boxenstopp das rechte Vorderrad nicht richtig arretiert wird. „Unsere Jungs waren zu ehrgeizig. Sie wollten den ersten Stopp unter zwei Sekunden schaffen", tadelt Whitmarsh. Den besten Stopp des Tages schafft die Red Bull-Crew bei Webber: 2,05 Sekunden.

Alle Fakten zu diesem Rennen auf Seite 187

GP CHINA: SHANGHAI

Flagge gezeigt Alonso feiert den ersten Ferrari-Sieg der Saison. Der Spanier fährt dabei so schnell wie möglich langsam. Das verlangen die kurzlebigen Pirelli-Reifen

Volles Haus China hat im zehnten Jahr die Formel 1 entdeckt. Am Renntag kommen 130 000 Zuschauer. Sie sehen eine packende Anfangsphase mit Spitzenreiter Hamilton vor Alonso, Massa und Publikumsliebling Räikkönen

Ratschlag vom Chef Lauda warnt den Trainingsschnellsten Hamilton davor, zu Rennbeginn zu stark zu attackieren. Doch der Engländer hält sich nicht daran. Die Reifen brechen eine Runde früher als kalkuliert ein

Kurzes Highlight Hülkenberg führt acht Runden lang den GP China an. Vettel, Button und Sutil beißen sich die Zähne aus. Trotzdem reicht es für den Sauber-Piloten nur zu einem WM-Punkt

Quertreiber Webber driftet mit vollem Einsatz durch die Zielkurve und bezieht den Kunstrasen mit in die Ideallinie ein. Der Australier hat kein Glück. Im Training landet er auf dem letzten Startplatz. Im Rennen verliert er ein Rad

Sieger Alonso fährt am schnellsten langsam

Dieser Grand Prix mit seinen 72 Boxenstopps ist nur scheinbar ein Verwirrspiel. Tatsächlich lässt er sich ganz einfach erklären. Es gibt drei Strategien. Drei Stopps mit dem weichen Reifen am Start. Drei Stopps mit den harten Sohlen zu Rennbeginn. Und zwei Stopps, was sich aber nur McLaren traut. Eher ein Akt der Verzweiflung. Nicht einmal Reifenflüsterer Kimi Räikkönen denkt über zwei Stopps nach. Zum großen Finale treffen sich die Parteien, die über das Rennen verteilt mal vorne, mal im Mittelfeld fahren, wieder so, wie sie sich auch getroffen hätten, wenn alle mit gleicher Taktik losgefahren wären. Fernando Alonso ist an diesem Tag der Schnellste. Sebastian Vettel hätte ihn auch dann nicht eingeholt, wenn sein Coup mit den harten Reifen am Start hundertprozentig aufgegangen wäre. „Irgendetwas geht immer schief. Deshalb war Vettels Taktik schlecht", doziert Lotus-Chefingenieur Alan Permane.

Vettels Problem heißt Nico Hülkenberg. Es steht nicht im Skript von Red Bull, dass ihm ein Sauber acht Runden lang vor der Nase herumfährt. „Seb hat in dieser Phase drei Sekunden auf seine Marschroute eingebüßt. Hülkenberg hat uns das Rennen kaputtgemacht", jammert Teamchef Christian Horner. Der Sauber-Pilot verteidigt sich: „Vettel hätte ja überholen können, aber er war nie nahe genug dran." Vettel verweist darauf, dass im Verkehr die Vorderreifen leiden und sich sofort Untersteuern einstellt. Überhaupt kann er dieser Art Rennfahren keinen Reiz abgewinnen: „So herumzueiern, nur darauf bedacht, die Reifen zu schonen, macht keinen Spaß." Da ist er sich mit Teamkollege Mark Webber ausnahmsweise einig: „Wir fahren die meiste Zeit nur 80 Prozent." Die Red Bull-Stars vergessen, dass auch Alonso und Räikkönen lieber jede Runde am Limit fahren würden. Aber das ist eben mit diesen Reifen nicht die Aufgabe. Hier geht es darum, so schnell wie möglich langsam zu fahren.

Die Ferrari zeigen sich mit neuem Frontflügel, Leitblechen unter der Nase und einem neu positionierten Auspuff nun auch auf eine Runde schnell. Alonso nimmt im dritten Sektor der Konkurrenz bis zu vier Zehntel ab. Wie er das macht, will er nicht sagen. Am Topspeed liegt es nicht. Der ist nicht besser als der von Mercedes oder Lotus. Alonsos Geheimnis: Er geht in den schnellen Kurven vom Gas. So hält er den Reifen für die wichtigen Kurven am Leben. Die Formel 1 kann Pirelli dankbar sein. Würden die Italiener langlebige Reifen bauen, würde Red Bull auf und davon fahren. Der schnellere Reifentyp „soft" ist so weich, dass er auf einem Red Bull vor Ende der Runde einbrechen würde. Da wird der Anpressdruck dem besten Auto im Feld zum Verhängnis. Die höhere Belastung schält den Gummi schneller von der Lauffläche als bei anderen Autos. Wir reden hier von simplem Verschleiß, nicht von thermisch bedingtem Gripverlust. Vettel dreht deshalb im Abschlusstraining eine halbherzige Runde mit dem harten Gummi, auf dem er sich auch noch verbremst. Das bedeutet Startplatz neun.

Webber kommt gar nicht so weit. In der zweiten K.-o.-Runde geht ihm das Benzin aus. Ein Mechaniker programmiert eine zu geringe Benzinmenge an der Befüllungsanlage ein. 10,3 statt 13 Liter. „Es war nicht

„Es hat sich gut angefühlt, in Führung zu liegen. Ich musste noch nicht einmal volle Kanne fahren, um Vettel hinter mir zu halten“

Nico Hülkenberg

einmal Absicht“, ätzt Technikchef Adrian Newey auf dahingehende Gerüchte. Webber startet am Sonntag mit langem siebten Gang und flachen Flügeln aus der Boxengasse. Nach einer Runde wird er den ungeliebten weichen Reifensatz los und hat erst einmal freie Fahrt am Ende des Feldes. In der achten Runde liegt Webber vor Nico Rosberg und Felipe Massa, die von den Plätzen 4 und 5 gestartet sind. Wo wäre er gelandet, hätte er nicht später Jean-Eric Vergne auf die Hörner genommen und nach dem Reparaturstopp das rechte Hinterrad verloren? „Auf Platz vier“, meint der Australier grimmig. Webber hat allen Grund, auf Verschwörungstheorien zu hören. Vettels Befehlsverweigerung in Malaysia bleibt ungestraft. Stattdessen befiehlt Red Bull-Chef Dietrich Mateschitz seinen Söldnern: „Ich will das Wort Stallregie nie mehr hören.“ Vettel schüttet Öl ins Feuer: „Ich habe mich beim Team dafür entschuldigt, den Befehl ignoriert zu haben. Selbst wenn ich den Funkbefehl verstanden hätte, hätte ich nicht reagiert. Mark hat den Sieg nicht verdient.“

Eigentlich sieht diese Strecke so aus wie jede andere. Und trotzdem nimmt sie eine Sonderstellung ein. Kein anderer Kurs lässt die Vorderreifen so leiden. „Das liegt an zwei lang gezogenen Rechtskurven. Die langsamen Ecken haben zu kurze Radien, als dass sie ein Problem für die Hinterreifen wären“, behauptet Mercedes-Teamchef Ross Brawn. Er muss es wissen, denn Shanghai war auch in den schlechten Zeiten eine sichere Bank für die Silberpfeile. Rosberg hat hier drei Mal in Folge geführt. 16, 14 und 48 Runden. 2012 entstand daraus der erste Sieg. „Inzwischen haben wir die Hinterreifen besser im Griff. Deshalb ist Shanghai nicht unbedingt mehr unsere Spezialstrecke“, konstatiert Brawn. Dass Lewis Hamilton trotzdem auf der Pole Position steht, wertet der frühere Meistermacher als Indiz der Wende: „Wir waren jetzt auf drei unterschiedlichen Strecken schnell.“ Hamilton wird am Ende Dritter. Platz zwei wäre möglich gewesen, hätte sich Mercedes eine Runde früher zum ersten Reifenwechsel entschieden. Niki Lauda ärgert sich: „Ich sage dem Lewis vor dem Start: Pass auf die weichen Reifen auf. Was macht der? Er fährt in der zweiten Runde eine Bestzeit. Deshalb sind die Reifen eine Runde früher eingebrochen als vorausberechnet.“

Die Qualifikation weicht vom üblichen Skript ab. Red Bull ist nicht schnell genug. Räikkönen schafft es in die ersten Startreihe. Normalerweise schlägt seine Stunde erst im Rennen. Damit ist er der große Favorit. Doch dann misslingt der Start. Hamilton, Alonso und Massa pfeilen sich vorbei. Räikkönen fällt nach dem ersten Stopp hinter eine Gruppe von Fahrern, die mit harten Reifen losgefahren sind. Beim Angriff auf Sergio Perez nimmt der Finne den Notausgang durch die Wiese. „Was macht der Idiot?“ flucht der sonst so wortkarge Blondschopf am Funk. Er wartet vergeblich, dass Perez bestraft wird. „Kimi ist selbst schuld“, sagt FIA-Rennleiter Charlie Whiting. „Perez blieb auf der Ideallinie. Das hätte er antizipieren müssen.“ Den Rest des Rennens fährt der Lotus-Pilot mit ramponierter Nase und einem Frontflügel ohne obere Etage. „Das hat ihn 0,25 Sekunden pro Runde gekostet“, rechnet Permane nach.

Alle Fakten zu diesem Rennen auf Seite 188

GP BAHRAIN: **SAKHIR**

Fluch der Technik Der Heckflügel-Flap rastet nach dem Öffnen nicht mehr ein. Das Problem kostet Alonso zwei Boxenstopps und einen Platz auf dem Podium

Entdeckung Bianchi streift bei Marussia sein Ersatzfahrer-Image ab. Der Franzose hat Chilton klar im Griff und ärgert die Caterham-Piloten. Das steigert seinen Marktwert, auch wenn er am Ende des Feldes fährt

Button unter Druck McLaren verzichtet auf Stallregie. Damit beginnt für Button ein Rennen, bei dem er unter Beschuss von Teamkollege Perez steht. Der Weltmeister von 2009 verliert dieses Duell

Vettels Überfall Nach zwei Kilometern überrumpelt Vettel Ferrari-Pilot Alonso und übernimmt Platz zwei. Vor ihm liegt nur noch Rosberg. Der Mercedes-Pilot kann die Führung nur zwei Runden lang halten

Gegenverkehr Räikkönen befindet sich in der Anfahrt auf Kurve 10, während van der Garde im Caterham im Bergabstück Kurve 8 anvisiert. Der Lotus-Pilot wird Zweiter, der Mann im grünen Auto Vorletzter

Vettel im Siegesrausch, Mercedes im Reifen-Elend

Das Siegerfoto hätte man aus dem Jahr 2012 hervorkramen können. Sebastian Vettel, Kimi Räikkönen und Romain Grosjean stehen in der gleichen Reihenfolge wie im Vorjahr auf dem Podium. Auch sonst hat sich in den letzten zwölf Monaten nicht viel geändert. Ein Mercedes wird Fünfter, Force India ärgert die Topteams, und Ferrari holt nur einstellig Punkte. Die Pannen von McLaren hat diesmal Ferrari geerbt. Fernando Alonso kommt in der siebten und achten Runde unplanmäßig an die Box. Der Heckflügel-Flap kehrt nach dem Öffnen nicht mehr in seine Ausgangsstellung zurück. „Es fühlt sich an, als hätte ich hinten einen Reifenschaden", berichtet der Spanier. Vettels größter Gegner kämpft ein Rückzugsgefecht. Nach acht Runden hat er 43,4 Sekunden Rückstand auf Vettel. Im Ziel sind es 37,5 Sekunden, obwohl Alonso für den Rest des Rennens auf die DRS-Funktion verzichten muss. Doch dafür gibt es keinen Pokal, sondern nur vier Punkte. Adrian Sutil geht es genauso. Felipe Massa schlitzt ihm in der Startrunde den rechten Vorderreifen auf. Nach dem Boxenstopp fehlen Sutil 81,2 Sekunden auf die Spitze. Nach 57 Runden hat der Force India-Pilot nur noch 76,7 Sekunden Rückstand auf den Sieger. Er wird 14. und sagt hinterher: „Heute hätte ich es auf das Podium geschafft." Auch Alonso spricht im Konjunktiv: „Ohne die Probleme wäre ich Zweiter geworden."

Vettels zweiter Saisonsieg ist eine klare Angelegenheit. Nach zwei Kilometern geht er an Alonso vorbei, zu Beginn der dritten Runde am Trainingsschnellsten Nico Rosberg. Dann passt er sein Tempo den Reifen an. „Es ging viel schneller, als ich dachte", wundert sich der Sieger. Kollege Mark Webber steckt im Verkehr und kommt 37 Sekunden später ins Ziel. Es braucht nicht viel, und schon ist das beste Auto keine Trumpfkarte mehr. Beobachter fragen sich, warum Red Bull weiter nach Kräften auf die Reifen schimpft. Der Sieg konterkariert das Gejammer. Das liegt daran, dass sich Vettel drei Satz frische Reifen der harten Mischung für das Rennen reserviert hat und dass am Sonntag die Asphalttemperaturen auf über 40 Grad steigen. Damit liegt der harte Reifen im Arbeitsfenster. Und dann kann der Red Bull RB9 seine Überlegenheit auch zeigen. Ist es den Reifen zu kalt oder zu warm, wird der Abtrieb zur Falle. Dann zieht es den Gummi von der Lauffläche. Die Autos von Ferrari und Lotus sind genügsamer. Deshalb hoffen Red Bulls Gegner, dass Reifenauswahl und Wetterbedingungen möglichst nicht zusammenpassen. Das Schlimme aus Sicht der Ingenieure, die für alles immer eine Erklärung suchen, ist, dass sie nichts erklären können. „Wir wissen bis heute nicht, warum es in Malaysia gut gelaufen ist", gibt Red Bull-Berater Helmut Marko zu. „Nach den Rennsimulationen im Training hatten wir dort mit vier Stopps gerechnet. Es spielte auch keine Rolle, ob der Reifen vorsichtig oder aggressiv angefahren wurde."

Der Kurs von Sakhir in Bahrains Steinwüste hat seine eigenen Gesetze. Ein rauer Belag, garantierte Hitze, dazu ein Layout, dass die Hinterreifen frisst. Da bekommt Pirelli Fracksausen. Man will den Reifenkritikern nicht neue Nahrung geben und tauscht die weiche Mischung (soft) 25 Tage vor Veranstaltungsbeginn ge-

> Zwei Reifenschäden haben mein Rennen zerstört. Im Motorsport können viele Dinge passieren, aber müssen sie alle immer nur negativ sein?

Felipe Massa

gen eine härtere (medium). Auf Druck von Red Bull und Mercedes verspricht Pirelli, den Arbeitsbereich der Mischungen „soft" und „hart" zu senken. Die Strecke von Bahrain ist ein Killer für die Bremsen. An acht Stellen steigen die Fahrer voll in die Eisen. Drei Mal beträgt die Verzögerung über fünf g. Ein bisschen ähnelt die Strecke Melbourne. „Einziger Unterschied ist, dass du in Melbourne beim Beschleunigen mehr laterale Kräfte auf den Reifen hast. In Bahrain beschleunigst du gerade aus den Kurven raus", erzählt Massa.

Die Ingenieure stehen vor der Aufgabe, ein Setup zu finden, das die Hinterreifen schont und dabei trotzdem nicht zu viel Rundenzeit kostet. Mercedes sucht verzweifelt den goldenen Mittelweg. Am Freitag bleiben die Hinterreifen am Leben, doch der Preis sind massives Untersteuern und 0,5 Sekunden Rückstand auf die Spitze. Am Samstag wird so weit zurückgebaut, dass Rosberg auf die Pole Position fahren kann, doch an den Hinterreifen werden schon wieder Oberflächentemperaturen bis zu 200 Grad gemessen. Lotus geht den umgekehrten Weg. „Wir haben es beim Reifenschonen etwas übertrieben und Rundenzeit gekillt", ärgert sich Teambesitzer Gerard Lopez. Die Quittung sind der achte Startplatz für Räikkönen und der elfte für Grosjean. Chefingenieur Alan Permane schwächt ab: „Wir haben nichts an Rundenzeit verschenkt. Romain steht so weit hinten, weil wir ihn zu früh auf die Strecke geschickt haben. Kimi ist einfach nicht die Zeit gefahren, die wir von ihm erwartet haben."

Am Sonntag verschiebt sich das Bild. Da lacht Lotus und nicht Mercedes. Räikkönen überholt Rosberg in der 20. Runde. Da lässt sich Rosberg gerade seinen dritten Reifensatz aufschnallen. Kimi ist noch beim zweiten. „Die Hinterreifen haben schon drei Kurven nach dem Start nachgelassen", flucht Rosberg. Er wird insgesamt vier Mal stoppen. Lewis Hamilton spart sich einen Reifenwechsel, weil er auf Anraten von Niki Lauda die erste Rennhälfte herumbummelt und erst Gas gibt, als die Asphalttemperaturen um fünf Grad sinken. Räikkönen schafft die Distanz mit nur zwei Boxenhalten. Rechnerisch ist diese Taktik langsamer als Grosjeans Dreistopp-Strategie. Trotzdem kommt Kimi vor seinem Teamkollegen ins Ziel. „Weil er wegen seiner antizyklischen Taktik meistens freie Fahrt hatte", erklärt Permane. Der zweite Zweistopper im Feld ist Paul di Resta. Der Schotte profitiert nicht davon. Seine Reifen sind im Finale sechs Runden älter als die von Grosjean. „Unmöglich, ihn zu halten. Wir wussten, dass wir am Ende des Rennens verwundbar sein würden", entschuldigt sich di Resta.

Bei McLaren herrscht dicke Luft. Jenson Button kämpft 40 Runden mit Teamkollege Sergio Perez. Drei Mal haben die beiden Feindkontakt. „Ich habe selten einen so unfairen Fahrer gesehen", ärgert sich Button. Er leidet unter höherem Reifenverschleiß als der Mexikaner, weil er das Fahrwerk härter abgestimmt hat. „Das Duell mit Sergio hat den Reifen zusätzlich geschadet." Teamchef Martin Whitmarsh verzichtet auf eine Stallregie. „Nach dem schlechten Saisonstart brauchte Sergio ein Erfolgserlebnis. Hätten wir ihn zurückgepfiffen, wäre er daran zerbrochen. Jetzt weiß er, dass er mit offenem Visier gegen Jenson bestehen kann."

Alle Fakten zu diesem Rennen auf Seite 189

Abschied ein

Pirellis Kehrtwende
Nach der Rückkehr zu den 2012er Reifen dominierte wieder Red Bull

Es war das letzte Jahr einer auslaufenden Ära. Das letzte mit 2,4 Liter V8-Motoren. Das letzte mit dem 2009 verabschiedeten Aerodynamikpaket. Und vielleicht auch das letzte mit unberechenbaren Reifen. Pirelli will 2014 kein Risiko eingehen und setzt auf Betonreifen. In diesem Jahr bestimmte der italienische Reifenlieferant die Technik-Schlagzeilen der ersten Saisonhälfte. Vieles, was die Fahrzeug-Ingenieure an ihren CAD-Computern und Windkanälen entwickelt hatten, wurde von den Reifen verwässert. Pirellis Sohlen waren immer schon schwer zu verstehen, doch diesmal blieben sie fast allen bis zum großen Knall in Silverstone ein Rätsel.

Der Versuch, die Rundenzeiten mit mehr Lauffläche, einem Stahlgürtel, elastischeren Seitenwänden und weicheren Mischungen zu verbessern, ging nach hinten los. Die Pirelli-Reifen haben die Eigenheit, dass sie auf den Geraden nur auf etwa 40 Prozent der Innenseite aufliegen. Pirelli wollte die Kontaktfläche durch neue Konstruktionen mit eckigeren Schultern vergrößern. Dafür wurde der Kevlargürtel durch ein Stahlband ersetzt. Das aber heizte sich durch die einseitige Belastung an der Innenschulter so auf, dass sich die Hitze auf die Lauffläche übertrug.

Pirelli geriet dabei zwischen die Fronten der Teams. Red Bull sah in den Reifen den Grund dafür, dass sie nicht jedes Rennen gewannen. Ferrari, Lotus und Force India waren zufrieden. Sie hatten genügsame Autos gebaut, deren Aerodynamik in einem breiten mechanischen Fenster funktionierte. Und sie merkten, dass Red Bull ein Problem hatte. Lotus-Besitzer Gerard Lopez bedauerte: „Red Bull soll sein Auto umbauen, wenn sie mit den Reifen ein Problem haben."

Dann lieferten 14 Fälle von Laufflächenablösungen den Reifenkritikern gute Argumente in die Hand. Pirelli kündigte eine Änderung der Karkassen für den GP Kanada an, lief aber gegen eine Wand. Force India sagte Nein zu den neuen Hinterreifen. „Das ist ein Eingriff in die Fahrdynamik", donnerte Sportdirektor Otmar Szafnauer. „Wir haben unser Auto für die Rei-

AERODYNAMIK

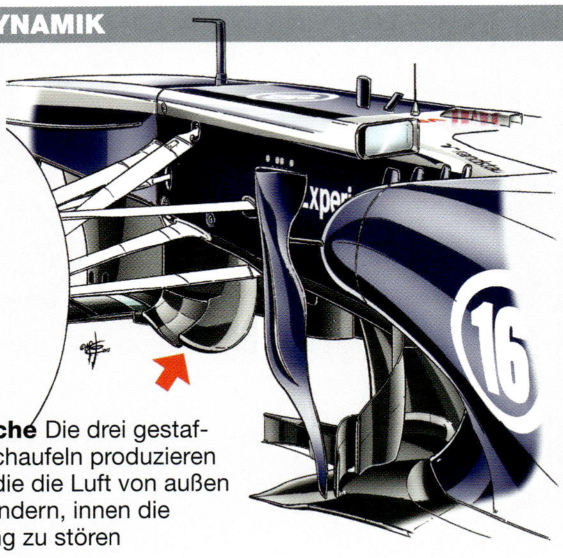

Leitbleche Die drei gestaffelten Schaufeln produzieren Wirbel, die die Luft von außen daran hindern, innen die Strömung zu stören

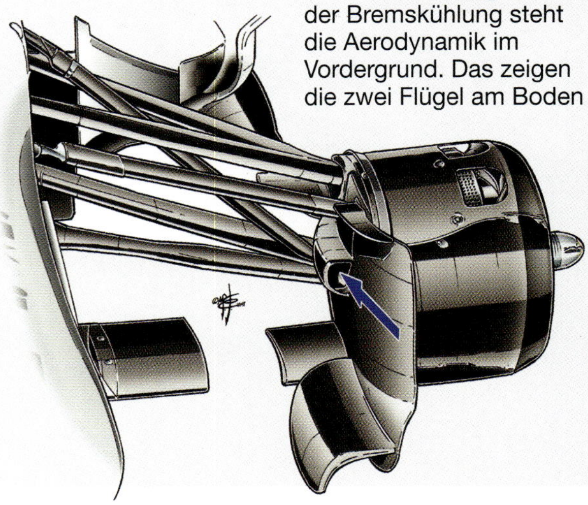

Bremsbelüftung Neben der Bremskühlung steht die Aerodynamik im Vordergrund. Das zeigen die zwei Flügel am Boden

FRONTFLÜGEL/HECKFLÜGEL

Lotus-Frontflügel Drei Flaps über dem Hauptblatt, eine zweigeteilte Kaskade, ein vertikales Leitblech, eine Endplatte mit vier Fenstern

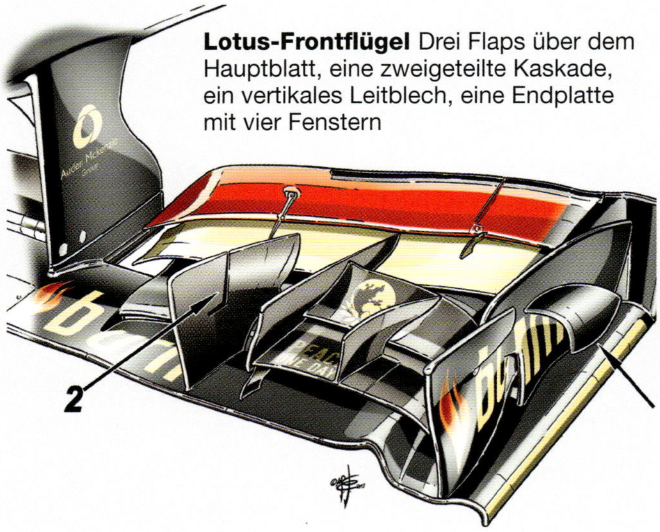

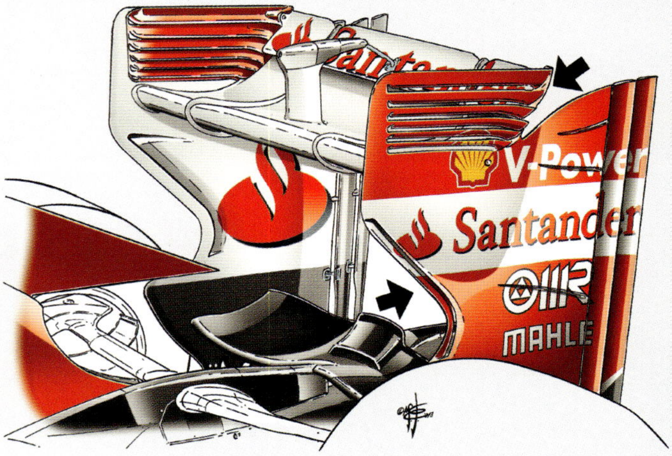

Ferrari-Heckflügel Sechs Fenster sorgen an den Endplatten für Druckausgleich. Die vertikalen Schlitze am Ende verlängern künstlich die Endplatten

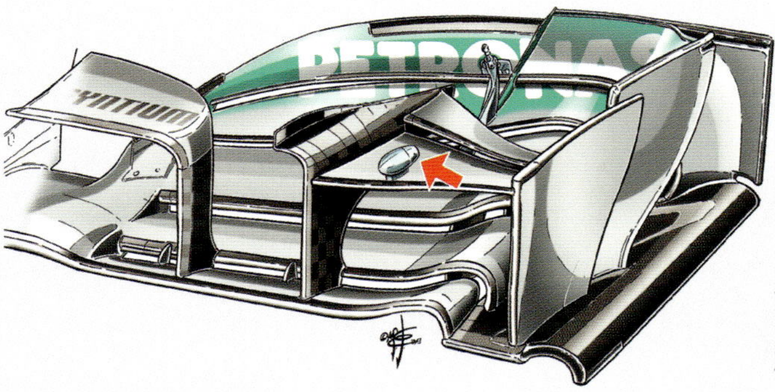

Mercedes-Frontflügel Geteiltes Hauptblatt, dreieinhalb Flaps, zwei Kaskaden, eine doppelte Endplatte. Dazu ein Temperatursensor (Pfeil) für die Vorderreifen

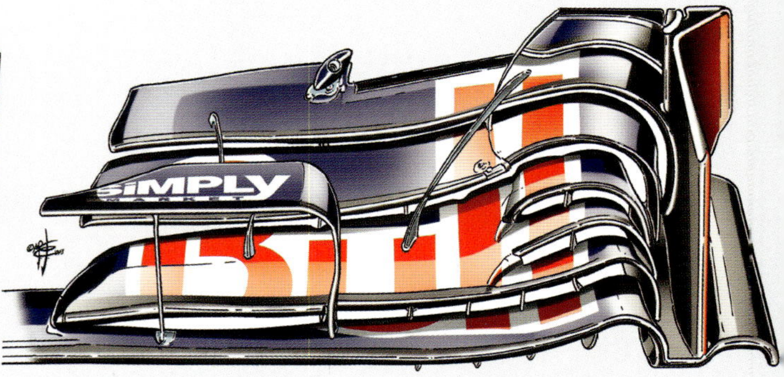

Red Bull-Frontflügel Der Monza-Flügel bestand aus einem Hauptblatt und drei Flaps, die außen dreigeteilt waren. Das verhinderte Strömungsabriss

fenspezifikation gebaut, die uns Pirelli am 1. September 2012 mitgeteilt hat. Das hätten Red Bull und Mercedes auch machen können."

Pirellis einzige Chance, das Problem der Uneinigkeit im Feld zu umschiffen, wäre eine Selbstanzeige gewesen. Sonst hätte die FIA einer Änderung der Reifenspezifikation nicht zugestimmt. Doch das ging aus Imagegründen nicht. Keiner gibt freiwillig zu, dass sein Produkt unsicher ist. Deshalb der geheime Test mit Mercedes in Barcelona. Man musste raus aus der Nummer, und zwar schnell und unbürokratisch. Auch der Schuss ging nach hinten los. Ferrari und Red Bull protestierten. Mercedes wurde vor Gericht schuldig gesprochen, kam aber mit einem blauen Auge davon.

Es brauchte schon das Reifendebakel von Silverstone, um Bewegung in die Partie zu bringen. Diesmal blieb es nicht bei der Delaminierung. Pirelli hatte die Gummischicht mit mehr Klebstoff an den Unterbau gebunden. Als sich die Lauffläche löste, riss sie den Stahlmantel gleich mit. Damit war der Tatbestand eines Sicherheitsrisikos gegeben. Pirelli musste ab dem GP Ungarn zu den Kevlar-Konstruktionen von 2011 zurück. Dazu gab es verschärfte Radsturzwerte und Luftdrücke und strengere Vorschriften für das Vorheizen der Reifen. Wie erwartet übernahm mit dem Red Bull das beste Auto im Feld das Zepter. Die Strategien glichen sich an. Es gab keine Überraschungen mehr. Genau das hatte Pirelli befürchtet.

Red Bull hatte das beste Auto über eine Renndistanz, Mercedes das schnellste über eine Runde. Kein Wunder, denn der Mercedes war vom Grundgedanken her eine Red Bull-Kopie. Beide waren für die sensiblen Reifen zu sehr in ihrem Aerodynamikkonzept gefangen. Die starke Anstellung des Autos verlangt eine hohe Rollsteifigkeit, viel Radsturz und aggressive Getriebeabstufungen. Dazu kommt, dass die weicheren Seitenwände Turbulenzen erzeugt haben, die in den Diffusor eindrangen. Außerdem musste wegen der stärkeren Verformung der Reifen an der Vorderachse höher gefahren werden. Hinten dementsprechend noch höher. Das machte das Abdichten des Unterbodens schwieriger. Man versteht also, warum sich Adrian Newey die alten Karkassen zurückwünschte.

Red Bull blieb seinem Auspuffkonzept treu. Lotus schloss sich an, später auch Sauber und ToroRosso. Die Auspuffgase blasen auf eine Rampe am Ende der Seitenkästen. Damit lässt sich genauer zwischen Diffusor und Hinterrad zielen. Alle anderen folgten dem

AUSPUFF

Auspufflösung A Red Bull bläst die Auspuffgase auf eine Rampe am Ende der Seitenkästen und von dort zum Diffusor. Die Strömung wird unter die Verkleidung geleitet

Auspufflösung B Bei Ferrari mündet der Auspuff in einer Beule im Seitenkasten. Daneben liegt ein Kühlkanal. Darunter verjüngt sich die Verkleidung zum Flaschenhals

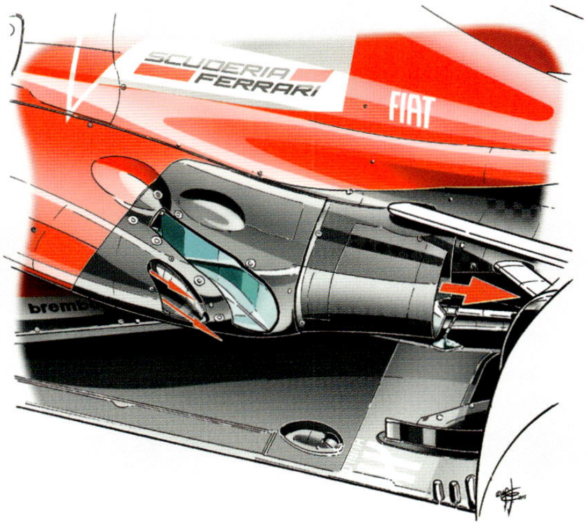

NASEN

Nasenformen Der Frontflügel bestimmte Red Bull die Nase. In Monza war sie dünn. Auf langsamen Kursen trug sie unten einen Bauch

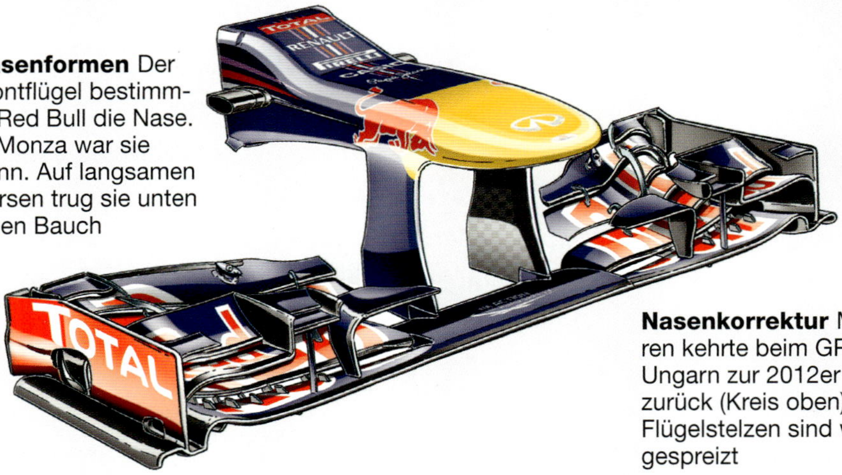

Nasenkorrektur McLaren kehrte beim GP Ungarn zur 2012er Nase zurück (Kreis oben). Die Flügelstelzen sind weiter gespreizt

FEATURES

Der Getriebe-Trick
Mercedes legte wie Ferrari 2004 das Getriebe in einen Karbonrahmen. So war man mit der Hinterachse flexibler

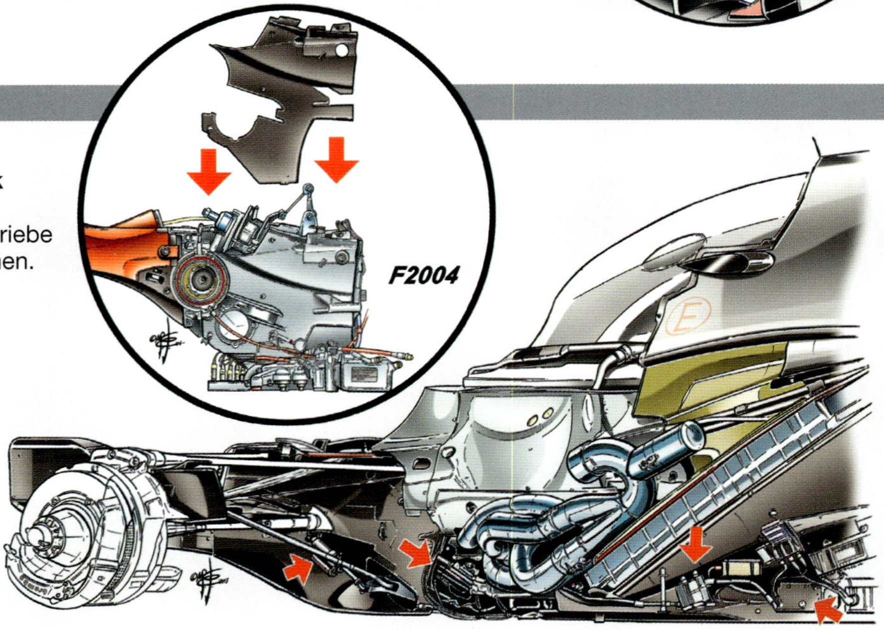

Vernetztes Fahrwerk
Das Federelement für den Niveauausgleich zwischen den Achsen sitzt bei Lotus im linken Seitenkasten

Passives DRS Sauber zählte zu den Teams, die am Heckflügel die Strömung abreißen lassen. Angesaugte Luft wird über einen Steg unter den Flügel geblasen

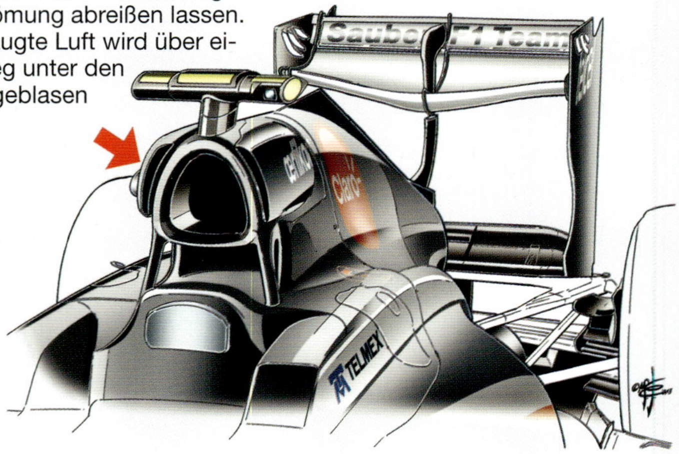

McLaren-Weg. Hier liegen die Endrohre in einer Ausbuchtung am Ende der Seitenkästen. Die Auspuffgase müssen erst einmal 25 Zentimeter in freier Luft zurücklegen, bis sie dort auftreffen, wo sie hinsollen. Das bringt beim Beschleunigen Nachteile gegenüber der Red Bull-Lösung. Dafür schwankt der Anpressdruck in den Bremszonen nicht so stark. Das McLaren-Prinzip erlaubt es, dass sich die Seitenkästen im Heck wie ein Flaschenhals zusammenziehen, was die Wirkungsweise des Diffusors verbessert. Red Bull und seine Gefolgschaft schenkte die Effekte des Flaschenhalses wegen der weit auslaufenden Seitenkästen zum Teil her.

Nach zwei Jahre Tüfteln kehrten die Ingenieure wieder zu den Abtriebswerten von 2011 zurück, als es noch erlaubt war, die Endrohre in den Diffusor zu legen und direkt auf die Diffusorspalte zu blasen. Das wurde möglich durch eine Positionierung der Endrohre am exponiertesten Punkt, den das Reglement erlaubt, durch minimale Durchmesser der Auspuffrohre und ein cleveres Zusammenspiel aus Motorkennfeldern, Schaltstrategien und Getriebeübersetzungen. Ziel war es, dass der Motor so oft am Gas hängt wie möglich.

Die Frontflügel bekamen immer mehr Elemente. Red Bull staffelte bis zu sieben Flächen übereinander. Dazu noch mehrere zweite Etagen, im Fachjargon Kaskaden genannt. Das erlaubte steile Flap-Anstellungen ohne Strömungsabriss. Auf langsamen Strecken, die einen starken Flap-Winkel verlangten, wurden Pelikan-Nasen mit einem Bauch darunter gefahren. Auf den Highspeedkursen mit flacheren Flap-Winkeln waren die Nasen messerdünn. Beides, um die Wirkungsweise des Flügels zu verbessern. Die Endplatten wurden mit unzähligen Fenstern so gestaltet, dass sie Luftwirbel produzierten, um turbulente Luft von den Reifen am Eindringen zu hindern.

Sauber, Ferrari und Red Bull leiteten die Luft von unten durch die Nase, um die Cockpitumströmung zu verbessern. An die Zugstreben-Aufhängung vorne wagte sich außer Ferrari nur McLaren. Dreigeteilte Schaufeln unter der Nase kamen in Mode. Sie kanalisieren die Luft auf ihrem Weg zum Unterboden und in die Kühler. Auf den vorderen Rand der Seitenkästen wurden allerlei Finnen gepflanzt, um die Strömung Richtung Heck besser auszurichten. Die Bremsbelüftungen sind mittlerweile Kunstwerke. Ihr Primärzweck dient der Aerodynamik. Red Bull bestückte die hinteren mit bis zu sechs Mini-Flügeln. Im Heck lautete die Devise wie jedes Jahr. Tiefer, schlanker, kompakter. Das hilft dem Diffusor und dem unteren Heckflügelelement. Die Heckflügelendplatten hatten horizontale Fenster zum Druckausgleich an den Flügelenden und vertikale, um die seitlichen Abdeckungen künstlich nach hinten zu verlängern.

McLaren, Sauber und Williams probierten es mit alternativen Konzepten und fielen auf die Nase. Alle drei rüsteten ihre Autos im Saisonverlauf schrittweise auf den 2012er Stand zurück. Im letzten Jahr des auslaufenden Reglements wurde auch an Lösungen gefeilt, die die große Regelreform überdauern werden. Das vernetzte Fahrwerk, das die vier Enden des Autos hydraulisch miteinander verbindet, um die Nickbewegungen des Autos auszugleichen, ist inzwischen Allgemeingut. Bis auf Caterham und Marussia hat das jeder an Bord. Lotus ist Marktführer. „Weil deren System simpel und zuverlässig ist", applaudiert Mercedes-Technikchef Ross Brawn.

Mercedes, Lotus, Sauber und Red Bull haben diverse Freitagstrainings dazu benutzt, ihr passives DRS zum Laufen zu bringen. Dabei geht ab einer bestimmten Geschwindigkeit eine Schleuse auf und es wird über einen Steg Luft unter das Heckflügelelement geblasen. Das lässt die Strömung abreißen. „Es ist einfach, das System punktgenau zu aktivieren, aber schwer, es bei der gleichen Geschwindigkeit zu deaktivieren, sodass sofort wieder Strömung anliegt", erklärt Sauber-Ingenieur Tom McCullough. Mercedes stellte ein Konzept vor, das Schule machen wird. Das Getriebe liegt in einer Karbonwanne. Damit lässt sich die Geometrie der Hinterachse beliebig verändern, ohne dass man wegen neuer Anlenkpunkte laufend zum Crashtest muss.

Rot in Not

Ferrari-Fans sind leidensfähig. Sie haben die titellose Zeit von 1979 bis 2000 überstanden. Und sie warten schon wieder sechs Jahre auf einen WM-Titel. Wie 2010 und 2012 fängt alles ganz gut an. Bis Saisonmitte ist Fernando Alonso ein veritabler Kandidat für die Weltmeisterschaft. Doch ab dem GP Spanien tritt Ferrari auf der Stelle. Die Liste der fehlgeschlagenen Entwicklungsschritte am F138 ist lang. Die neuen Teile verschwinden, tauchen in Kombination mit anderen Komponenten wieder auf, bleiben aber

Ferrari unter Druck Red Bulls Siegesserie wird für Maranello zum Problem. Präsident di Montezemolo fordert Titel, und Starpilot Alonso wird langsam ungeduldig

nie ständig am Auto. Was dafür spricht, dass sie nicht funktionieren.

Sofort tauchten wieder Spekulationen auf, dass der Windkanal in Köln falsche Daten ausspuckt. Das ist zu bezweifeln. Da Ferrari mit seinen Ausbaustufen zwischen den Wintertests und Barcelona zufrieden ist, spricht nichts dafür, dass der Kanal plötzlich irreführende Werte produziert. Da liegt eher der Verdacht nahe, dass das Fahrzeugkonzept des F138 nicht mehr weiterzuentwickeln ist.

Gut, aber nicht gut genug Der Ferrari folgt einem konservativen Konzept. Zu wenig, um Red Bull zu schlagen

Im Gegensatz zu Red Bull, Mercedes und Lotus folgt der Ferrari dem klassischen Ansatz eines Rennautos. Der Anstellwinkel von vorne nach hinten ist im Vergleich zu den Konkurrenzprodukten relativ moderat. Das alte McLaren-Prinzip. Technikchef Pat Fry kommt von McLaren. Da liegt es nahe, das Konzept weiterzuentwickeln, das man kennt. 2012 ist Ferrari damit noch ganz gut gefahren. Die neuen Auspuffregeln waren ein Handikap für all jene, die ihr Auto stark anwinkeln. Alonso kämpfte bis zum letzten Rennen um die Weltmeisterschaft. McLaren hätte den Titel wohl gewonnen, hätten sich im Verlauf der Saison nicht so viele Fehler eingeschlichen. In Woking erkannte man jedoch bereits im letzten Jahr, dass mit dem MP4-27 das Ende der Fahnenstange erreicht war. Deshalb versuchten die Ingenieure für 2013 einen neuen Ansatz. Sie sind damit auf die Nase gefallen, aber sie hätten vermutlich auch mit einer Fortsetzung der MP4-27 Baureihe keine Bäume ausgerissen. Genau das stellt 2013 auch Ferrari fest.

Für Alonso werden knappe WM-Niederlagen ein Trauma. Drei Mal verlor er den Titel im letzten Rennen. Dass er nur zweifacher Weltmeister ist, wurmt den Spanier. Davon, dass ihn die Experten als komplettesten Fahrer bezeichnen, kann er sich nichts kaufen. Dass er Lewis Hamilton lobt und Sebastian Vettel links liegen lässt, hat nichts mit fehlendem Respekt, sondern mit psychologischer Kriegsführung zu tun. Warum sollte Alonso seinen Hauptrivalen starkreden? Hamilton ist auch nicht sein Freund, aber er sitzt mit ihm im gleichen Boot. Der Engländer ist mit bislang einem WM-Titel ebenfalls viel zu kurz gekommen.

Mag sein, dass so etwas wie Neid aufkommt, wenn Alonso sieht, wie Vettel seine WM-Pokale abräumt, wie er zur richtigen Zeit am richtigen Platz ist und seine Chancen eiskalt nutzt. Noch mehr aber ärgert sich Alonso vermutlich über sich selbst. Er hatte für 2009 ein Angebot, zu Red Bull zu wechseln. Es scheiterte daran, dass der heutige Ferrari-Pilot sich nur ein Jahr lang binden wollte, Red Bull aber auf einem Zweijahresvertrag bestand, um zu verhindern, der Steigbügelhalter für Ferrari zu sein.

Viele prophezeien Ferrari einen ähnlichen Leidensweg wie nach Jody Scheckters WM-Titel 1979. Es lassen sich ähnliche Defizite erkennen wie damals. Eine Ge-

Ende einer Ehe Nach acht Jahren Ferrari muss Massa gehen. Alonso trifft 2014 auf Räikkönen

Dreamteam oder Alptraum? Alonso und Räikkönen sind 2014 ein Team. Ein Experiment, das schiefgehen könnte

Fehlerlos Ferraris Boxenstopps sind im Einzelfall langsamer als die von Red Bull, dafür mit weniger Pannen

schäftsleitung, die sprunghafte Entscheidungen trifft und zu sehr auf die öffentliche Meinung hört. Ein Fahrer, der das wahre Ausmaß der Probleme mit seiner Klasse zudeckt. Ein veralteter technischer Apparat. Der modernisierte Windkanal ging erst im Oktober wieder ans Netz. Zwischendurch mietete sich Ferrari bei Toyota und Sauber ein. Die Rechenmodelle für die Aerodynamik sind nicht auf dem letzten Stand.

2014 will es Ferrari wissen. Ex-Lotus-Ingenieur James Allison leitet seit dem 1. September die Designabteilung. Das Aerodynamikbüro wurde mit Dirk de Beer, Ben Agathangelou und Loic Bigois verstärkt. Kimi Räikkönen kehrt zu dem Team zurück, das ihn 2009 in die Wüste geschickt hat. Andersherum war Ferrari für Räikkönen nach dem Abschied von Jean Todt immer mehr zu einem Korsett geworden, das ihn mit einem strengen Verhaltenskodex nervte.

Rennleiter Stefano Domenicali will einen anderen Räikkönen erkannt haben als den von 2009. Einen, der sich mehr ins Zeug wirft, mehr Motivationsarbeit und mehr Entwicklungshilfe betreibt als vor vier Jahren. Räikkönen würde sich ein Eigentor schießen, wenn er nicht wie Alonso Simulatorarbeit betreibt. Gegen Romain Grosjean kann man mit einem lässigen Lebensstil vielleicht noch bestehen. Nicht gegen einen Alonso. Auf dem Niveau ist die Luft so dünn, dass jeder kleine Vorteil zählt. Mehr Fitness, mehr Arbeit, mehr Durchblick. „Wenn Kimi merkt, dass Fernando mit der Arbeit im Simulator einen Vorteil hat, dann setzt er sich freiwillig rein“, glaubt Domenicali.

Es gibt viele Gründe, warum Ferrari Räikkönen wieder an Bord genommen hat. Weil er der beste Fahrer auf dem Markt war. Weil er konstanter punktet als Felipe Massa. Weil seine Verpflichtung Alonso zeigt, dass er nicht machen kann, was er will. Weil man sich absichern wollte für den Fall, dass Alonso ausflippt, anderswo unterschreibt oder ein Jahr Pause einlegt. Die Gerüchte wollen nicht verstummen, dass der Spanier sich bei anderen Teams umhört. Zuerst Red Bull, dann Lotus und McLaren. Teamchef Martin Whitmarsh gießt eifrig Öl ins Feuer. „Wir würden Fernando nehmen, wenn er frei wäre. Im Augenblick ist das nicht der Fall, aber vielleicht 2015.“ Whitmarsh setzt darauf, dass die Ehe Alonso und Räikkönen nicht lange hält.

GP SPANIEN: **BARCELONA**

In der Reifenfalle Vettel wird auf Red Bulls Spezialstrecke Barcelona nur Vierter. Das Management gibt den unberechenbaren Pirelli-Reifen die Schuld

Silber liegt vorn Rosberg und Hamilton führen das Feld in die erste Runde. Die Silberpfeile können sich nicht lange an der Spitze halten. Rosberg fällt auf Platz sechs zurück, Hamilton landet außerhalb der Punkteränge

Spitzengespräch Mercedes-Boss Zetsche diskutiert in der Startaufstellung mit Lauda und Ecclestone. Da ist Zetsche noch bester Laune. Seine beiden Autos stehen in der ersten Startreihe

Vorsicht Dreirad Der Caterham von van der Garde hat das linke Hinterrad verloren. Das Team muss dafür 10 000 Euro Strafe zahlen. Van der Garde muss aufgeben. Der Radträger ist zu stark beschädigt

Sieg der Taktik Ferrari legt sich von vornherein auf vier Boxenstopps fest. Das ist der Schlüssel zum Sieg von Alonso. Räikkönen versucht es mit drei Stopps und fällt genauso auf die Nase wie Vettel, der die Taktik umstellt

Letzte Vorbereitung Rosberg macht sich gerade für seine Qualifikationsrunde fertig. Er wird wie beim Rennen zuvor in Bahrain aus der Pole Position starten, sie aber wieder nicht nutzen. Im Rennen wird Rosberg Sechster

Sparprogramm Lotus plant bei Räikkönen mit drei Boxenstopps. Die Einsparung eines Reifenwechsels zahlt sich nicht aus. Sieger Alonso ist mit vier Stopps um 9,338 Sekunden schneller

Ein Muster an Beständigkeit In fünf Rennen wird Räikkönen ein Mal Erster, drei Mal Zweiter und ein Mal Siebter. Damit liegt der Lotus-Pilot in der Gesamtwertung nur vier Punkte hinter Vettel

Feiertag in Rot Ferrari ist in Barcelona eine Macht. Alonso gewinnt, Massa wird Dritter. Zu dem Zeitpunkt der Saison ist Ferrari Favorit. Das Auto ist schnell und geht schonend mit den Reifen um. Das soll sich noch ändern

Red Bull schimpft nach Alonso-Sieg auf Pirelli und seine Reifen

Die Formel 1 kann Pirelli dankbar sein. Würden die Italiener langlebige Reifen bauen, wäre Red Bull den anderen in Barcelona vermutlich auf und davon gefahren. Bernie Ecclestone ätzt: „Ich kann mich hier an Rennen erinnern, da kannte ich den Sieger schon nach der ersten Runde. Diesmal musste ich bis zur Hälfte des Rennens warten." Simulationsprogramme in Milton Keynes haben ausgerechnet, dass der Vorsprung des RB9 auf die Konkurrenz eine halbe Sekunde beträgt. Wegen der heiklen Reifen geht das Konzept von Technikguru Adrian Newey aber nicht auf. Die Anstellung des Autos verlangt eine hohe Rollsteifigkeit. Das macht dem Reifen das Leben schwer. Fallen die verwendeten Reifentypen aus dem Arbeitsfenster oder hat eine Strecke zu viele lange Kurven, die den Reifen hoch belasten, wird der Anpressdruck zum Bumerang. Dann entstehen ungleich über die Reifen verteilt Hitzenester. Teilweise fehlen großflächig Gummistücke in der Lauffläche der Hinterreifen.

Der Ferrari F138 hat ein breiteres Spektrum an mechanischen Einstellmöglichkeiten, ohne dass darunter die Aerodynamik leidet. Der Lotus E21 liegt mittendrin. Doch nur Kimi Räikkönen kann seine Vorzüge nutzen. Sein Fahrstil erlaubt ein Setup, das die Reifen schont. Mit der gleichen Abstimmung wäre Romain Grosjean zu langsam. Mit einer, die ihm passt, frisst er die Reifen. So einfach ist das. Der GP Spanien deckt die Eigenheiten der Autos gnadenlos auf. Fernando Alonso gewinnt locker. Weil Ferrari die beste Strategie findet. „Drei Stopps wären für uns zu riskant gewesen. Deshalb haben wir uns vor dem Start auf vier Reifenwechsel festgelegt", rapportiert Rennleiter Stefano Domenicali. „Hätten wir auch tun sollen", nuschelt Kimi Räikkönen. Der Finne ist von der 29. bis zur 33.Runde hinter Sebastian Vettel eingeklemmt, sieht das aber nicht als kriegsentscheidend: „Ich hätte auch nicht gewonnen, wenn ich gleich an Vettel vorbeigekommen wäre." Lotus legt sich schon am Freitag auf drei Stopps fest. Deshalb fährt Räikkönen alle sechs Reifensätze vor dem Rennen an. Auch Vettel wird mit drei Boxenstopps losgeschickt, doch schon mit dem zweiten Satz Reifen merkt man am Kommandostand, dass die Rechnung nicht aufgeht. Deshalb wird auf die Ferrari-Taktik umdisponiert. „Vielleicht hätten wir das von Anfang an tun sollen. Ich hätte Fernando und Kimi aber auch so nicht folgen können. Der Ferrari und der Lotus gehen bei höherem Speed besser mit ihren Reifen um."

Vettels Arbeitgeber Dietrich Mateschitz fehlt diese Einsicht. Er fällt nach dem Rennen ein Pauschalurteil und heult sich bei Bernie Ecclestone über die Ungerechtigkeit der Reifen aus: „Das hat nichts mehr mit Rennsport zu tun und ist nur noch ein Wettbewerb, wer am besten mit den Reifen haushält." Er vergisst zu sagen, dass Vettel 2011 mit vier Boxenstopps in Barcelona gewonnen hat, ohne dass sich Red Bull beschwert hätte. Und er übersieht die Tatsache, dass Nico Rosbergs Pole Position 2013 um 1,567 Sekunden schneller war als im Jahr zuvor. Über 66 Runden fehlen Alonso nur 7,451 Sekunden auf Vorjahressieger Pastor Maldonado, trotz eines Boxenstopps mehr und trotz verhaltener Fahrweise in den letzten 20 Runden. Von Langsamfahren kann also keine Rede sein.

> Ich finde die Reifendiskussion bescheuert. Wenn beim Fussball eine Mannschaft immer an den Pfosten schießt, macht man die Tore deshalb auch nicht größer

Lotus-Teambesitzer Gérard Lopez

Dennoch reagiert Pirelli. Ab dem GP Kanada sollen 2012er Karkassen mit 2013er Mischungen zum Einsatz kommen. Red Bull und Mercedes jubeln, Ferrari und Lotus schmollen. Darauf will Paul Hembery keine Rücksicht nehmen: „Pirelli muss jetzt an Pirelli denken. Wir bekamen zu viel negative Kritik aus den Reihen der Fans." Hembery gibt aber auch zu: „Vier Stopps pro Fahrer sind zu viel. Zwei bis drei wäre ideal. Die neue Karkasse hat die weicheren Mischungen von 2013 zu stark aufgeheizt, vor allem an der Hinterachse." Das liegt auch daran, dass Pirelli im Unterbau von Kevlar auf Metallstrukturen gegangen war. Und die geben mehr Hitze an den Gummi weiter.

Mercedes erlebt ein Waterloo. Vor den Augen von Vorstandschef Dieter Zetsche passiert in Barcelona genau das, wovor alle Angst haben. Nico Rosberg und Lewis Hamilton fahren überlegen in die erste Startreihe und stürzen im Rennen auf die Plätze 6 und 12 ab. Schnell steht der Vorwurf von Vorstandzeiten im Raum. Das Gegenteil ist der Fall. Reifenschonen hat Priorität. Niki Lauda und Teamchef Toto Wolff rechnen mit den Startplätzen 7 und 8 und werden angenehm überrascht. Die wundersame Steigerung hat aber auch eine Kehrseite. So wenig wie die Ingenieure die Pole Position logisch begründen können, so wenig haben sie eine Erklärung für den Absturz im Rennen. „Einmal in einer der drei schnellen Kurven zu stark attackiert, und schon waren die Reifen im Eimer", schüttelt Lauda den Kopf. Wolff bilanziert: „Wir brauchen neue Denkansätze." Sein Trost: „Wenigstens haben wir auf eine Runde ein pfeilschnelles Auto."

In Barcelona beginnt die Saison immer zum zweiten Mal. Für McLaren, Sauber und Williams geht es um die Frage, ob diese Saison noch zu retten ist. Die Umbaumaßnahmen laufen allesamt ins Leere. McLaren steckt im Mittelfeld fest, obwohl das halbe Auto neu ist. „Die Probleme sind immer noch da, nur anders", verzweifelt Jenson Button. Ross Brawn wundert das nicht: „Dieses Reglement ist ausgereizt. Wir beginnen uns im Kreis zu drehen. Vieles, was wir ans Auto bringen, wird von der Reifenproblematik überschattet." Nicht der Umfang des Technikpakets ist entscheidend, sondern das Verständnis des Problems. Sauber-Chefdesigner Matt Morris ist überzeugt: „Wir wissen, was schief läuft, und glauben, dass die Lösung in Kleinigkeiten liegt. Wenn wir diese Hürde schaffen, ist der Sprung riesengroß." Er wird einen Monat später seinen Hut nehmen.

Der Sauber fühlt sich aus Sicht der Piloten besser an, aber er ist nicht entscheidend schneller. „Es gibt keine Schwachstelle. Wir verlieren überall Zeit", schüttelt Nico Hülkenberg den Kopf. Erst im Rennen läuft es besser. Das kann sich auch keiner erklären. „Vielleicht lag es am abflauenden Wind. Unser Auto reagiert besonders stark darauf", vermutet Hülkenberg. Ohne die Kollision mit Jean-Eric Vergne in der Boxengasse wäre der lange Blonde Achter geworden. Teamkollege Esteban Gutierrez führt zwei Umläufe, fährt die schnellste Rennrunde und verfehlt Platz 10 um 0,304 Sekunden. Vorjahressieger Williams stürzt trotz neuer Flügel vorne und hinten, einer neuen Motorabdeckung und eines modifizierten Unterbodens total ab. Beide Fahrer werden überrundet.

Alle Fakten zu diesem Rennen auf Seite 190

GP MONACO: **MONTE CARLO**

Typisch Monaco Zwischen Loews- und Portier-Kurve ist die Strecke von Mauern und Felsen eingerahmt. Perez fällt mit mehreren Kollisionen unangenehm auf

Seilschaft im Mittelfeld Di Resta verteidigt Platz 11 gegen Hülkenberg und Ricciardo. Nur der Force India-Pilot schafft es in die Punkte. Hülkenberg wird Elfter, Ricciardo fällt aus

Licht am Ende des Tunnels Monaco-Neuling Gutierrez fährt ein ordentliches Rennen. Im Ziel liegt der Sauber-Pilot nur 0,7 Sekunden hinter Teamkollege Hülkenberg. Hier wird Gutierrez von Räikkönen bedrängt

Betreutes Fahren SafetyCar-Pilot Mayländer führt das Feld an. Hinter ihm formieren sich Rosberg und Vettel. Nach Maldonados Unfall musste das Rennen für 25 Minuten unterbrochen werden.

Stadtrundfahrt Das Feld schlängelt sich durch die engen Gassen des Fürstentums. Alonso führt den Verfolgerpulk vor Button, Perez, Sutil, Vergne, Hülkenberg und Bottas an

Gefahrenstelle Eine gelbe Flagge und das SC-Schild warnen Perez und Sutil vor dem Einsatz des SafetyCars. Perez trägt einen ungewöhnlichen Helm. An Stelle des üblichen Gelb tritt ein Design, das Buttons Helm ähnelt

Sieg auf dem Schulweg Wenn der junge Rosberg in die Schule fuhr, legte er einen Teil davon auf der Rennstrecke zurück. Im Alter von 27 Jahren macht er seinen Traum war und gewinnt seinen Heim-Grand Prix

Crash-König Massa baut zwei Mal den gleichen Unfall in Ste. Dévote. Der im dritten Training ist seine Schuld. Im Rennen bricht die Aufhängung, die nach dem ersten Crash in aller Eile repariert wurde

Schleichfahrt macht Rosberg zum Monaco-Sieger

Das hatte sich Mercedes ganz anders vorgestellt. Da gewinnt Nico Rosberg den prestigeträchtigsten Grand Prix des Jahres und alle Welt redet über einen geheimen Reifentest der Silberpfeile in der Woche zuvor. „Von geheim kann keine Rede sein. Wir haben die ganze Ausrüstung nach dem GP Spanien stehen gelassen, und die Leute sind auch da geblieben“, berichtet Mercedes-Teamchef Toto Wolff. Es dauert zehn Tage, bis die Formel 1-Gemeinde erfährt, dass Mercedes 1000 Kilometer mit dem 2013er Auto exklusiv getestet hat. „Aber nur Reifenmischungen für 2014“, wirft Pirelli-Reifenchef Paul Hembery ein. Red Bull und Ferrari genügt das nicht als Entschuldigung. Sie legen Protest gegen Mercedes ein. Weil Artikel 22 des Sportgesetzes verletzt ist, der Testfahrten mit dem aktuellen Auto unter der Saison verbietet.

Nico Rosberg spielt verlegen mit seinem Monaco-Siegerpokal, als das Reifenthema diskutiert wird. Da hat er quasi auf seinem Schulweg ein Formel 1-Rennen gewonnen, 30 Jahre nach dem Sieg seines Vaters, und sein Arbeitgeber steht unter Beschuss. Was hat Mercedes aus diesem Reifentest für Monte Carlo gelernt, fragen sich alle? „Nichts“, beteuert Ross Brawn: „Wir wussten nicht einmal, wann welche Reifentypen drauf waren, und wir hätten wegen des kurzen Vorlaufs keine Zeit gehabt, Entwicklungsteile dafür zu produzieren.“ Tatsächlich macht der GP Monaco nicht den Eindruck, als hätte Mercedes von dem Dreitagestest profitiert. Nico Rosberg und Lewis Hamilton schlagen in der Anfangsphase ein GP2-Tempo an. „Ich hatte zwei Stadtbusse vor mir“, spottet Sebastian Vettel. Bummeln wird in Monaco nicht bestraft. Die Mercedes-Piloten halten die zwei Red Bull locker in Schach. Später im Rennen, als das SafetyCar das Feld drei Mal zusammenstaucht, zeigt Rosberg, dass er zu Beginn ruhig hätte mehr Gas geben können. Er fährt Vettel jedes Mal locker davon. „Wir haben es vielleicht etwas übertrieben, aber unsere Fahrer haben sich exakt an die Marschroute gehalten. Wir wollten ein Einstopp-Rennen fahren. Dafür mussten Nico und Lewis mit dem ersten Satz 35 Runden überstehen“, entschuldigt sich Brawn.

Das Langsamfahren an der Spitze macht einen Strich durch die Rechnung all jener, die Mercedes taktisch austricksen wollten. Ein Zweistopprennen kommt nicht in Frage, weil das Feld zusammenbleibt und man automatisch in den Verkehr fallen würde. Als Mark Webber und Kimi Räikkönen unerwartet früh aus dem Konvoi ausscheren, reagiert Rosberg und fährt plötzlich um 1,5 Sekunden pro Runde schneller. Dann passiert etwas, das nicht im Plan steht. Felipe Massa liefert eine Kopie seines Trainingsunfalls ab. Er touchiert beim Anbremsen von Ste. Dévote links die Leitplanke und rutscht dann gegenüber in den Reifenstapel. Im Training aus eigener Schuld, im Rennen, weil links vorne die Aufhängung bricht. Beim Zusammenbau nach dem Trainingscrash unterläuft den Mechanikern ein Montagefehler.

Die Box informiert Fernando Alonso, der sofort einen Gang zurückschaltet, jeden Leitplankenkontakt und jeden Randstein meidet. Deshalb haben Adrian Sutil, Sergio Perez und Jenson Button im Zweikampf leichtes Spiel. Das SafetyCar kommt für Mercedes fünf

„Ich bin heute in einer Gruppe von Leuten gefahren, die nichts zu verlieren hatten. Deshalb war ich vorsichtig"

Fernando Alonso

Runden zu früh. Rosberg und Hamilton müssen an die Box, weil Vettel und Webber schon neue Reifen aufgezogen haben. Rosberg hält die Führung. Hamilton verliert zwei Positionen an die Red Bull-Piloten, weil er den Befehl „Abstand halten" missversteht. Er liegt 3,0 Sekunden hinter Rosberg. Das würde reichen, um direkt hinter dem Teamkollegen abgefertigt zu werden. Doch Hamilton nimmt Fahrt raus, verliert zwischen Tunnel und Boxengasse 7,4 Sekunden und bestraft sich selbst. Rosbergs Sorge, ob die härteren Reifen 48 Runden überstehen, ist umsonst. In der 45.Runde springt Pastor Maldonado vor der Tabak-Kurve über das rechte Vorderrad von Max Chiltons Marussia. Der Williams reißt bei seinem Sturzflug die Tecpro-Barrieren mit und mauert sich zwischen den Plastikbausteinen ein. Auf der Strecke ist nur noch eine schmale Gasse frei. Das Rennen wird für 25 Minuten unterbrochen. Alle dürfen Reifen wechseln. Damit wird den Reifenflüsterern die letzte Chance genommen.

Für Vettel läuft alles nach Maß. Rosbergs Sieg tut ihm nicht weh. Alonso fährt gehemmt und wird nur Siebter. Räikkönen kommt unter die Räder von Perez, der einen aussichtslosen Überholversuch vor der Hafenschikane startet. Der Lotus-Pilot muss neue Reifen ausfassen. Mit dem Gripvorteil überholt er in den letzten zwei Runden drei Autos und holt sich noch einen WM-Punkt. Nico Hülkenberg verliert ihn 3340 Meter vor dem Ziel. „Meine Hinterreifen waren hinüber. Ich hatte null Traktion und konnte Kimi nicht aufhalten." Während Force India einen grandiosen fünften Platz von Sutil feiert, garniert mit zwei WM-Punkten von Paul di Resta, blasen Sauber und Williams Trübsal. Wieder null Punkte. Williams steckt tief in der Krise. Das neue Auto funktioniert nicht, obwohl der Windkanal eine andere Sprache spricht. Die Autos verlieren beim Einlenken Abtrieb. Die gleichen Symptome wie bei Sauber und McLaren. „Wir haben alles versucht. Andere Bodenfreiheiten, andere Federn, anderer Auspuff. Nichts hat geholfen", verzweifelt Teammanager Dickie Stanford nach dem GP Bahrain. Danach zieht Williams den letzten Joker. Der FW35 wird schrittweise auf die Spezifikation des Vorjahresautos zurückgerüstet. Das Zusammenspiel zwischen Frontflügel, Nase und der vorderen Kufe des Unterbodens ist gestört. Das Experiment funktioniert. Maldonado ist im Donnerstagstraining nur 0,7 Sekunden langsamer als die Spitze. Sein Pech, dass Williams das Testobjekt wieder einpacken muss. Der alte Flügel hätte den Belastungstest der FIA nicht bestanden. Er verdreht sich zu stark.

Monte Carlo ist der Ritt auf der Kanonenkugel. Mutpassagen gibt es genug. Der schnelle Linksbogen vor dem Casino, auf den man mit 265 km/h bergauf zuschießt und nicht sieht, was einen hinter der Kuppe erwartet. Oder die kurze Gerade Richtung Mirabeau-Hotel, wo die Fahrer mit 220 km/h bergab auf eine Haarnadel zuschießen. Das Netz ist hier besonders dünn. Hinter 30 Metern Auslauf warten Tecpro-Barriere und ein Eisentor. Oder die erste Schwimmbadschikane, ein atemberaubender Slalom mit Tempo 220. Alonso scherzt: „Die wichtigsten zwei Passagen sind die Zielgerade und die Boxenmauer. An einem Ort entscheidet sich der Start, am anderen die Strategie."

Alle Fakten zu diesem Rennen auf Seite 191

GP KANADA: **MONTREAL**

Pleiterennen McLaren geht in Montreal mit beiden Autos leer aus. Zum ersten Mal seit Abu Dhabi 2009. Perez (Bild) und Button landen auf den Plätzen 11 und 12

Sturzraum Mangelware Montreal zählt noch zu den Strecken alter Prägung. Im hinteren Teil gleicht der Kurs einer Bobbahn. Hier pfeilen sich Gutierrez und Vergne mit 260 km/h dicht an den Mauern vorbei

In Siegerlaune Alonso hoffte auf einen Sieg in Montreal, muss sich aber hinter Vettel anstellen. Zum ersten Mal in dieser Saison läuft bei Ferrari eine Technik-Offensive ins Leere. Red Bull ist überlegen

Tragisches Ende Die Sauber von Hülkenberg und Gutierrez kommen am Kran zurück an die Boxen. Bei der Bergung des Autos des Mexikaners wird ein Streckenposten von einem Traktor überrollt und tödlich verletzt

Einmalige Kulisse Die Tribünen sind in Montreal immer gut gefüllt. Der 4,3 Kilometer lange Kurs liegt auf einer Insel im St. Lorenz-Strom. Im Hintergrund sieht man die Skyline von Montreal. Vettel siegt zum ersten Mal in Kanada

Red Bull gewinnt mit dem Reifentausch-Trick

Es ist ein Rennen nach Maß für Sebastian Vettel. Das perfekte Streckenlayout, das richtige Wetter, ein Rennverlauf ohne Zwischenfälle. Einziges Problem ist die Langeweile im Cockpit. Er liegt 18,7 Sekunden vor Lewis Hamilton, als ihm in der ersten Kurve ein Leichtsinnsfehler passiert. Vettel bremst zu spät. Inzwischen hat er die Routine, mit solchen Ausrutschern umzugehen. Statt das Auto noch in die Kurve zu zwingen, nimmt er den Weg durch den Notausgang. Es sieht aus, als hätte er sich verfahren. Die vier Sekunden, die er dabei verliert, tun dem Sieger nicht weh. „Ich hatte das Rennen jederzeit unter Kontrolle."

Rennstrecken, auf denen Bremsstabilität und Traktion zählt, sind die Domäne des Red Bull. Prompt fährt Vettel auf die Pole Position. Zum 39. Mal in seiner Karriere, zum dritten Mal in dieser Saison. Mangels schneller Kurven kann Red Bull den üblicherweise großen Radsturz und die hohe Rollsteifigkeit etwas zurücknehmen. Beides entlastet die Reifen. Dazu kommt, dass Montreal die Reifen nicht sonderlich fordert. Fünf Fahrer kommen mit einem Stopp über die Distanz. Das hat auch Red Bull mit Vettel vor, legt aber dann doch zur Sicherheit einen zweiten Stopp ein, weil man Angst hat, dass die steigenden Temperaturen die Reifen killen könnten. Tatsächlich kann Vettel an der Spitze nach Belieben Tempo machen. „Wir haben unsere Lektionen in Bezug auf die Reifen gelernt", freut sich Teamchef Christian Horner. Zum ersten Mal tauscht auch Red Bull die Reifen von links nach rechts und umgekehrt. Nur im Verkehr ist der Red Bull verwundbar. Mark Webber hängt ewig hinter Nico Rosberg fest.

Mercedes ist nach vier Trainingsbestzeiten in Folge nur zweiter Sieger. Lewis Hamilton hat es in der Hand, Vettel zu schlagen, kommt aber nach klar bester Zwischenzeit in der Zielkurve vom rechten Weg ab. Am Ende fehlten ihm 0,087 Sekunden zum ersten Startplatz. Rosberg kann wegen einer Funkstörung nicht von seiner Box ferngelenkt werden. Der Fahrer wartet vergeblich auf Informationen vom Kommandostand. „Bei den Bedingungen ist es extrem wichtig zu wissen, was du am Lenkrad einstellen musst." So ist das in der modernen Formel 1. Reinsetzen und Gasgeben, das war einmal. Montreal ist nicht Monte Carlo. Wer hier defensiv agiert, wird von hinten überrollt. Hamilton fährt bis zum ersten Stopp nur so schnell, wie er muss. Vettel lässt er freiwillig ziehen. So kann er drei Runden länger als der Red Bull-Pilot auf der Strecke bleiben, was ihm aber nicht viel hilft, weil es für ein Einstopp-Rennen trotzdem nicht reicht.

Mercedes hat trotz des ominösen Pirelli-Tests in Barcelona noch lange nicht alle Fragezeichen um die Reifen gelöst. Rosberg stoppt drei Mal. Wegen eines Bremsplattens muss er 13 Runden vor Schluss ein drittes Mal an die Box. Für den zweiten Turn gibt ihm der Kommandostand erneut einen Satz Supersoft-Reifen mit. Ein Fehler, wie Teamchef Ross Brawn feststellt: „Der härtere Reifen war an diesem Tag besser. Die warmen Temperaturen haben ihm geholfen." Auch Ferrari verspekuliert sich. Felipe Massa ärgert sich 17 und 24 Runden lang mit den extraweichen Sohlen herum. „Hätte ich im Mittelabschnitt Medium-Reifen gehabt, wäre ich weiter vorne gelandet als auf Platz 8." Der

»Ich war ein wenig eingeschlafen und zu spät auf der Bremse. Der Weg durch die Wiese erschien mir sicherer, als das Auto noch in die Kurve zu zwingen«

Sebastian Vettel

Brasilianer macht am Sonntag einen erneuten Trainingsunfall wieder wett. Bei seiner Aufholjagd vom 19. Startplatz überholt Massa neun Autos. Am längsten braucht er für Adrian Sutil. „Der Kerl war auf der Geraden unüberholbar. Sein Heckflügel hing schief nach links." Der Schaden geht auf das Konto einer Kollision mit Pastor Maldonado. Force India-Technikchef Andy Green ärgert sich: „Wir haben zwar Topspeed gewonnen, in den Kurven aber 15 Punkte Abtrieb verloren. Bei Adrians Boxenstopps mussten wir zwei Mal den Frontflügel flacherstellen, damit das Heck besser angeströmt wird." Force India darf trotzdem zufrieden abreisen. Nachdem Paul di Resta zum zweiten Mal in Folge wegen schlechten Timings in der ersten K.-o.-Runde hängenbleibt, navigiert ihn seine Box wie in Monaco in die Punkteränge. Von Startplatz 17 auf Rang 7. Keiner macht mehr Plätze gut.

Ferrari verflucht das Wetter. Wie in Monte Carlo ist es am Samstag kalt und nass. „Da bringen wir die Reifen nicht auf Temperatur. Was im Training ein Nachteil ist, wird im Rennen zum Vorteil", beschwichtigt Alonso. Das ist nur ein geringer Trost, wenn ihm Vettel im WM-Duell wieder sieben Punkte abnimmt. Beim Start stehen vier Fahrzeuge zwischen Alonso und seinem Gegner. Um Vettel unter Druck setzen zu können, müsste er schnell vorbei. Doch dann dauert es 62 Runden, bis Alonso auf dem zweiten Platz auftaucht. In der ersten Runde überholt er Valtteri Bottas, den Sensationsdritten des Trainings. An Rosberg geht Alonso in Runde 30 vorbei. Zwölf Runden später ist Webber fällig. Der Australier kämpft da bereits mit stumpfen Waffen. Giedo van der Garde passt beim Überrunden nicht auf und rasiert Webbers Frontflügel links die Endplatte und die obere Kaskade ab. „Danach hatte ich nur noch Untersteuern", ärgert sich Webber. Hamilton ist Alonsos letztes Opfer. Sieben Runden lang beobachtet der Spanier den Mercedes, dann geht er auf der Zielgeraden mit flach gestelltem Heckflügel vorbei.

Während Alonso Schadensbegrenzung betreibt, muss Kimi Räikkönen seine WM-Hoffnungen zurückschrauben. Der Finne nimmt nur drei Punkte aus Monte Carlo und Montreal mit. In Kanada meldet Räikkönen schon in der zweiten Runde ein weiches Bremspedal. Etwas Schlimmeres kann einem auf dieser Strecke nicht passieren. Montreal ist die ultimative Prüfung für die Bremsen. Sieben Mal steigen die Fahrer in die Eisen. Fünf Mal mit einer Verzögerung von fünf g und mehr. Vor der Haarnadel werden die Autos in 106 Metern und 2,6 Sekunden von 290 auf 63 km/h zusammengestaucht. Für die Bremsen ist die Arbeit deshalb so schwer, weil es zwischen den Bremspunkten kaum Verschnaufpausen gibt und weil mit reduziertem Anpressdruck gefahren wird.

Das Rennen mit der statistisch höchsten SafetyCar-Wahrscheinlichkeit geht ohne große Zwischenfälle zu Ende. Das SafetyCar bleibt in der Garage. Die Tragödie ereignet sich nach der Zielflagge. Bei der Bergung des Sauber von Esteban Gutierrez stolpert ein Streckenposten, weil er sich nach seinem heruntergefallenen Funkgerät bücken will. Dabei wird er von einem Traktor überrollt. Der Mann stirbt an seinen schweren Kopfverletzungen im Krankenhaus.

Alle Fakten zu diesem Rennen auf Seite 192

GP ENGLAND: SILVERSTONE

Pirellis Horror-Show Massa ist eines von fünf Reifenopfern beim GP England. Beim Brasilianer platzt der linke Hinterreifen. Trotzdem wird er noch Sechster

Alonso im Glück Ferrari lahmt in Silverstone. Alonso schafft es hinter Rosberg und Webber dennoch aufs Podium. Weil Vettel ausfällt, Räikkönen mit falscher Taktik unterwegs ist und Hamilton mit einem Reifenschaden zurückfällt

Vettel als Fußgänger Ein Getriebeschaden legt den Weltmeister lahm. Der Red Bull-Pilot führte zu diesem Zeitpunkt das Rennen bequem an. Es ist der erste Defekt für die Titelverteidiger in dieser Saison

Im Rückwärtsgang Der McLaren von Perez wird nach einem Reifenplatzer bei 280 km/h in der Box zurückgeschoben. Auch Button kommt nicht in die Punkte. Es ist die zweite Nullrunde für den britischen Rennstall in Folge

Überraschungssieger Im Gegensatz zu Monte Carlo kommt Rosberg in Silverstone aus dem Hinterhalt. Erst sieht Hamilton wie der Sieger aus, dann Vettel. Im Finale wehrt Rosberg alle Angriffe von Webber ab

Nach fünf Reifenplatzern steht das Rennen kurz vor dem Abbruch

Eigentlich müsste Pirelli gewarnt sein. Schon im Training explodiert der linke Hinterreifen am McLaren von Sergio Perez. Zum ersten Mal fliegen die Fetzen. Bisher kam es in 13 Fällen lediglich zu einer Ablösung der Lauffläche, aber die Luft blieb im Reifen. Pirelli beschwichtigt. Die innere Schulter sei durch einen spitzen Gegenstand aufgeschlitzt worden. McLaren-Chef Martin Whitmarsh traut dem Frieden nicht, telefoniert am Abend vor dem Rennen mit Pirelli-Präsident Marco Tronchetti Provera. Auch der schlägt die Warnungen in den Wind. Am nächsten Tag wird der GP England für Pirelli zur Horror-Show. Bei Lewis Hamilton, Felipe Massa, Sergio Perez und Jean-Eric Vergne platzt der linke Hinterreifen. Esteban Gutierrez fliegt der linke Vorderreifen um die Ohren. Bei Sebastian Vettel, Fernando Alonso und Nico Rosberg hätte der Turn keine Runde länger dauern dürfen. In allen drei Fällen sind die linken Hinterreifen stark beschädigt. FIA-Rennleiter Charlie Whiting steht kurz davor, das Rennen abzubrechen. Whitmarsh verrät: „Noch ein Reifenplatzer, und wir hätten beide Autos aus dem Rennen genommen." Die Teams erhöhen die Reifendrücke auf Anraten von Pirelli während des Rennens auf 19 PSI. Damit läuft der Reifen mehr auf der Mitte der Lauffläche. Das reduziert das Risiko.

Die Reifenmisere drängt Pirelli in eine Ecke. Der nächste Grand Prix am Nürburgring folgt schon in sieben Tagen. Nach 48 Stunden Analyse schiebt Pirelli alles auf die Teams. Von Reifendrücken unter den erlaubten 18 PSI ist die Rede, von zu viel Sturz und aggressiven Randsteinen. Das alles in Verbindung mit dem Umstecken der Reifen auf die falsche Seite habe zu den Reifenexplosionen geführt. Force India praktiziert das bereits bei den Wintertestfahrten. Das verlängert die Lebensdauer eines Reifensatzes um bis zu drei Runden. Die Konkurrenz kopiert den Trick.

Tatsächlich ist die Praxis schuld, die linken Reifen rechts zu montieren und umgekehrt. Dadurch ändert sich die Laufrichtung der Drähte im Stahlgürtel. In den schnellen Kurven von Silverstone nehmen die Drähte die Kräfte nicht mehr in ihrer gesamten Länge auf, sondern allein an deren Enden in der inneren Reifenschulter. Wenn es in den Flanken zu stehenden Wellen kommt, bricht die Struktur auf. Die Daten belegen, dass die Fliehkräfte in Abbey, Copse, Becketts und Stowe gegenüber dem Vorjahr um 15 Prozent gestiegen sind. Wer dann noch mit niedrigen Luftdrücken experimentiert, spielt mit dem Feuer. McLaren, Lotus und Force India teilen Pirelli schriftlich mit, dass man alle Vorgaben erfüllt habe. Pirelli räumt ein, dass es ein Fehler war, das Reifentauschen zu erlauben. Man hätte es besser wissen müssen. Die Reifentechniker haben noch einen Denkfehler gemacht: Sie versuchen das Problem der Delaminierung durch mehr Klebemittel zwischen Lauffläche und Gürtel zu lösen. Genau das provoziert die Explosionen. Die Gummischicht reißt den Stahlmantel bei zu hoher Belastung einfach mit.

Es ist das Schicksal von Nico Rosberg, dass seine Siege von Reifendiskussionen überschattet werden. In Monte Carlo stiehlt ihm der illegale Reifentest von Mercedes die Show, in Silverstone Bilder von zerfetzten Reifen. Rosberg erbt den Sieg, weil Teamkollege Lewis

„Randsteine, Trümmerteile, hohe Fliehkräfte in schnellen Kurven: Ein guter Rennreifen muss das aushalten können"

McLaren-Teamchef Martin Whitmarsh

Hamilton nach seinem Reifenplatzer vom ersten auf den letzten Platz zurückfällt und sich dann mühsam auf den vierten Rang nach vorne kämpft. Und weil Sebastian Vettel seinen Red Bull in der 41. Runde unfreiwillig vor den Boxen abstellt. Die Getriebeeingangswelle ist in der Verbindung zur Kupplung gebrochen. Eine Analyse ergibt: Das Teil wurde falsch bearbeitet.

Vettels Ausfall lässt seine Verfolger im WM-Kampf wieder aufrücken. Fernando Alonso betreibt als Dritter, Kimi Räikkönen als Vierter Schadensbegrenzung. Beide sind trotzdem sauer. Alonso, weil Ferrari in der Runde vor dem zweiten SafetyCar-Einsatz die Reifen wechselt. Das ist Pech. „Das SafetyCar hat mich sechs Positionen gekostet", flucht der Spanier. Räikkönen hadert mit seinen Strategen. Lotus lässt ihn mit 33 Runden alten Reifen auf der Strecke. „Ich glaube, wir machen da einen Fehler", warnt Räikkönen über Funk. Er behält Recht. Rosberg, Webber und Alonso überrollen ihn mit frischen Reifen.

Die Favoriten Ferrari und Lotus fahren im Training hinterher. Es ist den Red Bull-Gegnern zu kalt und zu windig. Am Sonntag heizt der englische Blitzsommer die Bahn um vier Grad mehr auf als am Samstag. Das führt bei allen Autos zu einer Balanceverschiebung. Vom Untersteuern ins Übersteuern. Plötzlich ist nicht mehr der linke Vorderreifen die kritische Größe, sondern die Hinterreifen. Dass Hamilton trotzdem mit einer Zweistopp-Strategie über die Runden kommt und dabei schnelle Zeiten fährt, spricht dafür, dass Mercedes die Reifen langsam versteht. „Kein Wunder, wenn man drei Tage lang in Barcelona illegal Reifen testet", giftet Red Bull-Berater Helmut Marko. Niki Lauda schüttelt den Kopf: „Ich kann den Blödsinn nicht mehr hören. Wir verstehen die Reifen besser, weil wir konsequent am Auto arbeiten." In Silverstone gibt es einen neuen Unterboden, neue Bremsbelüftungen und eine neue Hinterachs-Geometrie.

Mark Webber nutzt den GP England dazu, sich bei Red Bull nach sieben Jahren zu verabschieden. Nur Firmenchef Dietrich Mateschitz ist in seine Pläne eingeweiht. Das Team erfährt erst eine Stunde vor der Bekanntgabe des Wechsels zu Porsche in die Sportwagen-Szene von Webbers neuen Plänen. Man kann es auch eine Retourkutsche für den Stallkrieg von Malaysia nennen. Da hatte sich Webber mehr Durchsetzungskraft von Teamchef Christian Horner gewünscht. Vettels Alleingang zeigt ihm, wer der wahre Chef im Stall ist. Außerdem fühlt er sich bei Red Bull eingesperrt: „Die Formel 1 wird immer mehr zum Gefängnis. Ich brauche einen Tapetenwechsel. Mein Entschluss stand schon Weihnachten fest." In Silverstone fährt Webber sein bislang bestes Rennen. Von Rosberg trennen ihn nur 0,765 Sekunden. Der aktuelle RB9 ähnelt in seiner Charakteristik dem RB7 von 2011. Das ist der Grund, warum Webber gegen Vettel stark abfällt. Das Auto ist stärker angestellt als im Vorjahr. Das verlangt einen speziellen Fahrstil, weil man den Auspuffstrahl braucht, um den Diffusor zu versiegeln und Abtrieb zu produzieren. Vettels Fahrstil. Das Geheimnis liegt darin, wie er bremst, runterschaltet, Gas gibt, Kers einsetzt, welche Linie er in den Kurven wählt, damit der Motor am Gas hängt und Auspuffgase produziert.

Alle Fakten zu diesem Rennen auf Seite 193

GP DEUTSCHLAND: **NÜRBURGRING**

Gedränge im Feld Vettel hat den Trainingsschnellsten Hamilton beim Start überholt. Webber ist gerade dabei, den Mercedes auszutricksen. Grosjean liegt in Lauerstellung

Arbeitsplatz in Gefahr Massa verliert den Ferrari beim Anbremsen der ersten Kurve. Der Brasilianer gibt einen Fahrfehler zu. Seine Taktik, mit harten Reifen zu starten, ist damit Makulatur

Andrang bei der Autogrammstunde Vettel schreibt sich am Donnerstag vor dem Rennen die Finger wund. Da ist die Boxengasse für Fans geöffnet. Nummer eins in der Beliebtheitsskala am Ring ist aber Räikkönen

Verfluchte Reifen Im Training ist Hamilton eine Klasse für sich. Er stellt seinen Mercedes auf die Pole Position. Im Rennen ist es mit der Herrlichkeit schnell vorbei. Der Silberpfeil frisst weiter seine Reifen. Hamilton wird nur Fünfter

Risiko nicht belohnt Alonso opfert Startplätze für die vermeintlich bessere Reifenwahl. Er startet auf der harten Mischung und hebt sich die weichen Sohlen für das Finale auf. Der Trick misslingt. Alonso kommt als Vierter ins Ziel

Vettel feiert seinen ersten Sieg auf deutschem Boden

Das Reifen-Drama von Silverstone hat auch seine guten Seiten. Pirelli kann sein Produkt ändern, ohne die Teams um Zustimmung zu fragen. Die Produktion im türkischen Izmit schiebt Sonderschichten, um 1000 neue Hinterreifen zu produzieren. Der äußere Ring ihres Gürtels ist nicht mehr aus Stahl, sondern aus Kevlar. Trotzdem drohen die Fahrer mit Streik, sollten im Training wieder Reifen platzen. „Eine dumme Aktion", findet Martin Brundle. „So stellen sie sich in eine Ecke, aus der sie nicht mehr rauskommen." Alles bleibt heil. Sebastian Vettel verteidigt die Aktion: „Wir vertrauen Pirelli, wollten aber unseren Standpunkt klarmachen. Damit hinterher keiner sagen kann, wir hätten nicht gewarnt."

Der GP Deutschland erinnert in seinem Ablauf an das Rennen in Shanghai. Die beste Taktik liegt nicht klar auf der Hand. Sebastian Vettel, Kimi Räikkönen, Romain Grosjean, Lewis Hamilton und Mark Webber starten auf gebrauchten weichen Reifen. Fernando Alonso und Felipe Massa schwimmen mit angefahrenen Medium-Reifen gegen den Strom. „Wenn ich wie alle anderen mit weichen Reifen losfahre, starte ich zwar zwei Plätze weiter vorne, komme aber an den Vorderleuten nie vorbei", beharrt Alonso. Jenson Button und Nico Rosberg dürfen frei wählen. Sie entscheiden sich für neue Sohlen der härteren Mischung.

Die Standardtaktik gewinnt. Auf dem Podium stehen Vettel, Räikkönen und Grosjean. Die Lotus sind im Rennen schneller als der Red Bull, doch Vettel wehrt meisterhaft alle Angriffe ab. „Dazu musste er alle Runden am Limit fahren. Nur in der SafetyCar-Phase konnte er sich ausruhen", lobt Red Bull-Motorsportchef Helmut Marko. Als Lotus seine Taktik splittet, um Vettel aus der Reserve zu locken, reagiert Red Bull richtig. Eine Runde nach Grosjeans drittem Boxenstopp kommt auch Vettel an die Box und lässt einen frischen Satz Medium-Reifen aufziehen, den er sich im Training gespart hat. So bleibt er vor dem Franzosen. Kimi Räikkönen geht damit zwar in Führung, doch das nimmt man in Kauf. Red Bull setzt darauf, dass auch der Finne noch einmal Reifen wechseln muss. Acht Runden später brechen am Lotus mit der Startnummer 7 die Rundenzeiten ein. Kimis Schlussangriff mit weichen Reifen kommt zu spät. „Das Rennen hätte zwei Runden länger dauern müssen", krächzt Räikkönen.

Alonsos Attacke auf Grosjean verpufft. Der Spanier muss in den letzten Runden Benzin sparen. Er beharrt darauf, dass Ferrari richtig taktiert hat. „Sonst wäre ich nie Vierter mit acht Sekunden Rückstand auf den Sieger geworden." Er verschweigt: Das SafetyCar hat ihm 19,8 Sekunden geschenkt. Es rückt aus, weil Jules Bianchis Marussia nach einem Motorschaden plötzlich rückwärts auf die Strecke in den fahrenden Verkehr rollt. Alonso steckt in der Anfangsphase zu lange im Verkehr fest. Und er muss seine harten Reifen schon nach 12 Runden wechseln. Geplant waren 20. Ferrari hat den Anschluss an die Spitze verloren. Red Bull, Mercedes und Lotus haben die schnelleren Autos.

Vettels Taktik sollte sich eigentlich herumgesprochen haben. Er versucht vorne zu fahren, damit er sein Tempo auf die Reifen ausrichten kann. Im Verkehr ist sein Red Bull verwundbar. Wenn er wie am Nürburg-

> **Wir mussten unterschiedliche Strategien spielen. So, wie es aussieht, hat die von Kimi besser funktioniert als meine**

Romain Grosjean

ring nicht von der Pole Position startet, muss er überfallartig an seinen Vorderleuten vorbei. „Hat dein Gegner mal den Rhythmus gefunden, wird es mit dem Überholen immer schwieriger." Den Trainingsschnellsten Lewis Hamilton schnappt er sich schon in der ersten Kurve. Auch Mark Webber rutscht noch mit durch. Der Australier verliert das Rennen an der Box. Beim ersten Stopp wird rechts hinten das Rad schlampig aufgesetzt. Der Mechaniker drückt in der Hektik die Freigabetaste. Nach 50 Metern macht sich das Rad selbständig und trifft einen Kameramann. Er kommt glimpflich davon: Schlüsselbeinbruch, zwei Rippen angeknackst, Gehirnerschütterung.

Für Hamilton beginnt in der Startrunde ein Leidensweg, den er schon aus Bahrain und Barcelona kennt. Es ist eine Spur zu heiß in der Eifel. Da schmelzen am Mercedes die Hinterreifen dahin. „Nicht mehr so schlimm wie zu Saisonbeginn, aber noch schlimm genug, das Rennen zu verlieren", konstatiert Teamchef Ross Brawn. Das Problem verschwindet, sobald genügend Sprit verbrannt ist und das Auto leichter wird. „Bis jetzt haben wir uns in der Anfangsphase damit beholfen, die Reifen umzustecken. Aber das ist ja nicht mehr erlaubt." Hamilton muss am Ende mit Jenson Button um Platz fünf kämpfen.

Nico Rosberg steht unfreiwillig auf dem elften Startplatz. Das tut weh, wenn der Teamkollege auf die Pole Position fährt. Mit einer Fahrzeugabstimmung, die man selbst ausgetüftelt hat. Die Renningenieure wollen Reifen sparen, und der Computer sagt, dass Rosbergs Zeit zum Weiterkommen ins Top Ten-Finale reicht. Doch dann schläft der Wind ein, die Temperaturen steigen, und schon entwickelt sich auf der Ideallinie jener Extra-Klebstoff, der die Rundenzeiten purzeln lässt. Innerhalb von 113 Sekunden ziehen sechs Fahrer an Rosberg vorbei. Mercedes hätte eigentlich misstrauisch werden müssen, als Ferrari und Lotus einen neuen Reifensatz opfern, um Alonso und Räikkönen sicher durch die zweite K.-o.-Runde zu bringen. Doch mit besseren Ergebnissen steigt auch das Selbstvertrauen. Manche nennen es Arroganz.

Nico Hülkenberg fährt zum zweiten Mal in Folge auf Platz zehn. Balsam auf die Wunden für ein Team, das ums Überleben kämpft. Noch nie seit dem Einstieg in die Formel 1 1993 war die Lage so ernst. Teamchefin Monisha Kaltenborn sagt tapfer, dass Sauber diese Saison überleben werde. Ein großer Sponsor aus Russland steht vor der Tür. Staatsbetriebe, auch Vladimir Putin habe seine Finger im Spiel, wird getuschelt. Sauber läuft die Zeit davon. Von unbezahlten Rechnungen ist die Rede, ausstehenden Fahrergehältern, einer Entwicklung auf Schmalspur, weil das Geld knapp ist. Der Windkanal wird oft an Fremdkunden wie Audi oder Ferrari vermietet, um die Kasse aufzubessern. Hülkenberg ist wegen der verzögerten Gehaltszahlung nicht mehr an die Option für 2014 gebunden. Er schöpft am Nürburgring neue Hoffnung. Die Ingenieure gehen extreme Wege mit der Fahrzeugabstimmung und finden die Nadel im Heuhaufen. Aero-Balance nach hinten, um das Heck zu beruhigen, mehr mechanischer Grip vorne. Hülkenberg qualifiziert sich prompt für die Top Ten der Startaufstellung. Aus eigener Kraft.

Alle Fakten zu diesem Rennen auf Seite 194

GP UNGARN: HUNGARORING

Hitzeflimmern Der GP Ungarn findet bei Rekordtemperaturen statt. 36 Grad im Schatten, 54 Grad auf dem Asphalt. Hülkenberg wird nach einer Strafe nur Elfter

Opfer der Reifenreform Seit Pirelli die Konstruktion der Reifen geändert hat, fährt Force India hinterher. In Budapest geht alles schief. Sutil (Bild) und di Resta fallen mit Hydraulikschäden aus

Dritte Kraft Vettel muss sich im Rennen hinter Hamilton und Räikkönen anstellen. Hamilton schlägt den Red Bull-Piloten mit dem besseren Speed, Räikkönen mit einer Zweistopp-Strategie

Ferrari im Elend Seit dem GP Spanien sträubt sich der Ferrari F138 gegen alle Verbesserungsversuche. Alonso nimmt sein Team in die Pflicht und handelt sich eine Schelte von Präsident di Montezemolo ein

Reifendiskussion Red Bull-Teamchef Horner und Chefdesigner Newey wollen von Pirelli-Rennleiter Hembery die letzten News über die Reifen erfahren. Pirelli kehrt in Budapest zu den 2012er Konstruktionen zurück

Zweite Kraft Lotus fährt am Nürburgring und in Budapest auf dem Niveau von Red Bull. Hier folgt Grosjean dem Ferrari von Alonso. Er wird ihn schnell einholen. An Überholen ist bei 789 Meter Gerade aber nicht zu denken

Volksnah Formel 1-Chef Ecclestone nimmt seine Stars mit auf eine Tribüne. Vettel, Hamilton, Rosberg und Alonso schreiben Autogramme für Kinder aus unterprivilegierten Familien

Meilenstein für Hamilton Der Engländer gewinnt zum ersten Mal für Mercedes. Und er triumphiert zum vierten Mal auf dem Hungaroring. Damit stellt er Michael Schumachers Rekord ein

Aufatmen bei Williams Maldonado holt für das angeschlagene Traditionsteam den ersten Punkt der Saison. Der FW35 überrascht seine Fahrer mit unberechenbaren Reaktionen beim Einlenken

Mercedes-Sieg trotz Hitze: Red Bull hat einen neuen Gegner

Hitzerennen sind keine Seltenheit in Ungarn. Doch diesmal brennt die Sonne erbarmungsloser als sonst auf den Hungaroring. 36 Grad auf der Quecksilbersäule nehmen den Menschen die Luft zum Atmen und den Maschinen den kühlenden Fahrtwind. Deshalb werden überall Löcher in die Verkleidungen gestanzt. Der Asphalt heizt sich auf 54 Grad auf. Das macht vor allem Mercedes Sorgen. Obwohl die 2012er Karkassen von Pirelli die Laufflächentemperaturen um zehn Grad senken. Weil die Formel 1 ein Extremsport ist, bleibt keiner weit unter der kritischen Grenze von 160 Grad. Auch Mercedes nicht. „Du willst so nah dran wie möglich sein, weil du dann den besten Grip kriegst", bestätigt Ross Brawn. Aus lauter Angst, die Hinterreifen könnten wie üblich dahinschmelzen, werden die Autos auf leichtes Untersteuern eingestellt. Das ist der Schlüssel zum Sieg. „Wir waren gerade so an der Grenze", verrät Brawn. „Ein bisschen mehr Untersteuern hätte in den langgezogenen Kurven zu viel Rundenzeit gekostet. Ein bisschen weniger hätte uns die Hinterreifen ruiniert."

Mercedes gewinnt unter den schlechtest möglichen Bedingungen. Es ist heiß, und weder die Ingenieure noch die Fahrer kennen die neuen Reifen. Der Test für Nachwuchsfahrer in Silverstone war für Mercedes gestrichen. Das ist die Strafe für den illegalen Reifentest in Barcelona. Lewis Hamilton und Nico Rosberg bleiben 180 Runden zum Kennlernen, bevor es in die Qualifikation geht. Hamilton rechnet sich nicht viel aus und ist überrascht, dass er zum vierten Mal in dieser Saison auf der Pole Position steht. „Die Runde fühlte sich gar nicht so schnell an. Im Mittelsektor war ich nicht aggressiv genug, und in den letzten zwei Kurven habe ich Zeit liegengelassen." Für das Rennen hält Hamilton den Ball flach: „Ich erwarte einen ungemütlichen Sonntagnachmittag. Die Red Bull waren in den Rennsimulationen sieben Zehntel schneller als wir."

Hamilton hat einen bescheidenen Plan. Er will so lange freie Sicht genießen wie möglich. Insgeheim hofft er, dass sich Romain Grosjean beim Start zwischen ihn und Sebastian Vettel schiebt, doch der Weltmeister boxt sich mit Geschick und Härte durch. Als Hamilton zum ersten Mal an die Boxen abbiegt, hat er 1,7 Sekunden Vorsprung. Und als Vettel nur zwei Runden später stoppt und dann auch noch hinter Jenson Button hängenbleibt, der mit harten Reifen einen langen Turn über 24 Runden fährt, da wagt er zum ersten Mal, an seinen vierten Ungarn-Sieg zu denken. Wer auf dem Hungaroring Positionen gewinnen will, muss dies beim Start tun oder über die Strategie. 2012 gab es lediglich 13 Überholmanöver. Diesmal 23. Bei nur 789 Metern Gerade hilft auch der flach gestellte Heckflügel nicht viel. Hamilton überholt in den entscheidenden Momenten. Nach dem ersten Boxenstopp geht er sofort an Button vorbei. Vettel verliert hinter dem McLaren zwölf Runden und verbiegt sich bei einem überhasteten Angriff die rechte Frontflügelendplatte. In der 35. Runde schnappt sich Hamilton kurz nach seinem zweiten Boxenstopp Mark Webber, indem er sich in Kurve 3 innen am Red Bull vorbeizwängt. „Ein faires Manöver", urteilt Webber. „Lewis hat den Extra-Grip der frischen Reifen genutzt."

„Ich habe weder die Pole Position noch den Sieg erwartet. Der Schlüssel zum Sieg war, dass ich sofort an Button vorbeikam und Vettel nicht"

Lewis Hamilton

Vettel verliert auch noch den zweiten Platz. Nicht an Grosjean, der sich wegen harter Fahrweise zwei Strafen einfängt. Auf Strecken, bei denen Überholmanöver ein Kraftakt sind, sollten die Sportkommissare ein Auge zudrücken. Vettels Gegner im Finale heißt Kimi Räikkönen. Lotus disponiert mitten im Rennen von drei auf zwei Stopps um. Vorher versichert sich Renningenieur Mark Slade: „Kimi, glaubst du, dass Plan B möglich ist?" Antwort aus dem Cockpit: „Ja, ich glaube, es geht." Räikkönen muss sich 15 Runden lang gegen Vettel verteidigen auf Reifen, die 13 Runden älter sind. Der Weltmeister von 2007 löst die Aufgabe ganz cool. Als Vettel drei Runden vor Schluss in Kurve 4 einen Überraschungsangriff plant, lässt ihn sein Badminton-Kumpel eiskalt auf der Außenspur verhungern. Im ersten Ärger beschwert sich Vettel am Funk: „Er hat mir keinen Platz gelassen." Red Bull-Berater Helmut Marko fordert eine Strafe für Räikkönen. Teamchef Christian Horner beschwichtigt: „Seb hätte sich nicht anders verteidigt." Zwischen den Zeilen hört man heraus, welchen Fahrer die Red Bull-Bosse für das zweite Cockpit 2014 favorisieren. Marko macht Politik für Daniel Ricciardo, Horner für Räikkönen. Die Entscheidung liegt bei Firmenchef Dietrich Mateschitz.

Der letzte Grand Prix vor der Sommerpause kurbelt das Transferkarussell an wie in alten Tagen. Fernando Alonso ist unzufrieden mit Ferrari. Seit seinem Sieg in Barcelona sind alle Ausbaustufen wirkungslos verpufft. Es liegt an der Hitze und den neuen Reifen, dass der Ferrari F138 seine Qualitäten ins Gegenteil verkehrt. Stark im Training, schwach im Rennen. „Wir müssen schnell herausfinden, warum das so ist. Nach der Sommerpause will ich ein Siegerauto. Zur Zeit sind wir die Nummer vier hinter Mercedes, Red Bull und Lotus." Weil sein Manager Luis Garcia sich im Red Bull-Motorhome blicken lässt, sind die Schlagzeilen schnell gestrickt. Alonso will zu Red Bull. Das Meisterteam dementiert nicht. Alonso stiftet Verwirrung: „Ich will nur ein besseres Auto." Ferrari-Präsident Luca di Montezemolo fällt auf die Posse herein und erinnert Alonso an seine Pflichten: „Ein Ferrari-Fahrer fährt für das Team und nie für sich selbst. Wir müssen gemeinsam einen Weg aus der Krise finden."

Auch Räikkönens Management streut Gerüchte. Kimi wird ein Angebot von Ferrari angedichtet. Weil Felipe Massa wieder einmal auf der Abschussrampe sitzt. Ein Ferrari-Sprecher weist ein Interesse an Räikkönen prompt von sich. Hatte man den Finnen Ende 2009 nicht wie einen Hund vom Hof gejagt, nur um an Alonso zu kommen? Räikkönen passen die Spekulationen ins Konzept. Lotus ist schon wieder mit dem Gehalt säumig und flirtet mit Nico Hülkenberg, der ein Viertel seiner Gage kosten würde. Die Verhandlungen mit Red Bull ziehen sich in die Länge. Da ist es gut, dass die Verhandlungspartner glauben, es gebe noch eine dritte Option. Bei Lotus brennt wieder einmal der Baum. Schulden in dreistelliger Millionenhöhe, streikende Mitarbeiter, ausstehende Gehälter. Teambesitzer Gérard Lopez beschwichtigt. „92 Millionen Euro sind ein Kredit, den wir aus eigener Tasche dem Team gegeben haben. Wir zahlen unsere Rechnungen spät, aber auch nicht später als unsere Mitbewerber."

Alle Fakten zu diesem Rennen auf Seite 195

Wie stehen

die Sterne?

Letzte Handgriffe Der Mercedes von Hamilton wird startklar gemacht. 13 Mechaniker kümmern sich bei beschränkten Platzverhältnissen um den Silberpfeil

Rekordverdächtig Die besten Boxenstopps von Mercedes dauerten 2,02 Sekunden. Die Mercedes-Schrauber konkurrierten mit Red Bull und Ferrari um die schnellsten Service-Zeiten

Neuzugang Hamilton fügte sich schnell bei Mercedes ein. In Ungarn gewann er zum ersten Mal für sein neues Team

Endlich Spitze Rosberg forderte Hamilton heraus. Er gewann in Monte Carlo und Silverstone (Bild)

Red Bull-Kopie Der Mercedes AMGW04 war das zweitbeste Auto im Feld. Auch weil man einige Konstruktionsmerkmale von Red Bull kopiert hatte. Das Reifenmanagement bekam Mercedes erst in der zweiten Saisonhälfte in den Griff

Drei Jahre lang war Mercedes quasi Kanonenfutter für die Großen. Aus Bernie Ecclestones Sicht ein Team ohne Historie und Verdienste. Niki Lauda musste beim Formel 1-Chef die angeschlagene Beziehung zur Konzernspitze kitten. Das Auto war zwischen 2010 und 2012 eine einzige Baustelle. Die Ingenieure haben ihren Silberpfeil nie richtig verstanden. Und die Reifen auch nicht. Es war klar, dass es so nicht weitergehen konnte.

Mercedes engagierte Lauda. Als Aufpasser, Antreiber, Quälgeist. Lauda stellte unangenehme Fragen. Er holte Lewis Hamilton. Und weckte die Filiale in Brackley aus ihrer Lethargie. Ross Brawn setzte vieles um. Der frühere Ferrari-Technikchef weiß, dass Erfolg in der Formel 1 ein langfristiges Geschäft ist. Er hatte mit den Restrukturierungsmaßnahmen schon begonnen, bevor Lauda überhaupt an Bord kam und zehn Prozent des Rennstall übernahm. Aldo Costa wurde zum Projektleiter für die Chassis-Konstruktion befördert. Ex-Lotustechniker Mike Elliot leitet die Aerodynamikabteilung. Mitte 2013 klaute Mercedes auch noch Gerald Murphy von Lotus. Er hatte die beste CFD-Abteilung der Formel 1 aufgebaut. Also computergestützte Strömungslehre, die Vorstufe zum Windkanal. Brawns Umbauarbeiten zeigten im vierten Jahr endlich Früchte. Gut für Lauda. Und für Toto Wolff, der als zweiter Teamchef und 30-prozentiger Anteilseigner dazustieß.

Aabar trat seine 40-prozentige Beteiligung am Rennteam für 22 Millionen Euro an Mercedes ab. Der Konzern leitete die Anteile umgehend weiter. Mercedes hat Wolff und Lauda bewusst in die finanzielle Verantwortung genommen. Wer Anteile am Team hat, riskiert Geld zu verlieren, wenn es nicht läuft. Also strengt er sich mehr an. Reine Werksteams sind wie Staatsbetriebe. Da stellt sich schnell eine Beamtenmentalität ein. Wolff versucht den englischen Söldnern nun mühsam eine Mercedes-Identität einzuimpfen. Die 612 Mitarbeiter sind aufgrund ihrer Historie heimatlos. Viele waren schon zu Zeiten von BAR an Bord. Dann bekamen sie das Honda-Logo aufs Revers, wuchsen nach dem Ausstieg der Japaner unter dem Namen BrawnGP zu einer verschworenen Gemeinschaft zusammen, bevor ihnen Ende 2009 jemand sagte, dass sie von nun ab für Mercedes arbeiten würden. Für viele änderte sich nur die Farbe der Teamuniform.

Der Grundstein für den Aufstieg zum 1A-Verfolger von Red Bull wurde in der Saison 2012 gelegt. Mercedes stockte sein Budget um 25 Prozent auf und bekam 2013 mehr als die doppelte Punktzahl dafür zurück. Das englische Handelsregister weist für 2011 die Summe von 149 Millionen Euro aus. 2012 kletterte das Budget auf 179 Millionen Euro, in diesem Jahr auf knapp 200 und 2014 werden es über 200 Millionen Euro sein. Auf der Motorenseite machen sich langsam die Kosten für die Entwicklung des neuen V6-Turbo bemerkbar. 80 Millionen sind durch Sponsoren abgedeckt, 92 durch die Ausschüttung aus Ecclestones Preisgeldtopf. Mercedes zählt dank der Initiative von Lauda wieder zu den privilegierten Teams. Unabhängig vom WM-Platz gibt es zwölf Millionen Dollar extra.

Mercedes hat bei Red Bull kopiert. Nicht nur die schlanken Seitenkästen und das Prinzip der angehobenen Hinterachse. Zum ersten Mal ist der Mercedes auch von vorne nach hinten angestellt. Nicht so extrem wie der Red Bull, aber stärker als Ferrari und McLaren. „Das Anstellen hilft dir in den schnellen Kurven. Da haben wir uns klar verbessert“, führt Ross Brawn aus. „Die Probleme beginnen in den langsameren Passagen und beim Bremsen, wenn du den Diffusor nicht mehr mit den Auspuffgasen versiegeln kannst. Dann bestraft dich der höhere Schwerpunkt hinten. Das Auto beginnt an der Hinterachse zu rollen. Als Folge kriegst du übersteuern. Die Kunst ist es, je nach Rennstrecke den Anstellwinkel richtig zu bestimmen.“ Red Bull hat da im Vergleich zu Mercedes einen riesigen Erfahrungsvorsprung. Auch bei den Motorkennfeldern. Die müssen so programmiert sein, dass der Auspuff auch in den Phasen des Gaswegnehmens bläst. Es dauerte bis zum GP Indien, bis Mercedes auf diesem Gebiet Fortschritte erzielte. Red Bull war wieder zwei Schritte voraus.

Lauda passt auf Niki Lauda beaufsichtigt das Mercedes-Formel 1-Projekt. Der Österreicher motiviert die Fahrer und steigt den Ingenieuren auf die Füße. Er holte Hamilton und schloss Frieden zwischen Mercedes und Ecclestone

Das Superhirn geht Auch gute Worte von Konzernchef Zetsche konnten Ross Brawn nicht zum Bleiben überreden

Wolff übernimmt Toto Wolff steigt bei Williams aus und bei Mercedes ein. Mit 30 Prozent der Teamanteile

Schwere Stunde Im Juni musste sich Mercedes wegen der Reifen-Affäre vor dem FIA-Schiedsgericht verteidigen. Der Rennstall kam mit einem blauen Auge davon: schuldig im Sinne der Anklage. Doch es gab nur ein Testverbot

In der ersten Saisonhälfte stellte Mercedes das schnellste Auto. Sieben Mal in elf Rennen ging die Pole Position an Silber. Doch die Autos fraßen weiter die Reifen. Deshalb machte Mercedes gemeinsam mit Red Bull Politik gegen Pirellis Wundertüten. Ein von Pirelli organisierter Reifentest Anfang Mai mit einem Mercedes, Baujahr 2013, auf der Strecke von Barcelona hielt die Formel 1 einen Monat lang in Atem. Nach einem Protest von Red Bull und Ferrari trat erstmals das 2010 installierte Schiedsgericht der FIA in Aktion. Urteil: Mercedes hat sich schuldig gemacht. Schuldig im Sinne von Artikel 22.4. des Sportgesetzes, wonach während der Saison mit keinem Auto getestet werden darf, das jünger als zwei Jahre ist. Schuldig im Sinne von Paragraf 151c, weil fehlerhaftes Verhalten zu einer unfairen Vorteilsnahme geführt hat, was dem Ansehen des Sports schadet. Mercedes wurde vom Young Drivers Test ausgeschlossen. Red Bull forderte sogar Punkteabzug. „Das war für uns das größte Kompliment", stichelte Wolff. „Es zeigt, sie nehmen uns ernst."

Als Pirelli auf die 2012er Reifen zurückgriff, schien sich die Lobbyarbeit auszuzahlen. Lewis Hamilton gewann prompt in Budapest. Mercedes überraschte sich bei 36 Grad Hitze selbst. Keiner konnte erklären, warum es auf einer nicht Mercedes-freundlichen Strecke bei nicht Mercedes-freundlichen Temperaturen und nicht Mercedes-freundlichem Testverbot für die neuen Pirelli-Reifen so gut lief. Da machte sofort das Wort WM-Titel die Runde. Nicht laut, aber unterschwellig doch so, dass es die Entwicklungsabteilung in ihrer Euphorie etwas übertrieb. Plötzlich nahm das Auto die Reifen nicht mehr zu hart, sondern zu milde her. Nach der Sommerpause fiel Mercedes in ein Loch. Red Bull hatte seine Lektion gelernt. Schnell stellte sich heraus, dass mehr Abtrieb im Heck die Antwort auf Pirellis neue Reifen war. Da hatten Red Bull und Lotus konstruktive Vorteile. Ihr Auspuffkonzept gab hinten mehr Spielraum als das von Mercedes, Ferrari oder McLaren. Brawn gibt rückblickend zu: „Es wäre besser für uns gewesen, Pirelli wäre bei den 2013er Reifen geblieben."

Mit Hamilton und Rosberg ist Mercedes fahrerisch erstklassig besetzt. „Die beiden schaukeln sich gegenseitig hoch", nickt Lauda anerkennend. „Schaut her, wie sich der Rosberg gesteigert hat. Der Hamilton treibt ihn ans Limit." Rosberg und Hamilton fahren nicht zum ersten Mal im gleichen Team. In den Jahren 2000 und 2001 traten sie als Teenager im Kart-Team MBM unter gemeinsamer Flagge an. „Es hat damals funktioniert, und es wird wieder funktionieren. Wir müssen Red Bull einholen. Da wäre es kontraproduktiv, wenn wir gegeneinander arbeiten", beteuert Rosberg. Sogar die Werbung hebt auf die gute Chemie der beiden ab. Beim neuen A-Klasse-Spot wechseln sich Rosberg und Hamilton am Steuer ab, um schließlich auf einem Tandem zu landen. Die Allianz drehte einen Film, in dem sich die Mercedes-Stars duellieren, wer das Cockpit schneller verlassen kann.

Hamilton blühte auf. Kaum ist er von der Zwangsjacke von McLaren befreit, redet er wieder so unbekümmert drauflos wie in seiner ersten Saison 2007. Mercedes lässt ihm so viele Freiheiten, wie es ihm guttut und seinen Leistungen nicht schadet. Der 25 Millionen Dollar teure Privatjet findet bei Lauda sogar Anerkennung. „Eine gute Wahl. Damit spart er sich Zeit." Der Hund, der ihn jetzt ständig begleitetet, schon weniger. „Wenn's ihm hilft", resigniert Lauda. Nur privater Dauerstress mit der Freundin lenkt den Engländer immer noch zu viel ab. Lauda knurrt: „Das kriegen wir auch noch hin."

Eigentlich könnte bei Mercedes der Himmel voller Geigen hängen. Doch politisch rumorte es zwischen Stuttgart und Brackley. Toto Wolff brachte mit Paddy Lowe, dem früheren Technikchef von McLaren, einen Nachfolger für Ross Brawn mit, bevor dieser überhaupt abgedankt hatte. Als Lauda merkte, dass man auf Brawn nicht verzichten kann, war es schon zu spät. Das Superhirn akzeptiert keine Doppelspitze und sprunghaften Entscheidungen. Red-Berater Helmut Marko kommentierte Brawns Demission genüsslich: „Etwas Besseres kann uns gar nicht passieren."

MARK WEB

Die Nacht des Weltmeisters Vettel feiert in Indien seinen vierten Titel in Folge und stellt sich mit Prost auf eine Stufe. Teamberater Marko und Technikchef Newey gehen in Deckung

Schwarze Magie Lotus hat von den Topteams das kleinste Budget, fährt aber trotzdem vorne mit. Grosjean patzt in der ersten Saisonhälfte, kommt in der zweiten groß raus

Red Bull
RENAULT
INFINITI

Zauber der Nacht Der GP Singapur findet zwar erst zum sechsten Mal statt, ist aber bereits ein Klassiker. Webber hat in Singapur kein Glück. Ein Motorschaden raubt ihm Platz vier

Thomas Sabo
nico

Spiegelverkehrt Rosberg sieht sich selbst bei der Vorbereitung zum Rennen. Der Mercedes-Pilot hat mit Siegen in Monaco und England seine beste Saison

Santander
SCUDERIA
FERRARI

Zweite Kraft Alonso ist frustriert. Zum dritten Mal wird er nur Zweiter hinter Vettel. Der Spanier holt aus seinem Ferrari mehr raus als das Auto hergibt. Ferrari ist nur die vierte Kraft im Feld

McG
EADS
McG

Kellerkinder Caterham findet auch im vierten Jahr nicht den Anschluss an das Mittelfeld. Pic (Foto) und van der Garde tragen gegen die Marussia-Piloten ihr eigenes Rennen aus

GP BELGIEN: **SPA**

Red Bulls Dilemma Vettel hat freie Fahrt und gewinnt locker in Spa. Webber steckt im Verkehr und wird nur Fünfter. Der Red Bull braucht die perfekte Anströmung

Viel los im Mittelfeld Grosjean führt den Verfolgerpulk vor Räikkönen, Perez, Massa, Sutil, van der Garde, Maldonado, den beiden ToroRosso und Gutierrez an

Schrottplatz Schikane Maldonado will in die Boxengasse. Di Resta will weiterfahren. Dabei kommen sich beide in die Quere. Für di Resta endet das Rennen. Maldonado muss später auf die Strafbank

Begehrt beim Interview Vettel muß in Spa drei Mal zum FIA-Interview. Am Donnerstag im Vorspann, am Samstag als Zweiter der Startaufstellung und am Sonntag als Sieger des GP Belgien

Die letzte Natur-Arena Vettel lenkt am Ende der Kemmel-Geraden in die Les Combes-Kurve ein. Sie ist der Beginn des neuen Streckenteils. Der alte Kurs führte geradeaus weiter. Er war 14,1 Kilometer lang und eine echte Mutprobe

Freie Fahrt macht Vettel das Gewinnen leicht

Sebastian Vettel setzt seine Nadelstiche im richtigen Moment. Immer, wenn die Verfolger glauben, sie könnten den Red Bull-Star noch einholen, gewinnt er ein Rennen. Meistens eines, das man von ihm nicht erwartet. Nach dem Training sieht eher Lewis Hamilton wie ein möglicher Sieger aus. Fernando Alonso wäre auch ein Kandidat gewesen, doch der steht sich im Training selbst im Weg. Vom neunten Startplatz gewinnt man kein Rennen. Nicht gegen einen Vettel in Hochform. Platz zwei im Rennen ist schon mehr, als Alonso erwarten darf. Ferraris Auferstehung ist dem Streckentyp geschuldet. Seit Jahren hat Maranello für wenig Abtrieb ein gutes Paket.

Alonso fabriziert im Schlussabschnitt der Qualifikation auf nasser Fahrbahn einen Dreher. Der kostet zehn Sekunden. Am Ende fehlen ihm acht Sekunden, um wie Hamilton, Vettel und Webber noch einmal für eine zusätzliche Runde auf der immer stärker abtrocknenden Strecke über die Ziellinie zu kommen. Alonso twittert, dass der Sprit für diese weitere Runde nicht gereicht hätte. Ferrari bittet ihn, die Nachricht wieder zu löschen, weil sie nicht stimmt. Das zeigt, dass es knirscht zwischen dem Team und seinem Starpiloten.

Red Bull hat zwei neue Frontflügel, einen Highspeed-Heckflügel und einen modifizierten Diffusor im Gepäck. Der Heckflügel ist eine Verlegenheitslösung. Er soll eigentlich nur in Monza zum Einsatz kommen. Doch der Spa-Flügel hätte Red Bull zu wenig Topspeed gegeben. Selbst mit dem Monza-Teil liegen sie nur im Mittelfeld. Trotzdem können sich die Zwischenzeiten im kurvenreichen Sektor 2 sehen lassen. Was zeigt, wie gut der Basisabtrieb dieses Autos ist. Prompt setzen sich die Weltmeister-Autos wieder von Mercedes, Ferrari und Lotus ab. Die Abstimmung und die Getriebeübersetzung sind punktgenau auf den optimalen Kompromiss zwischen Topspeed und Anpressdruck genäht. Die Effizienz wird so gewählt, das die Red Bull in den schnellen Kurven den meisten Abtrieb haben.

Der Trick funktioniert aber nur bei freier Fahrt. Also müssen Vettel und Webber versuchen, so schnell wie möglich an die Spitze zu kommen. An Hamilton fliegt Vettel nach 35 Sekunden mit Kers-Extrapower vorbei. Auch weil der Trainingsschnellste ausgangs La Source einen Fehler macht. Webber fällt auf den sechsten Platz zurück. Das Kupplungsspiel passt nicht. Webber ahnt das Ungemach schon in der Formationsrunde. Ab da gibt es zwei unterschiedliche Red Bull im Feld. Vorne fliegt Vettel allen davon. Hinten ruiniert sich Webber im Verkehr die Reifen. „Unsere Abstimmung war nur gut bei freier Fahrt. Ich kam an meinen Vorderleuten nicht vorbei", bedauert Webber. Die alternative Strategie mit harten Reifen im Mittelabschnitt schenkt Webber nur eine Position. Er läuft immer wieder auf Nico Rosberg auf. Dort ist Endstation.

Spa ist eine Strecke mit zwei Anforderungsprofilen. In Sektor 1 und 3 zählt nur Topspeed. Im langen Mittelsektor hätten die Fahrer lieber Anpressdruck wie am Hungaroring. Deshalb verlangt die längste Strecke im GP-Kalender nach einem Kompromiss zwischen den beiden Extremen. „Im Zweifel ist weniger Abtrieb besser. Lieber opfert man ein bisschen Rundenzeit im Training. In Spa muss das Auto im Rennen schnell sein,

„Die Jungs von Greenpeace haben weder Eintrittskarten noch Filmrechte. Ich hoffe, sie fallen nicht vom Dach, damit ich sie verklagen kann"

Bernie Ecclestone

damit man leicht überholen kann", erklärt Sauber-Chefingenieur Tom McCullough. Sauber trifft nicht die goldene Mitte. Nico Hülkenberg ärgert sich über sein Auto: „Untersteuern, übersteuern, ein hoher Reifenverschleiß. Das Rennen war ein einziger Kampf."

McLaren macht es besser. Im Gegensatz zu 2012 werden die Flügel etwas steiler gestellt. Jenson Button kann mit Webber und den Mercedes mithalten. Seine Strategen vermasseln ihm die Tour: „Wir haben zu lange diskutiert, ob wir einen oder zwei Stopps machen sollen. Als wir uns auf zwei festgelegt hatten, passte das Timing für die Stopps nicht mehr", schüttelt Button den Kopf. „Sonst hätte es für Platz drei reichen können." Kimi Räikkönen ist weit von den Podiumsplätzen entfernt, als links vorne die Bremsscheibe oxidiert. Zum ersten Mal nach 38 Zielankünften in Folge kann er vorzeitig abreisen.

Das Wetter in den Ardennen ist eine Wundertüte. Das macht die Jagd nach den 22 Startplätzen zu einem Krimi in drei Akten. Das Rennen ist dagegen eine Schlaftablette. Ein Regenschauer kommt unangekündigt, zwei angekündigte kommen gar nicht, ein anderer zieht in letzter Sekunde südlich an der Strecke vorbei. In allen drei K.-o.-Runden gilt: Die Letzten werden die ersten sein. Als im ersten Abschnitt der Himmel plötzlich keinen Regen mehr schickt, pokern die Hoffnungslosen Caterham und Marussia mit Slicks. Drei Fahrer kommen eine Runde weiter, für die normalerweise nach 20 Minuten Schluss ist. Giedo van der Garde nistet sich sogar als Dritter mitten unter den Stars ein. ToroRosso und Williams fallen durch den Rost.

Paul di Resta beginnt die Schlussrunde der Qualifikation auf feuchter Bahn als einziger Fahrer mit Intermediates. Als seine neun Kollegen nach einer Runde hektisch ihre Slicks gegen Intermediates eintauschen, weil der Regen stärker wird, nutzt der Schotte seinen Reifenvorteil und darf sich 5.13 Minuten lang über die provisorische Pole Position freuen. Dann macht die Wetterfront kehrt, die Piste trocknet rasend schnell ab, und di Resta rutscht bis auf den fünften Platz zurück. Wer auf den besten Startplatz fahren will, muss jetzt so spät wie möglich seinen letzten Umlauf beginnen. Sebastian Vettel und Mark Webber können noch eine zusätzliche Runde dranhängen. Hinter ihnen passiert Hamilton 3,5 Sekunden vor der Schachbrettflagge die Ziellinie. Das ist die Pole-Position. Räikkönen ist um 3,3 Sekunden zu spät dran. Hamilton hat schon im zweiten Qualifikationsabschnitt Glück. Er rutscht mit einem Wimpernschlag von 0,021 Sekunden Vorsprung auf Nico Hülkenberg in die Top Ten.

In der Startaufstellung blickt alles nach oben. Auf dem Dach der Haupttribüne seilen sich Greenpeace-Aktivisten ab. Sie protestieren gegen Ölbohrungen von Shell in der Arktis. Während man sich noch fragt, wie die Seilschaft in Bernie Ecclestones Hochsicherheitstrakt eingedrungen ist, gibt es bei der Siegerehrung eine zweite Überraschung. Eine Greenpeace-Kämpferin schwebt am Haken ein und enthüllt per Fernbedienung ein weiteres Plakat. Die Aktion ist militärisch seit zwei Wochen geplant. Sie hat mindestens 6200 Dollar gekostet. Die Dame auf dem Podium und ihr Helfer sind im Besitz von Paddock Club-Karten.

Alle Fakten zu diesem Rennen auf Seite 196

GP ITALIEN: **MONZA**

Die Empore von Monza Alle Fahrer loben sie als das schönste Podium des Jahres. Die Tifosi feiern Alonso und Webber. Sieger Vettel wird ausgebuht

Gedränge in der ersten Schikane Vettel gewinnt den Start vor Massa, Webber, Alonso und Hülkenberg. Der Preis für Vettels spätes Bremsmanöver: ein platter Reifen rechts vorne

Rennfahrer trifft Komiker Hamilton erklärt Rowan Atkinson, alias Mr. Bean, die Formel 1-Welt. In der Mercedes-Box gibt es jedoch nichts zu lachen. Hamilton wird nur Neunter, Rosberg kommt auf Platz sechs

Rad ab Im Verkehrsstau vor der Roggia-Schikane trifft di Resta auf den Lotus von Grosjean. Dabei fährt sich der Force India-Pilot das linke Vorderrad ab. Sutil ist schon durch, Gutierrez (links) kann gerade noch ausweichen

Heimlicher Sieger Hülkenberg fährt mit dem Sauber auf einen sensationellen fünften Platz. Der Deutsche zaubert mit zehn WM-Punkten ein Lachen in die Gesichter des leidgeprüften Schweizer Teams

Windschattenschlacht Button hängt hinter dem ToroRosso von Ricciardo und hat deshalb seinen Heckflügel-Flap geöffnet. Hinter ihm fährt Teamkollege Perez außerhalb des DRS-Bereiches

50 Jahre McLaren Der zweitälteste Formel 1-Rennstall feiert sein Jubiläum mit Kappen im Stil der frühen 60er Jahre. Button bespricht sich vor dem Start mit seinen Ingenieuren

Trauriger Abschied Massa leistet in Monza treue Dienste für Teamkapitän Alonso, ist im Training schneller als der Stallgefährte und wird Vierter. Zwei Tage später erhält er von Ferrari das Kündigungsschreiben

Wo ist das Auto? Beim Boxenstopp von Grosjean sind viele helfende Mechanikerhände zu sehen, der Lotus aber nur in Bruchstücken. Es ist mit 5,3 Sekunden ein schlechter Stopp. Die Ampelanlage streikt

Alonsos Allüren machen Ferrari zum Tollhaus

Wer zu viel gewinnt, hat wenig Freunde. Als Sebastian Vettel in Monza auf die Siegerempore tritt, schlagen ihm Buhrufe entgegen. Erst bei Fernando Alonso tobt die Menge. Vor fünf Jahren, als Vettel als krasser Außenseiter im ToroRosso die Highspeed-Schlacht für sich entschied, war er der Darling der Formel 1. Seit er wie ein Kannibale alle Titel und Rekorde an sich reißt, wünschen sich viele im Fahrerlager und auf den Tribünen, dass es mal ein anderer wird. Ferrari zum Beispiel. Dort dauert die sieglose Zeit bereits wieder sechs Jahre. Die erneut sich anbahnende WM-Niederlage macht Alonso zornig. „Wenn wir hier nicht anfangen, den Rückstand auf Vettel zu verkürzen, können wir den Titel vergessen", unkt Alonso im Vorfeld. Wieder ein kleiner Nadelstich Richtung Teamleitung.

Ferrari ist in Monza ein Tollhaus. Alonsos schlechte Laune, seine fortwährende Kritik, dass Red Bull das bessere Auto hat, vergiften das Betriebsklima. Dann sorgt ein Funkspruch in der Qualifikation für weitere Misstöne. Angeblich hat Alonso zu Beginn der entscheidenden Runde gesagt: „Freunde, ihr seid echte Dummköpfe." Bezogen darauf, dass die mit Felipe Massa geplante Windschatten-Nummer an Nico Rosberg zu scheitern droht, der plötzlich vor beiden Ferrari auftaucht. Ferrari und Alonso haben alle Hände voll zu tun, die Wogen zu glätten. Er habe nicht das Wort „scemi", also Dummkopf, sondern „geni", sprich Schlaumeier benutzt. Und alles sei nur ironisch gemeint gewesen. Alonso versprüht in der aufgeheizten Atmosphäre im Ferrari-Motorhome Gift und Galle: „Ihr schreibt immer nur negativ", wirft er den Reportern vor. „Tatsächlich habe ich mich bei Felipe und dem Team für deren Hilfestellung bedankt."

Massa tut in Monza alles, seinen Arbeitsplatz zu erhalten. Der Brasilianer stellt sich voll in den Dienst seines Teamkapitäns und ist trotzdem schneller als Alonso. „Ich habe Fernando zwei Mal im Windschatten gezogen. Das hat ihm eineinhalb Zehntel gebracht." Alonso fährt 3,5 Sekunden hinter seinem Teamkollegen. Das ist der perfekte Abstand, um vom Vordermann zu profitieren. Bei weniger als drei Sekunden verliert man in den Kurven zu viel Abtrieb. Massa spielt auch im Rennen den Wasserträger. Als Alonso in der achten Runde von hinten anfliegt, geht er brav zur Seite. Vergebens. Zwei Tage später wird ihm gekündigt.

Vettel hat die Ferrari trotz Ärger mit dem Getriebe und einem eckig gebremsten rechten Vorderreifen im ersten Abschnitt mit einem Vorteil von 0,14 Sekunden pro Runde im Griff. Erhöhte Öltemperaturen und Druckverlust zeichnen Cheftechniker Adrian Newey Sorgenfalten auf die hohe Stirn. Der fünfte, sechste und siebte Gang werden samt Schaltklauen vor dem Rennen getauscht. Vom Start weg fahren Vettel und Webber im Regenmodus. Der schont die Schaltung. Sichtbares Zeichen ist das eingeschaltete Rücklicht.

Red Bulls Gegner tricksen sich selbst aus. Lewis Hamilton und Nico Rosberg drehen die schnellsten Rennrunden, doch sie stecken wegen schlechter Startplätze im Verkehr. Rosberg bezahlt für einen Hydraulikschaden im dritten Training. Er muss zusehen, wie seine Mechaniker das Auto auf das Freitags-Setup zurück-

> Ich kann den WM-Titel nicht mehr gewinnen. Vettel kann ihn nur noch verlieren

Fernando Alonso

bauen. „Mir fehlte die Zeit, das Auto für die Qualifikation optimal abzustimmen. Deshalb sind wir zu vertrauten Einstellungen zurück." Hamilton ruiniert die linke Seite seines Unterbodens bei einem Ritt über einen Randstein in der Ascari-Kurve. Der Engländer fliegt schon in der zweiten K.-o.-Runde aus der Qualifikation. Er geißelt sich selbst via Funk: „Sorry Jungs, aber so schlecht wie heute war ich noch nie."

Bei Lotus das gleiche Spiel. Kimi Räikkönen und Romain Grosjean starten außerhalb der Top Ten. Beim Sprint in die erste Kurve baut Räikkönen einen Auffahrunfall mit Sergio Perez. Nach dem Wechsel des Frontflügels ist er Letzter. Das kostet ihn 30,9 Sekunden an den Boxen. In den verbleibenden 52 Runden verliert Kimi nur 1,1 Sekunden auf Vettel, obwohl er ständig im Verkehr steckt und sieben Autos überholen muss. Das Duell der Rundenzeiten gewinnt Räikkönen mit 33:20 gegen den Sieger. Lotus-Ingenieur Alan Permane schüttelt den Kopf: „Mit einem besseren Startplatz wären wir sicher vor Alonso gelandet."

Anders als 2011 setzt Red Bull auf Topspeed und nicht Rundenzeit. Technikchef Adrian Newey ist die Nummer zu heiß: „Es gab zu viele Unbekannte, um zu pokern. Wenn du dir nicht sicher bist, dass du das Rennen anführen kannst, brauchst du Topspeed." Sauber denkt genauso. Nico Hülkenberg ist auf 337 km/h übersetzt, Esteban Gutierrez sogar auf 342 km/h. Hülkenberg erlöst das von finanziellen Sorgen geplagte Sauber-Team mit dem dritten Startplatz und Rang fünf im Rennen. Am Freitag platziert sich Sauber wie üblich im hinteren Feld. Die Wende bringt ein Paket von Maßnahmen: Weniger Bodenfreiheit, mehr Federweg vorne, länger übersetzt. Die neuen Bremsbelüftungen hinten werden gegen die alten getauscht. Sie haben Abtrieb gekostet. Im Rennen bestätigt Hülkenberg seine gute Form mit der viertschnellsten Rennrunde und nur 10,3 Sekunden Rückstand auf den Sieger. In den letzten 15 Runden holt er 4,1 Sekunden auf Alonso auf. 53 Runden lang hat er Rosbergs Mercedes im Rücken. „Wir waren schneller auf eine Runde, aber zu langsam auf der Geraden", verzweifelt Rosberg.

Saubers Rettung kommt in homöopathischen Dosen. Der Ankündigung, dass der Schweizer Rennstall mit russischen Instituten eine technische Kooperation eingeht, folgt eine Sitzprobe des 18jährigen Wunschpiloten Sergey Sirotkin und die Nachricht, dass die ersten Rubel geflossen seien. Angeblich im Gegenwert von drei Millionen Euro. Ein Tropfen auf den heißen Stein. In der Schweiz laufen bereits Betreibungen diverser Gläubiger. Teamchefin Monisha Kaltenborn beruhigt trotz Hiobsbotschaften in der Presse: „Wir kennen unsere Verträge und den Umfang der Partnerschaft. Bis jetzt läuft alles nach Plan."

Daniel Ricciardo bei Red Bull: Ein mutiger Schritt, der Applaus verdient. Ricciardo ist ein Zugeständnis an die Mission, mit der Red Bull einst im GP-Sport angetreten war: Wir bringen junge Talente in die Formel 1. Jacques Villeneuve lobt: „Alle Teams reden von ihren Nachwuchsprogrammen, nur Red Bull setzt sie in die Tat um." Ricciardo bedankt sich für die Nominierung in Monza mit einem siebten Platz. Dank gutem Topspeed erweist sich sein ToroRosso als unüberholbar.

Alle Fakten zu diesem Rennen auf Seite 197

GP SINGAPUR: MARINA BAY CIRCUIT

Die Beleuchtung zeigt den Weg Der 5065 Meter lange Marina Bay Circuit schlängelt sich wie ein Lindwurm durch die Stadt. Es ist der anstrengendste Grand Prix des Jahres

Kopf an Kopf Vettels Führung ist nur beim Start in Gefahr. Rosberg kommt besser weg. Doch der Mercedes-Pilot verbremst sich in der ersten Kurve, und Vettel trickst ihn aus

Glitzerhelm für Vettel Vettels Helmlackierer Jens Munser hat sich wieder etwas Besonderes für das Nachtrennen einfallen lassen. Der Helm fängt im Kunstlicht an zu glänzen

Hinter Gittern Alonso gewinnt das Rennen hinter Vettel. Der Spanier holt wieder einmal mehr aus seinem Ferrari, als möglich ist. Alonso startet als Siebter und geht als Zweiter durchs Ziel

Außer Form Hamilton zählt neben Vettel und Alonso zu den Singapur-Spezialisten. Doch der Sieger von 2009 steht neben den Schuhen. Teamkollege Rosberg besiegt Hamilton im Training und im Rennen

Zauber der Nacht Auf den Überführungen strömt der normale Verkehr durchs abendliche Singapur. Unten fährt Grosjean im Renntempo. Der Franzose qualifiziert sich als Dritter und fällt mit Motorschaden aus

Nachttermin Die Formel 1-Piloten leben in der europäischen Zeit weiter. Button gibt ein Interview um Mitternacht. Für ihn ist es erst sechs Uhr nachmittags. Der Engländer beendet das Rennen als Siebter

Kampf um Punkte Hülkenberg und Perez stecken hinter Maldonados Williams fest. Während der Venezolaner leer ausgeht, holen seine Verfolger WM-Punkte. Perez wird Achter, Hülkenberg Neunter

Vettel gewinnt das eine, Alonso das andere Rennen

Der Aufreger ist eine Szene, die sich nach der Zielflagge abspielt. Fernando Alonso nimmt den mit Motorschaden gestrandeten Mark Webber als Anhalter mit. Der Spanier hält dabei hinter einer unübersichtlichen Kurve mitten auf der Strecke. Die Mercedes-Piloten pfeilen sich links und rechts an dem Duo vorbei. Ein gefährlicher Leichtsinn, für den die Sportkommissare Verwarnungen verhängen. Bitter für Webber. Es ist nach Shanghai und Montreal bereits seine dritte in diesem Jahr. In Korea muss er zehn Startplätze zurück. Der Fall schlägt noch drei Tage lang hohe Wellen. Ein Beweis dafür, dass im Rennen nicht viel los war. Sebastian Vettel dominiert nach Belieben. „Er fuhr in einer anderen Liga", gibt Nico Rosberg zu. Wann immer Vettel Gas gibt, eilt er seinen Verfolgern um 1,5 Sekunden pro Runde davon.

Vettel muss eigentlich nur ein Mal ernst machen. Gleich nach der SafetyCar-Phase, die Daniel Ricciardo mit einem Crash in der Tribünen-Unterführung auslöst. Weil Vettel wie Webber, Rosberg und Hamilton auf der Strecke bleibt, Alonso und Räikkönen aber ihren zweiten Reifenwechsel ohne Zeitverlust abspulen, braucht der Weltmeister mindestens 28 Sekunden Luft. Vettel nimmt Alonso in 15 Runden 30,9 Sekunden ab. Das wird dadurch begünstigt, dass Rosberg die Partie hinter sich aufhält. Gummireste verstopfen seinen Frontflügel. „Da verlierst du sofort 1,2 Sekunden pro Runde." Alonso muss mit seinen Reifen haushalten. Sie haben 36 lange Runde vor sich. „Wir wussten, dass wir 32 schaffen würden. Der Rest war Beten", gesteht Rennleiter Stefano Domenicali.

Kimi Räikkönen hat diese Sorgen nicht. Sein Lotus streichelt die Reifen. Doch Räikkönen steckt im Verkehr. Sein Handikap ist der 13. Startplatz. Am Samstag plagen ihn so schwere Rückenschmerzen, dass er sogar kurz an Aufgabe denkt. Der Finne schlägt sich mit Schmerztabletten durch das Wochenende. Hin und wieder holt ihn eine alte Verletzung ein, die er sich bei einem Testunfall 2001 in Magny-Cours zuzog. Räikkönens größtes Problem ist Jenson Button. Der baut sich 40 Runden lang wie eine Wand vor ihm auf. Als am McLaren die Reifen einbrechen, geht Räikkönen außen in einer Kurve vorbei. Doch da ist es bereits zu spät, Alonso noch einzuholen.

61 Mal 23 Kurven bei 30 Grad Außentemperatur und 80 Prozent Luftfeuchtigkeit auf dem Marina Bay Circuit sind eine Tortur. Nicht vergleichbar mit Monte Carlo, obwohl es auch durch die Stadt geht. „Der Kurs ist länger, breiter, welliger, anstrengender. Das Wetter extremer. Ich verbinde mit der Strecke eine Art Hassliebe. Sie ist eine große Herausforderung, aber auch ein hartes Stück Arbeit", fasst Vettel zusammen. Mark Webber ist kein Singapur-Fan: „Es gibt 90 Grad-Kurven linksherum und 90 Grad-Kurven rechtsherum. Monte Carlo bietet mehr Abwechslung." Doch Singapur ist genauso selektiv. „Du kannst hier durch die Wahl der Linie Zeit gutmachen. Und du brauchst Vertrauen in dein Auto", erklärt Ricciardo.

Vettel zählt zu denen, die den Mauern fernbleiben. Er muss nicht jeden Meter nutzen, denn das Heck seines Red Bull klebt wie festgeschraubt auf der Straße. Der Auspuff spendet auch im Schleppbetrieb des Mo-

„Die letzten zehn Runden waren eine Qual. Vorne Grip, hinten nicht. Ich konnte nicht bremsen, lenken, beschleunigen. Das wünsche ich keinem"

Nico Hülkenberg

tors durch geschickte Zylinderabschaltung Abtrieb. Und beim Beschleunigen wird mit dem Vierzylindermodus, der Übersetzung und dem Gaseinsatz so getrickst, dass eine Art Traktionskontrolle vorliegt. Und warum profitiert dann nicht Webber davon? Weil der Fahrer die Geschenke der Technik durch seinen Fahrstil optimal nutzen muss. Vettel sitzt nicht umsonst Tag und Nacht im Simulator, um das in Fleisch und Blut übergehen zu lassen. Das bessere Verständnis zeigt sich auch bei den Reifen. Der Schlüssel für eine schnelle Trainingszeit liegt in der Runde vor der schnellen Runde. „Die extraweichen Reifen sind heikel. Sie bieten nicht gleichmäßig über die Runde verteilt Grip. Du musst die Vorderreifen so anwärmen, dass sie im ersten Sektor schon zupacken, darfst aber dabei die Hinterreifen nicht überfordern, weil du sonst im letzten Sektor bezahlst", erklärt Mercedes-Teamchef Ross Brawn.

Vettels Singapur-Geheimnis beginnt mit einer späten Anreise. Wie üblich schwebt er erst am Donnerstagmorgen in der asiatischen Handelsmetropole ein. „Wegen des Nachttermins lebst du in der europäischen Zeit weiter. Du kannst deinen Körper aber nicht ewig betrügen. Deshalb versuche ich, diese Zeit so kurz wie möglich zu halten." Vettels Überlegenheit wäre ihm im Training fast zum Verhängnis geworden. Er verzichtet bei einem Vorsprung von 0,590 Sekunden auf den letzten Trainingsversuch, um einen Satz Reifen zu sparen. Doch plötzlich liefert der Gummiabrieb auf der Strecke dramatisch mehr Grip, die Gegner timen ihre Aufwärmrunde besser, und der Weltmeister muss zittern. Rosberg verfehlt die Pole Position um ein Augenzwinkern von 0,091 Sekunden, und auch Romain Grosjean liegt mit 0,217 Sekunden in einem gefährlichen Bereich. „Hätte ihn nicht ein anderer beim Aufwärmen der Reifen behindert, wäre es eng geworden. Romain hat die zwei Zehntel im ersten Sektor verloren, weil die Reifen noch nicht Temperatur hatten", berichtet Lotus-Chefingenieur Alan Permane.

Mann des Rennens hinter Vettel ist Fernando Alonso. Der Spanier stürmt beim Start von Platz sieben auf Rang drei. Dann setzt der Spanier Ferraris Risikostrategie perfekt um. „Ein Jammer, dass Fernando im falschen Auto sitzt", sagt Ex-Pilot Martin Brundle. Alle anderen Fahrer verblassen. Rosberg hat Singapur-Spezialist Lewis Hamilton im Griff. Der Engländer steht das ganze Wochenende neben den Schuhen. Jenson Button träumt bis Runde 53 vom ersten Podium für McLaren. Dann brechen die Reifen so stark ein, dass er noch auf Platz sieben abrutscht. In seinem Schlepptau haben Sergio Perez und Nico Hülkenberg das gleiche Problem. Der D-Zug mit Webber, Rosberg, Hamilton und Massa schnupft sie dank frischerer Reifen innerhalb von vier Runden auf. Nur Adrian Sutil rennt vergeblich an. „Als ich aufschloss und hinter Hülkenberg festhing, ließen meine Reifen nach." Während Sauber mit zwei WM-Punkten auf seiner Angststrecke den Aufwärtstrend bestätigt, muss man bei Force India über einen WM-Punkt schon froh sein. Sutil stellt fest: „Seitdem die 2012er Reifen zurück sind, haben wir einen Schritt rückwärts gemacht. Der Vorteil, mit einem Stopp weniger auszukommen, ist weg. Und die Balance hat sich Richtung Übersteuern verschoben."

Alle Fakten zu diesem Rennen auf Seite 198

GP KOREA: YEONGAM

Erfahrungssache Räikkönen macht im Rennen die meisten Positionen gut. In Korea springt er von Platz neun auf zwei. Und ärgert dabei Teamkollege Grosjean

Die Sieger und ihre Autos Vettel, Räikkönen und Grosjean blicken von der Sieger-Empore auf den Parc fermé unter ihnen. Die Red Bull und Lotus sind die dominierenden Autos in Yeongam

Feuerzauber Ein Red Bull brennt. Webbers Auto gerät nach einer Kollision mit Sutil in Brand. Ein Ölkühler ist leck geschlagen. Das Feuer zerstört das Chassis und das Getriebe. Webber wartet auf die Feuerwehr

Platt gebremst Hamilton fängt sich im Kampf mit Rosberg, Hülkenberg und Alonso einen Bremsplatten rechts vorne ein. Der Engländer hat ein schnelles Auto, strapaziert aber mit seiner wilden Fahrweise die Reifen zu stark

Lotus verweigert Grosjean eine Stallregie

Sebastian Vettel siegt die Formel 1 zu Tode. Seine Überlegenheit lähmt alle. Die Konkurrenz hat die Weiterentwicklung eingestellt, weil es sinnlos ist, bei Rückständen von 60 Punkten und mehr noch aufzurüsten. Die TV-Quoten stürzen in den Keller. Tageszeitungen ziehen ihre Reporter vor Ort ab. Die Story ist immer die gleiche. Vorne stürmt Vettel auf und davon. Das eigentliche Rennen findet hinter dem Red Bull mit der Startnummer 1 statt. Diesmal feiert Lotus einen Doppelsieg. Auf den Plätzen zwei und drei.

Kleiner Trost: Nicht alles bei Red Bull läuft rund. Für das Pech ist Webber zuständig. Wegen seiner dritten Verwarnung muss er vom 13. Platz starten. Er hat sich schon auf Rang drei vorgearbeitet, als er sich auf Trümmerteilen des McLaren von Sergio Perez einen Plattfuß einfährt. Eine Runde nach seinem zweiten Boxenstopp. Beim Re-Start räumt ihn Adrian Sutil ab. Der Force India zerschlägt den Ölkühler des Red Bull, was sich zu einem Großfeuer auswächst. Dann erlebt der hochprofessionelle GP-Zirkus eine Slapstick-Einlage. Vettel hat plötzlich ein unbekanntes Objekt vor sich. Es ist die Feuerwehr, die FIA-Rennleiter Charlie Whiting für Kurve 3 angefordert hat. Statt das dort stationierte Service-Auto an den 200 Meter entfernten Brandherd zu schicken, setzt sich der Kollege in Kurve 2 eigenmächtig in Marsch.

Der Schauplatz des GP Korea liegt auch für koreanische Verhältnisse nicht am Nabel der Welt. Vier Autostunden von Seoul entfernt, nahe dem Hafenstädtchen Mokpo. Eine Plattenbausiedlung, die sich nachts in eine Art Mini-Las Vegas verwandelt. An der Rennstrecke will jedoch keine Atmosphäre aufkommen. Ex-Pilot Martin Brundle vergleicht: „Suzuka liegt auch im Nirgendwo, doch irgendwie fährt man dort gerne hin. Weil der Ort so viel Rennsporttradition hat."

Der Kurs von Yeongam verbindet zwei Strecken in einer. Teil eins besteht aus drei Geraden und drei Ecken im zweiten Gang. Der zweite aus 14 schnell aufeinanderfolgenden Kurven unterschiedlicher Qualität. „Von den modernen Strecken ist es die beste", schwärmt Nico Hülkenberg. „Sie hat alles, was man sich als Fahrer wünscht." Für die Ingenieure ergibt sich die Frage: Wie viel Topspeed kann ich mir leisten, ohne in den Kurven dafür bezahlen? Der Abtrieb liegt irgendwo zwischen Silverstone und Spa. Kritische Größe ist der rechte Vorderreifen. Er leidet in den Kurven 8, 9 und 11 so stark, dass sich Gummi von der Lauffläche schält und sich schnell Untersteuern einstellt. Wer das am längsten hinauszögern kann, gewinnt.

Kein Wunder, dass auch in dieser Disziplin die Kombination Vettel und Red Bull dominiert. Das Auto hat den meisten Abtrieb. Und die beste Traktion. Und einen Fahrer mit Köpfchen. Lewis Hamilton ruiniert sich mit zwei Reifensätzen den rechten Vorderreifen. Als die Warnung der Ingenieure rausgeht, es nicht zu übertreiben, ist es zu spät. Ein Teammitglied spottet: „Gib Lewis ein schnelles Auto, und er gibt Gas. Wie ein Hund, der Futter wittert." Die Lotus kommen mit den Reifen klar. Das liegt am Auto. Zum ersten Mal kommt der lange Radstand zum Renneinsatz. Das reduziert das notorische Untersteuern, dass die schwarzen Autos zuvor immer plagte. Romain Grosjean gelingt es in der

> „Grosjean hat einen Fehler auf der Strecke gemacht. Deshalb ging Kimi vorbei. Es gab keinen Grund, die Reihenfolge zu ändern"

Lotus-Teamchef Eric Boullier

Anfangsphase, Vettel mit einigen schnellen Runden herauszufordern. Doch der Weltmeister kontert jeden Angriff mit Leichtigkeit. Lotus-Teamchef Eric Boullier verzweifelt: „Vettel hat nur mit uns gepielt." Auch die zwei SafetyCar-Phasen können Vettel nicht aus dem Konzept bringen. Die Gegner schließen zwar auf, doch sobald wieder freie Fahrt angezeigt wird, seilt sich der Red Bull im Eiltempo von seinen Verfolgern ab. Vettel nimmt Grosjean in der ersten Runde nach dem Re-Start 2,2 Sekunden ab, Räikkönen 1,4 Sekunden.

Lotus macht sich selbst Konkurrenz. Kimi Räikkönen startet nur vom neunten Platz, doch in der ersten der beiden SafetyCar-Phasen ist er bereits Dritter. In der einzigen freien Runde zwischen den beiden Neutralisationen schnappt sich Kimi den Teamkollegen. Und der kocht im Cockpit. Seine Reifen sind sechs Runden frischer. Er will Vettel folgen und sieht sich durch Räikkönen gebremst. Grosjean verlangt vom Team, dass Räikkönen den Platz wieder hergeben soll. Antwort von der Box: „Dann musst du ihn halt überholen." Weitere Beschwerden beendet der Kommandostand mit der ultimativen Aufforderung: „Hör auf zu diskutieren und konzentriere dich auf dein Rennen." Lotus kann es egal sein, in welcher Reihenfolge die Fahrer die Ziellinie kreuzen. Hauptsache, 33 Punkte geholt.

Ferrari und Mercedes kommen auf keinen grünen Zweig. Alonso kann sich nicht wie üblich am Sonntag steigern. Er bekommt schnell Reifenprobleme und schiebt sie auf das Fahren im Pulk. Massa dreht sich schon in der Startrunde. Der Kampf zurück auf Platz neun ist mühsam. Hamilton bettelt ab Runde 20 um einen Reifenwechsel, bekommt ihn aber nicht: „Sonst musst du drei Mal an die Box." Nico Rosberg fährt klüger, wird aber nicht belohnt. Just als er Hamilton überholen will, klappt die Nase samt Frontflügel auf den Asphalt. Ein Mechaniker hat den oberen rechten Haltebolzen nicht richtig arretiert. In einem Funkenregen schleppt sich Rosberg an die Box, wo er 22 Sekunden verliert. Hamilton muss eine weitere Runde mit den Reifenwechsel warten und wird dadurch von Hülkenberg geschluckt.

Ein Sauber vor Mercedes und Ferrari. Das tut weh. Sauber hat sich erholt. Das überrascht, weil Sauber auf Sparflamme kochen muss. „Wir verstehen unser Auto jetzt besser. Vier Jahre lang haben wir die gleichen Probleme mit uns herumgeschleppt. Deshalb sind unsere Ingenieure in Klausur gegangen und haben herausgefunden, woran es lag", verrät Teamchefin Monisha Kaltenborn. Seit die Schweizer bei der Position des Auspuffs wieder dem Vorjahreskonzept und damit auch Red Bull folgen, hat sich das Heck stabilisiert. Hülkenberg wehrt 36 Runden lang Alonso ab, die letzten 19 Runden den Beschuss durch Hamilton. Obwohl der rechte Vorderreifen des Sauber nach 29 Runden am Stück nur noch von der Karkasse zusammengehalten wird. „Ich fuhr immer in der Angst, dass mich die Jungs mit den frischeren Reifen alle noch aufschnupfen. Dann wäre die ganze Arbeit für die Katz gewesen." Hülkenberg schlägt seine Gegner mit der besseren Traktion, dem höheren Topspeed und einer fehlerlosen Fahrt durch die kurvenreichen Sektoren: „Ich wusste, dass dort keiner an mir vorbeikommt."

Alle Fakten zu diesem Rennen auf Seite 199

GP JAPAN: SUZUKA

Haarscharf vorbei Nach einer Startkollision mit Bianchi wird van der Garde beinahe vom Heckflügel des Marussia erschlagen. Der eigene Frontflügel saust in hohem Bogen davon

Viel Betrieb Hamilton hat Mühe, seinen schlingernden Mercedes auf Kurs zu halten. Rechts hinten ist der Reifen platt. Innen stechen Massa und Alonso durch. Hinter ihm werden Hülkenberg und Button aufgehalten

Happy Birthday Sauber schenkt Firmengründer Peter Sauber zum 70. Geburtstag 14 WM-Punkte. Hülkenberg kämpft mit Alonso und Räikkönen und wird Sechster. Gutierrez holt als Siebter seine ersten WM-Zähler

Auf Messers Schneide Grosjean kann als einziger dem Red Bull D-Zug folgen. Der Lotus-Pilot muss dazu am absoluten Limit fahren. 26 Runden lang führt Grosjean das Rennen sogar an

Die letzte Achterbahn Suzuka steht bei den Fahrern hoch im Kurs. Hier biegt Vettel gerade in die berühmten S-Kurven ein. Am Horizont sieht er Webber und Grosjean, die das Rennen in der Anfangsphase bestimmen

Magisches Suzuka Die schwierigste Strecke im Kalender liefert auch Stimmungsbilder. Es sieht so aus, als würden Vettel und seine Verfolger in der Schikane dem Sonnenuntergang entgegenfahren

Auf Verfolgungsjagd Webber hetzt in der Schlussphase den Lotus von Grosjean vor sich her. Sechs Runden lang kann sich der Franzose wehren. Dann steht ihm ein Pulk überrundeter Fahrzeuge im Weg

Streckenwacht Ein Streckenposten beobachtet den Verkehr in der Haarnadel von Suzuka. Die 180 Grad-Kehre ist mit 64 km/h die langsamste Stelle auf dem Kurs. Die Durchschnittsgeschwindigkeit beträgt 229 km/h

Jubel bei Lotus Platz drei für Grosjean hinter dem Red Bull-Express zählt wie ein Sieg. Der Lotus E21 ist in der zweiten Saisonhälfte das einzige Auto, das den Red Bull halbwegs folgen kann

Vettels Sieg war ein Sieg mit Köpfchen und taktischer Finesse

An Siege von Sebastian Vettel hat man sich gewöhnt. Der fünfte in Folge läuft aber nicht nach Schema F ab. Vettel steht nicht auf der Pole Position. Er fällt beim Start auf Platz drei zurück, und er führt auch nicht alle Runden. Red Bull dirigiert ihn mit einer schlauen Taktik an die Spitze. Und Vettel exekutiert die Steilvorlage seines Kommandostands ebenso meisterlich. Der Seriensieger fährt eine klassische Zweistopp-Strategie mit Reifenwechseln in den Runden 14 und 37. Dazu muss er zu Beginn seiner Turns den Gasfuß zügeln. Vettel ist dabei auch noch schnell. Am Ende, wenn bei den anderen der Grip nachlässt, dreht er auf. Mark Webber ist ursprünglich auch auf zwei Stopps programmiert, doch seine Crew entscheidet sich mitten im Rennen um. Der Australier hätte Vettel theoretisch mit weichen Reifen im Schlussabschnitt gefährlich werden können, doch dazu hätte er kompromissloser überholen müssen. Vettel schafft Romain Grosjean im ersten Versuch. Webber erst im sechsten. Ein Mal drückt er den DRS-Knopf zu früh. Dann öffnet sich der Heckflügel-Flap gar nicht.

Red Bull hat in Suzuka einen Gegner. Romain Grosjean schießt mit einem Blitzstart an die Spitze. Er kontrolliert die Phase bis zum ersten Boxenstopp auf der weichen Reifenoption. Dann kommt die Taktik ins Spiel. Red Bull holt Webber zwei Runden vor Plan an die Box. Offiziell, weil seine Reifen am Ende sind. Es ist wohl eher so, dass Webber den Hasen für Grosjean spielen soll. Und Lotus fällt prompt darauf herein. Die Box befiehlt sofort danach den Reifenwechsel. Das gibt Vettel die Chance, zwei Runden länger auf der Strecke zu bleiben. Nach hinten hat er genügend Luft, weil Nico Rosberg den Verfolgerpulk aufhält. Der Dreierpulk an der Spitze kann sein eigenes Rennen fahren.

Die Reihenfolge nach den ersten Boxenstopps ist zwar die gleiche wie vorher, doch jetzt mit deutlich besseren Aussichten für Vettel. Der kann jetzt acht Runden länger fahren als Grosjean, der wieder auf Webbers Taktik reagieren muss und außerdem unerwartete Probleme mit der härteren Reifenmischung bekommt. Webbers Renningenieur Simon Rennie sieht sein Heil in einer Dreistoppstrategie und findet einen überraschten Fahrer vor. „Meine Reifen waren noch gut genug, die in der Marschroute vorgegebene Runde für ein Zweistopprennen zu erreichen.“ Da schwingt wieder der alte Verdacht mit, bei Red Bull liefen alle Rädchen für Vettel. Tun sie wahrscheinlich auch. Der Rest ist Formsache für den Champion. Er fährt länger als Grosjean und überrumpelt ihn mit frischeren Reifen, 20 Prozent Kers-Vorrat und flachgestelltem Heckflügel ohne große Anstrengung.

Die Konkurrenz verzweifelt an Red Bulls Überlegenheit. Als sich herumspricht, dass Vettel ohne Kers in die erste Startreihe gefahren ist, schüttelt Felipe Massa den Kopf: „Das tut echt weh. Was für ein Wunderauto muss das sein.“ In der Nacht vor dem Rennen werden die Batterien, der ganze Kabelbaum, die Elektronikboxen und das Lenkrad getauscht. Wenn man die Ursache vor Ort nicht eruieren kann, macht man besser alles neu. Das ist nach Ansicht von Teamberater Helmut Marko das Erfolgsgeheimnis: „Unsere Gegner lassen die Konstanz vermissen. Mal ist Mercedes, mal

99 Mir wurde gesagt: Du kämpfst gegen Grosjean mit zwei Stopps. Als mich die Box auf drei Stopps umdirigierte, fragte ich: Seid ihr sicher, dass ihr richtig liegt? **66**

Mark Webber

Ferrari, mal Lotus stark. Würden sie immer auf einem Niveau fahren, wären wir auch nicht so überlegen."

Nur auf den WM-Titel muss Vettel noch warten. Fernando Alonso fährt ein typisches Alonso-Rennen. Von Platz acht auf Rang vier. Maximal mögliche Schadensbegrenzung. Als er am Funk um Stallregie bettelt, muckt Massa auf. „Ja, es hat Instruktionen gegeben, aber ich habe nicht auf sie gehört. Ich muss mein eigenes Rennen fahren." Der codierte Befehl heißt bei Ferrari „Multifunctional Strategy A". A steht für Alonso. Der Spanier weiß: Ewig kann Massa das nicht durchziehen. Dazu ist der Brasilianer zu nett. Als Massa hinter Daniel Ricciardo im Stau steckenbleibt, erledigt sich das Problem von selbst. Alonso nutzt Massas Unsicherheit wie ein Killer. Auch Nico Hülkenberg legt er sich mit Weitblick zurecht. Der Sauber-Pilot fährt ihm wie in Korea vor der Nase herum. Doch diesmal hat Ferraris Kundenteam nicht den besseren Topspeed. Alonso lässt Hülkenberg zunächst ziehen. Soll sich der nur die Hinterreifen ruinieren. dann hat der Sauber auch keinen Traktionsvorteil mehr. Nach sechs Runden Bummeltempo legt Alonso den Schalter um. Sieben Runden später hat er sein Opfer vor sich, weitere fünf Umläufe weiter ist er vorbei.

Alonso redet längst nicht mehr vom Titel. Platz zwei ist das Ziel. Nicht für sich, sondern das Team. „Felipe und ich wollen Platz 2 für Ferrari retten. Die Mannschaft hat es verdient." Er spielt den Teamplayer, so dass ihm keiner vorwerfen kann, er sei ein Brunnenvergifter. Was er natürlich ist, denn kaum kommt das Gespräch auf Ferraris müde Leistungen nach der Sommerpause, spricht Alonso Klartext. „Die Rückkehr zu den 2012er Reifenkonstruktionen spielt eine gewisse Rolle, aber nicht die entscheidende. Unsere Probleme begannen schon, als es noch die alten Reifen gab. Die Ausbaustufen im Juli waren nur auf dem Papier gut. Es wäre bequem, alles auf die Reifen zu schieben. Wir hätten uns aber besser auf die neuen Reifen einstellen können. Sauber hat es ja auch geschafft." Die kleinen Nadelstiche, die Alonso setzt, erhärten den Verdacht, dass er weg will. McLaren-Chef Martin Whitmarsh lässt deshalb Sergio Perez weiter zappeln. Der Mexikaner muss so lange auf eine Jobgarantie warten, bis die Karte Alonso endgültig ausgespielt ist.

Sauber setzt seinen Aufwärtstrend fort. Erstmals punkten beide Fahrer. Nico Hülkenberg und Esteban Gutierrez schenken Firmengründer Peter Sauber 14 Punkte zum 70. Geburtstag. Mit dem verbesserten Auto steigt das Vertrauen der Fahrer und das Selbstbewusstsein der Strategen. Chefingenieur Tom McCullough erklärt: „Wir sind einen aggressiven Weg gegangen, haben immer früh gestoppt, um unsere Positionen auf der Strecke zu sichern. Hinten raus mussten wir unsere Positionen verteidigen. Mit Nico hat es nicht ganz geklappt, aber wir durften nicht unbedingt damit rechnen, vor Alonso und Räikkönen ins Ziel zu kommen. Für Esteban hat es sich ausgezahlt. Er hat seinen siebten Platz toll gegen Rosberg verteidigt." Auch die Boxenstopps sind erstklassig. 2,6 Sekunden im Schnitt, bis auf Hülkenbergs zweiten Reifenwechsel. Da geht eine halbe Sekunde verloren, weil der Fahrer ein bisschen zu weit vorne parkt.

Alle Fakten zu diesem Rennen auf Seite 200

GP INDIEN: **BUDDH CIRCUIT**

Kniefall vor Hungry Heidi Vettel dankt seinem Wunderauto. Der Heppenheimer feiert seinen vierten Titel mit Donuts auf der Zielgeraden. Das kostet 25 000 Euro

Smog-Alarm Selbst am Wochenende beträgt die Sicht rund um Delhi maximal einen Kilometer. Grosjean taucht am Eingang der langen Geraden aus der Dunstglocke auf

Titelfeier Bei Einbruch der Dunkelheit trifft sich die Red Bull-Mannschaft, um den vierten WM-Titel zu feiern. Die Überlegenheit von Vettel und seinem Team erinnert an die goldenen Ferrari-Jahre

Letzte Vorbereitung Hamilton macht sich für die 60 Runden des GP Indien fertig. Am Ende wird der Mercedes-Pilot Sechster. Im Gegensatz zu Teamkollege Rosberg verschleißt er die Reifen zu stark

Weltmeister im Rückspiegel Caterham-Pilot Pic wird von Vettel verfolgt. Der Red Bull-Pilot setzt zum Überrunden an. In der schnellen Linkskurve gibt es nur eine Fahrspur. Außen sammeln sich die Reifenschnipsel

Vettel wandelt auf Michael Schumachers Spuren

Um 16.33 Uhr Ortszeit ist es amtlich. Sebastian Vettel gewinnt zum vierten Mal in Folge die Weltmeisterschaft. Red Bull holt sich genauso oft den Konstrukteurstitel ab. Vor dem Rennen tun nur die Hauptdarsteller so, als läge noch ein Funken Spannung in der Luft. Immerhin, es ist kein Start-Ziel-Sieg wie in den ersten beiden Jahren in Indien. Das verhindert Pirellis mutige Reifenwahl. Neben der sicheren Karte Medium gibt es die Mischung Soft. Im letzten Jahr hatte man noch die ganz harten Reifen als Option im Angebot. Der weiche Reifen ist ein Minutenbrenner. Alle, die zu Beginn des Rennens des guten Startplatzes zuliebe die weiche Mischung aufgezogen haben, wollen sie so schnell wie möglich loswerden. Vettel schon nach zwei Runden. Deshalb führt zum ersten Mal bei einem GP Indien ein anderer Fahrer als er. Während der angehende Weltmeister auf Platz 17 zurückfällt, übernimmt der ebenfalls auf Soft-Reifen gestartete Felipe Massa die Führungsarbeit. Erst in der neunten Runde geht Mark Webber an die Spitze, der schnellste der Fraktion, die harte Reifen für den Start-Turn gewählt haben.

Spätestens nach der Serie der zweiten Boxenstopps ist klar, dass Vettel richtig taktiert hat. Zu Beginn des Schlussabschnitts liegt er 12,7 Sekunden vor seinem Teamkollegen. Webber ist aber nicht einmal der zweite Platz vergönnt. In Runde 40 streikt die Lichtmaschine. Der Australier ist untröstlich. Schon wieder trifft es ihn. Vettel kommt immer mit einem blauen Auge davon. Am Auto mit der Startnummer 1 entdecken die Techniker gerade noch rechtzeitig ein Getriebeproblem. Zweieinhalb Stunden vor dem Start werden die Schaltklauen für den fünften und siebten Gang getauscht. Vettel muss trotzdem zittern. Die Lichtmaschine hatte Red Bull 2012 einige Schrecksekunden verpasst. Nach Webbers Schaden geht die Meldung an Vettel, alle Systeme abzuschalten, die Strom ziehen könnten. Also Kers, DRS, die elektrische Benzinpumpe, der Trinkmechanismus.

Das Rennen ist für Vettel nach dem Interview-Marathon noch nicht zu Ende. Er muss in die Rennleitung, weil er den heiligen Ablauf nach der Zieldurchfahrt verletzt hat. Der sieht Faxen, wie sie Valentino Rossi in der MotoGP bekannt gemacht hat, nicht vor. Doch diesmal hört Vettel nicht auf den Rat seines Renningenieurs, die Vorschriften zu beachten. Er parkt seinen Red Bull vor der Haupttribüne und nebelt die Zielgerade unter dem Jubel der Fans mit mehreren Pirouetten ein. Danach steigt er aus. kniet vor seinem Auto nieder und wirft seine Handschuhe ins johlende Publikum. Die strengen FIA-Kommissare notieren einen Regelverstoß. Vettels Red Bull steht nicht dort, wo er nach dem Rennen hingehört. Im Parc fermé. Es gab Zeiten, da hätten engstirnige Funktionäre Vettel aus der Wertung genommen. Diesmal kommt er mit einer Verwarnung und 25 000 Euro Strafe davon. „Die zahlen wir gerne", atmet Teamchef Christian Horner auf. Vettel muss sich oft Kritik anhören, er zeige zu wenig Emotionen und Profil. In der Nacht des Titelgewinns zeigt er es, aber keine Kamera schaut zu. Der Champion mischt sich unter seine Mechaniker, um beim Zusammenpacken des Materials für den Transport

> ❞ Ich will nicht darüber spekulieren, ob ich Vettel mit gleichwertigem Material schlagen könnte. Das würde an einem Tag wie heute seine Leistung schmälern ❝

Fernando Alonso

nach Abu Dhabi zu helfen. Erst dann fliegt er mit der gemieteten Falcon 7X nach Hause in die Schweiz.

Vettel hätte sich auch bei einer Disqualifikation als Weltmeister feiern lassen können. Um im WM-Rennen zu bleiben, braucht Fernando Alonso mindestens einen zweiten Platz. Er wird aber nur Elfter. Alonso geht mit Webbers Taktik ins Rennen. Also harte Reifen am Start. Doch schon in der ersten Kurve geht der letzte Funken Hoffnung verloren. Webber rasiert dem Ferrari die linke Frontflügelendplatte ab. Das kostet 10 Prozent Abtrieb. In der vierten Kurve treffen Jenson Button und Alonso mit den Rädern zusammen. Button fängt sich einen Plattfuß ein. Am Ferrari ist die Lenkung krumm. „Nach links lenken ging ganz leicht, nach rechts sehr schwer", rapportiert der Spanier. In der zweiten Runde steht er an der Box. „Danach war mein Rennen gelaufen. Wir waren heute nur in den Kurven schnell. Auf der Geraden fehlte mir der Topspeed. Ich kam weder an den Force India noch den ToroRosso vorbei."

Vettel räumt derweil mit dem Vorurteil auf, er könne nicht überholen. Innerhalb von 19 Runden tankt er sich von Platz 17 auf Rang zwei. „In dieser Disziplin hat sich Sebastian in den letzten fünf Jahren am meisten verbessert", lobt Technikchef Adrian Newey. „Er geht entschlossener zu Werke, und die Gegner merken das." Vettel wird auch nach dem vierten Titel die totale Anerkennung verweigert. Für viele gewinnt er nur, weil er im besten Auto sitzt. „Das ist unfair", erwidert Newey. „Man kann Auto und Fahrer nie trennen. Auch im besten Auto braucht es einen Fahrer, der dies umsetzen kann." Keine Frage: Der Red Bull RB9 ist 2013 das überlegene Paket. Eigentlich von Anfang an. Hätte es nicht Pirellis unberechenbare Reifen gegeben, wäre Vettel schon viel früher Weltmeister geworden.

Im Smog von Delhi, der sich wie Novembernebel über die Strecke legt, darf Mercedes aufatmen. Nico Rosberg beschert seinem Team nach vier Rennen ohne Podium einen zweiten Platz. Ferrari muss sich an diesem Tag auf Massa verlassen, der trotz frischerer Reifen Romain Grosjean nicht vom dritten Platz verdrängen kann. Der Franzose vollbringt eine Meisterleistung, als er 47 Runden auf seinem zweiten Satz Reifen fährt und mit einem Stopp über die Distanz kommt. Das gelingt sonst nur Adrian Sutil. Der Force India-Pilot spult seinen langen Turn mit der ersten Reifengarnitur ab. Nach 41 Runden auf den harten Sohlen muss er mit Fingerspitzengefühl die weichen Sohlen 19 Runden lang streicheln. Er belohnt sich mit zwei Punkten.

Force India atmet auf. Zum ersten Mal, seit Pirelli auf die 2012er Reifen umgestellt hat, zeigt die Überraschungstruppe der ersten Saisonhälfte wieder ein Lebenszeichen. Zusammen mit Paul di Restas achtem Platz kommen sechs Punkte aufs Konto. Sauber geht leer aus, weil Nico Hülkenberg sechs Runden vor Schluss links vorne die Bremsscheibe bricht. Ein Materialfehler. Sie ist erst 800 Kilometer alt. „Sonst wäre ich Sechster geworden", meint der Blondschopf. Force India-Teamchef Vijay Mallya lobt seine Ingenieure, die endlich das winzige Abstimmungsfensterenster gefunden haben, in dem das Auto auch mit den 2012er Reifen funktioniert. „Sauber hat uns aufgeweckt."

Alle Fakten zu diesem Rennen auf Seite 201

Made in Ger

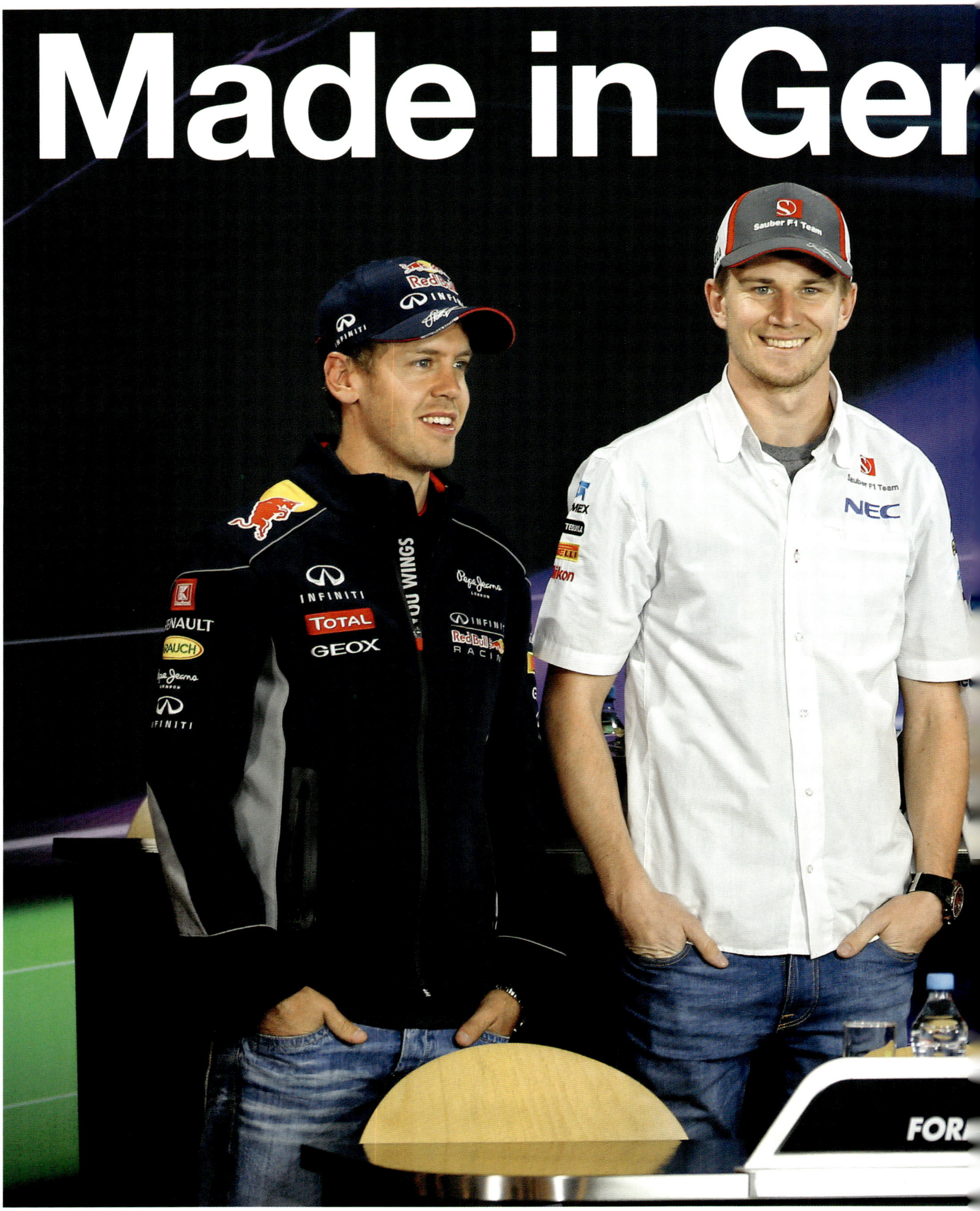

many

Das deutsche Quartett Vettel, Hülkenberg, Sutil und Rosberg stehen da wie die Orgelpfeifen. Außen die kleinen, innen die großen. Alle vier haben Punkte geholt, zwei gewonnen

Marktwert beschleunigt Nach Räikkönens Transfer zu Ferrari war Hülkenberg die Königsfigur auf dem Markt

Gut eingelebt Hülkenberg fand schnell einen Draht zu seinem Renningenieur Schüpbach

Zwei Welten In der ersten Saisonhälfte war der Sauber C32 ein Flop. In der zweiten ein Geheimtipp

Sebastian Vettel hat vorzeitig die Weltmeisterschaft gewonnen. Und Deutschland die Nationenwertung. England bringt es nur auf knapp die Hälfte der Punkte. Die Autofahrernation ist auch zahlenmäßig die stärkste Fraktion. Mit Sebastian Vettel, Nico Rosberg, Nico Hülkenberg und Adrian Sutil wird Deutschland gleich vier Mal in der Königsklasse vertreten. Kein anderes Land hat mehr. Michael Schumachers langer Schatten reicht bis 2014. Er war die Triebfeder für viele seiner Nachfolger. Einer davon könnte seine Rekorde brechen. Das hat er jetzt davon.

Sebastian Vettel schreibt seine unglaubliche Erfolgsserie auch im vierten Jahr in Folge fort. Sein vierter Titel ist ein Fest für Statistiker. Weil er so früh in seiner Karriere kommt. Vettel fuhr in Brasilien erst seinen 120. Grand Prix. Da hatte Michael Schumacher erst halb so viele Titel angehäuft. Der alte und neue Weltmeister war zum Zeitpunkt des vierten Titels erst 26 Jahre und 116 Tage alt. In dem Alter hatte Alain Prost, ein anderer vierfacher Weltmeister, noch nicht einmal seinen ersten Grand Prix gewonnen. Vettel wird durch seine vielen Erfolge wie Schumacher zur Reizfigur. Fernando Alonso, Lewis Hamilton und Kimi Räikkönen rollen mit den Augen, wenn wieder die Vettel-Frage kommt. Respekt ja, Heldenverehrung nein. Keiner der Superstars gibt zu, dass der andere besser sein könnte.

Vettels Qualität ist, dass er ständig dazu lernt, ohne sich dabei abzunutzen. Er versteht sein Auto in- und auswendig. Er weiß, wie er seinen Fahrstil anpassen muss, um die Vorzüge seines Red Bull umzusetzen. Manche sagen, dass Vettel immer im gleichen Team gefahren ist und jeweils das beste Auto unter dem Allerwertesten hatte. „Ja, aber dieser Red Bull war jedes Jahr ein anderes Auto“, wirft Teamchef Christian Horner ein. „Ein Mal mit F-Schacht, dann ohne. Mit Doppeldiffusor und ohne. Mit angeblasenem Diffusor und ohne. Mit Kers, mit DRS, zuerst mit Bridgestone-, dann mit Pirelli-Reifen. Sebastian hat Rennen mit und ohne

Majestätsbeleidigung Rosberg lief Hamilton zunehmend den Rang ab. Er ging besser mit den Reifen um

Autogrammstunde Bei Rosberg und Hamilton standen die Fans Schlange. Was ein Monaco-Sieg ausmacht

Neues Gefühl Zum ersten Mal saß Rosberg in einem Auto, das er auf die Pole Position und zum Sieg fahren konnte

Tankstopps gewonnen.“ Für Technikchef Adrian Newey tragen alle Mehrfach-Weltmeister das gleiche Gen in sich: „Sie haben die Fähigkeit, am Limit zu fahren und gleichzeitig zu begreifen, was sie dabei tun. Wenn sie aus dem Auto steigen, können sie sich an alles erinnern.“ Vettel vorzuwerfen, er habe seit 2009 vom besten Auto profitiert, sei unfair: „Formel 1 ist ein Teamsport. Mann und Maschine. Das eine vom anderen zu trennen und zu sagen, das war nur das Auto oder der Fahrer, ist Zeitverschwendung. Du gewinnst nicht vier Weltmeisterschaften in Folge, ohne ein großartiges Auto und einen großartigen Fahrer zu haben.“

Nico Rosberg hat es 2012 in die Kategorie der GP-Sieger geschafft. Und dieses Jahr diese Rolle mit Siegen in Monte Carlo und Silverstone bestätigt. Für Vettel ist er einer der am meisten unterschätzten Fahrer. Als Rosberg drei Jahre lang Michael Schumacher beherrschte, da verweigerte man ihm die Anerkennung. Rekord-Weltmeister Schumacher war für viele schon ein alter Mann. „Aber ein verdammt schneller“, wirft Rosberg ein. Wie schnell, weiß man erst, seit Lewis Hamilton sich mit Rosberg ein Kopf-an-Kopf-Duell um die Vorherrschaft im Team liefert. Hamilton gilt als der schnellste Fahrer im Feld überhaupt. Doch der Engländer ist ein Instinktfahrer. Und genau da setzte Rosberg an. Der Deutsche stach seinen neuen Teamkollegen ein ums andere Mal durch das bessere Setup oder das klügere Reifenmanagement aus. Rosberg kann ein Rennen lesen. Hamilton nicht immer. Gibt man ihm ein schnelles Rennauto, geht manchmal der Gaul mit ihm durch.

Im Gegensatz zum Glückspilz Vettel zieht Rosberg gerne das Pech an. Drei Nuller schrieb er wegen technischer Probleme. Die Elektrik in Australien, die Aufhängung in China, der Motor in Ungarn. Dazu eine abgefallene Nase in Korea, die Boxenstopp-Panne in Japan. Strategiefehler vereitelten in Montreal, am Nürburgring und in Singapur bessere Platzierungen. Pro-

Gelungenes Comeback Nach einem Jahr Zwangspause meldete sich Sutil mit elf Führungsrunden zurück

Guter Durchschnitt Sutils Force India war nicht das schnellste, aber das reifenschonendste Auto

Klare Worte Sutil gab Pirelli für die schlechtere zweite Saisonhälfte die Schuld. Ab da übersteuerte das Auto

bleme im Training kosteten Rosberg am Nürburgring und in Monza bessere Startplätze. Beim GP Belgien stimmte die Fahrzeugabstimmung im Rennen nicht, weil die Reifen fehlerhaft vorgeheizt wurden, was zu niedrigem Luftdruck und zu geringer Bodenfreiheit führte. Trotzdem fällt die Bilanz positiv aus: „Weil wir über den Winter einen Riesenschritt gemacht haben und endlich ein Auto hatten, mit dem ich meistens vorne mitfahren konnte."

Nico Hülkenbergs Saison teilt sich in zwei Hälften. Die vor dem GP Ungarn und die danach. Der erste Teil war eine Qual. Sauber hatte den Faden verloren. Das Auto war extrem nervös auf der Hinterachse. Die Fahrer fanden kein Vertrauen in ihren Untersatz. Das resultierte in hohem Reifenverschleiß. Ausgerechnet Sauber, deren Autos in den Jahren zuvor die Reifen gestreichelt hatten. Dazu kamen permanente Geldsorgen. Sauber führte über große Strecken der Saison einen Überlebenskampf. Wieder sah Hülkenberg nur einen Teil seines Gehalts. Er wartet noch auf Geld, das ihm Force India von 2012 schuldet.

Als längst schon keine Besserung mehr in Sicht war, platzte in Hinwil der Knoten. Die Ingenieure kehrten zu dem 2012er Auspuffkonzept zurück. Im Zusammenspiel mit den alten Reifenkonstruktionen wurde aus einem Flop ein Favoritenschreck. Sauber fand plötzlich Abtrieb im Heck. Und so fügte sich eines zum anderen. Die Fahrer fühlten sich wohl, die Reifen hielten, die Rundenzeiten sanken. „Ich spüre durch die Bank mehr Grip. Das Auto wurde viel berechenbarer. Es wäre interessant, zurück zu den Orten zu gehen, wo wir am Anfang Probleme hatten, um zu schauen, um wie viel besser wir da jetzt wären." Hülkenberg kämpfte plötzlich mit Alonso, Hamilton und Räikkönen. Sein Punktestand versechsfachte sich innerhalb von vier Rennen. Und der lange Blonde vom Rhein wurde zur Königsfigur auf dem Transfermarkt. Sein großes Problem: Er hatte keinen Sponsor im Rücken. Deshalb

Zwei Vierfache Die vierfachen Weltmeister Vettel und Prost treffen sich im Renault-Pavillon von Abu Dhabi

Unantastbar Vettel war in der zweiten Saisonhälfte eine Macht. Auch die Mercedes kamen nicht mehr mit

Gewohnte Pose Vettel stellt sich im Parc fermé auf seinen Red Bull und jubelt seinen Mechanikern zu

wurde seine Geduld wieder auf die Probe gestellt. Traurige Erkenntnis: „Alle wollten erst ihre Finanzen in Ordnung bringen, bevor man mir eine Zusage geben konnte. Ich bin einfach in die falsche Zeit hineingeboren."

Adrian Sutil hatte die 2012er Saison aus der Zuschauerperspektive erlebt. Sein Comeback in Melbourne begann mit einem Paukenschlag: Elf Führungsrunden, sechs Punkte. Der Heimkehrer fand nahtlos Anschluss. In der ersten Saisonhälfte, als der Force India ein Garantieschein für WM-Punkte war, fuhr Sutil auf dem Niveau von Teamkollege Paul di Resta. Persönliches Highlight war der GP Monaco, als er Alonso, Button und Räikkönen niederkämpfte und sich am Ende mit Platz fünf belohnte. Mit Pirellis Kehrtwende zu den 2012er Reifen änderte sich auch die Perspektive von Sutil. WM-Punkte waren nicht mehr selbstverständlich, sondern Luxus. Das ärgerte den Heimkehrer: „Pirelli hat uns die Saison kaputtgemacht. Die neuen Reifen waren für uns ein Schritt rückwärts. Der Vorteil, mit einem Stopp weniger auszukommen, ging verloren. Manchmal haben wir sogar einen mehr gebraucht. Und die Balance des Autos hat sich verschoben." Die Force India neigten zum Übersteuern, weil das Auto vorne plötzlich mehr Abtrieb hatte als hinten. Die andere Form der Hinterreifen hatte negative Folgen auf die Anströmung des Diffusors.

In der kritischen Phase zeigte Sutil seine Qualitäten. Er kam mit den Problemen besser zurecht als sein Teamkollege. In Belgien und Singapur gab es sogar Punkte. Erst in den letzten vier Rennen fanden die Ingenieure den Schlüssel, das Auto auf die 2012er Reifen abzustimmen. Sutil baute bei seiner Zukunftsplanung nicht nur auf das Team, für das er seit 2007 fährt. Auch Sauber zeigte an dem 30-jährigen Gräfelfinger Interesse. Das war das größte Kompliment an die deutsche Fraktion. Keiner aus dem Quartett musste sich große Sorgen um die Zukunft machen.

GP ABU DHABI: YAS MARINA

Wenn es Nacht wird in der Wüste Vettel verlässt die Boxengasse und fährt in den Tunnel ein, der auf die Strecke zurückführt. Der Himmel färbt sich gerade orange

Lohn der Taktik Force India bringt beide Autos mit einer Einstopp-Strategie durch. Di Resta startet auf weichen Reifen und wird Sechster. Sutil (Bild) fährt mit den harten Sohlen los und holt noch einen WM-Punkt

Baustelle Mercedes Hamilton hat die Pole Position auf dem Fuß, als hinten ein Querlenker bricht. Mercedes baut das Auto in 18 Punkten neu auf. Hamilton erkennt im Rennen seinen Silberpfeil nicht wieder. Er wird nur Siebter

Startgetümmel Grosjean wehrt auf der Anfahrt zur Haarnadel den Angriff von Hamilton und Hülkenberg ab. Dahinter lauern Perez, Massa, Alonso, di Resta und Maldonado

Voller Einsatz Alonso nimmt bei seiner Aufholjagd jeden Randstein mit. Hülkenberg hat er abgehängt. Später überholt er Vergne durch die Auslaufzone und springt mit 260 km/h über einen Randststein. Der Computer misst 28 g

Hotelansichten Durch die futuristische Fassade des Yas Marina Hotels sind die Autos kaum zu erkennen. Der Mann zwischen den Stahlträgern ist Gutierrez im Sauber. Der Mexikaner enttäuscht auf Platz 13

Jubeln wird zur Routine Red Bull feiert Vettels siebten Saisonsieg in Folge. Webber macht als Zweiter den dritten Doppelsieg in dieser Saison daraus. Die Konkurrenz schaut frustriert zu

Marathon-Mann Button hat in Abu Dhabi nicht viel zu lachen. Wie in Indien muss er nach einer Kollision in der Startrunde früh an die Box. Danach fährt er 44 Runden auf einem Reifensatz. Das ist Tagesrekord

Vettel verschenkt die Pole Position und schnellste Rennrunde

An der Spitze nichts Neues. Sebastian Vettel gewinnt. Zum elften Mal in dieser Saison, zum siebten Mal in Folge. Damit ist wieder ein Rekord von Michael Schumacher eingestellt. In Abu Dhabi dominiert Vettel fast im Stil von Singapur. „Die Strecken sind sich sehr ähnlich", vergleicht Vettel. „Es gibt viele technisch schwierige Kurven." Neun der 21 Kurven sind unter 130 km/h schnell. Da zählt Abtrieb und eine gute Traktion. Kein Auto kommt besser aus langsamen Kurven als der Red Bull. Das hat zahlreiche Gründe. Viel Federweg an der Hinterachse, ohne dabei aerodynamische Stabilität zu verlieren. Eine schlaue Motorsteuerung, die durch Abschalten von vier Zylindern bei Bedarf Power wegregelt. Ein Auspuff, der den Diffusor seitlich wirkungsvoll versiegelt und somit Abtrieb spendet. Und ein interaktives Fahrwerk, das seit der Sommerpause nicht nur die Nickbewegungen beim Bremsen und Beschleunigen abfedert, sondern auch das Rollverhalten in den Kurven nivelliert.

Die Luxusvariante der interaktiven Aufhängung vernetzt hydraulisch alle vier Dämpfer und die beiden Stabilisatoren. Das Auto bleibt in Ruhe, wird immer perfekt angeströmt, fast so, als stünde es im Windkanal. Die Ingenieure müssen nicht mehr einen Kompromiss zwischen optimalem Einlenkverhalten und perfekter Traktion finden. Wer den Niveauausgleich im Griff hat, bekommt beides. Mercedes scheiterte 2011 an der Komplexität der Technik. Seit dem GP Indien gibt es auch dort einen zweiten Aufguss. Das Ergebnis ist besser als vor zwei Jahren, aber noch nicht so perfekt wie bei Red Bull. Nico Rosberg fühlt sich wohler damit als Lewis Hamilton, der eine gewisse Eingewöhnungsphase braucht. „Wir haben da etwas Neues am Auto, das Nico besser kennt als ich."

Im Gegensatz zu Singapur verteilt Vettel kleine Geschenke. Der Dominator lässt die Pole Position in der ersten Kurve liegen. Mark Webber bedankt sich für Vettels Fehler. „Ich wollte sie im dritten statt im zweiten Gang nehmen und war viel zu schnell. Damit stimmte auch der Rhythmus in den folgenden Kurven nicht mehr. So einen Fehler holst du nicht mehr auf, erst recht nicht, wenn Mark eine tolle Runde hingelegt hat." Ex-Pilot Martin Brundle lobt Webber: „Das war die beste Runde, die ich je von Mark gesehen habe. So sauber, so entschlossen, so nah am Limit. Jede Kurve knapp vor dem Abflug." Doch schon beim Start war es mit der Webber-Show wieder vorbei. Er aktiviert Kers zu früh. Vettel und Rosberg kanonieren sich vorbei. „Wäre der Anlauf in die erste Kurve länger gewesen, hätte Nico sogar noch Seb gekriegt", urteilt Augenzeuge Webber. Doch er gibt auch zu: „Egal, wer in Führung gegangen wäre, Seb wäre nicht zu halten gewesen. Er fuhr auf einem anderen Planeten."

Der elffache Saisonsieger führt vom Start bis ins Ziel. Sein Vorsprung am Ende des Rennens beträgt 30,8 Sekunden. 34 der 55 Runden ist keiner schneller als er. Die schnellste Rennrunde geht nur deshalb an Fernando Alonso, weil der Ferrari-Pilot im Schlussabschnitt mit weichen Reifen ausrückt, Vettel im Finale jedoch mit der härteren Mischung unterwegs ist. Vettel schwärmt von seinem Auto: „Es war wunderbar. Teilweise hatte ich das Gefühl, zu fliegen." Für Spannung

> „Die Chance war groß, dass ich hier nicht fahre. Ich habe immer noch kein Geld gesehen und bin nur nach Abu Dhabi gekommen, um eine Lösung für unsere Probleme finden“

Kimi Räikkönen

sorgt nur der Dreikampf um Platz zwei im Konstrukteurspokal. Mercedes verschafft sich mit einem dritten Platz von Rosberg Luft auf Ferrari und Lotus. Hamilton hat die Pole Position auf dem Fuß, als ihm auf einem Randstein hinten rechts ein Querlenker bricht. Mercedes baut das halbe Auto neu auf. Danach erkennt Hamilton seinen fahrbaren Untersatz nicht wieder. Er kann nicht einmal Paul di Resta von Platz sechs verdrängen. Im Verkehr leiden die Reifen zu stark.

Ferrari betreibt Schadensbegrenzung auf einer Strecke, die für die roten Autos Gift ist. „Null Traktion", klagen die Fahrer. Alonso kämpft sich vom zehnten Startplatz auf Platz fünf vor. Er sorgt für die Schrecksekunde des Rennens, als er nach seinem zweiten Boxenstopp Jean-Eric Vergne mit 260 km/h neben der Piste überholt. Der Ferrari springt mit einem gewaltigen Satz über einen Randstein zurück auf die Strecke. Die Telemetrie misst eine Kraft von 28 g. Alonso staucht sich den Rücken. „Ich bin froh, dass ich noch alle Zähne habe." Die Sportkommissare sind gnädig. Alonso geht straffrei aus, weil Vergne ihn verteidigt: „Ich konnte Fernando nicht sehen. Er musste neben die Strecke, sonst hätte es einen Riesencrash gegeben."

Felipe Massa ist sauer auf seinen Kommandostand: „Sie hätten mir beim zweiten Stopp wie Alonso weiche Reifen mitgeben müssen. Ich habe im ersten Turn unter härteren Bedingungen bewiesen, dass ich sie locker über 17 Runden bringe. Mit dem extra Grip hätte ich die Leute vor mir einfacher überholt und mit Fernando um Platz fünf gekämpft." Lotus ist enttäuscht. Mehr als Platz vier für Romain Grosjean ist nicht drin. „Rosberg war zu schnell für uns", gibt Ingenieur Alan Permane zu. Seit der Sommerpause läuft Grosjean seinem Teamkollegen Kimi Räikkönen den Rang ab. Räikkönen bekommt wie gewünscht das Auto mit dem kurzen Radstand zurück, muss aber von ganz hinten starten. Die vordere Kufe des Unterbodens verbiegt sich zu stark. Laut Lotus geht sie beim Ritt über einen Randstein in Kurve 3 kaputt. Die Sportkommissare akzeptieren die Ausrede nicht.

Räikkönen probt den Aufstand, weil er weiter auf sein Gehalt wartet. Wie einst Ayrton Senna erpresst er sein Team dadurch, dass er erst in letzter Minute anreist. Ein Telefongespräch mit Teambesitzer Gerard Lopez stimmt ihn um. Räikkönens Rennen dauert nur 500 Meter. Bei einer Kollision mit Giedo van der Garde verbiegt es rechts vorne die Spurstange. 28 Minuten nach dem Start macht sich Kimi auf zum Flughafen.

Force India jubelt über neun Punkte. Das ist die Vorentscheidung im Kampf gegen Sauber um Platz sechs. Sauber hat das schnellere Auto, Force India die gewiefteren Taktiker. Nico Hülkenberg verliert den neunten Platz wegen einer Durchfahrtsstrafe. Sein Team schickt ihn beim zweiten Boxenstopp zu früh in die Fahrspur. Sergio Perez braust gerade heran. Force India traut sich als einziges Team eine Einstopp-Strategie zu. Paul di Resta startet mit weichen Reifen, hält 20 Runden durch und ärgert dann sogar die Mercedes und Ferrari. Adrian Sutil wird mit harten Reifen losgeschickt und muss die weichen Sohlen 27 Runden lang ins Ziel tragen. In den letzten zwei Runden brechen sie ein. Perez klaut ihm noch den neunten Platz.

Alle Fakten zu diesem Rennen auf Seite 202

GP USA: **AUSTIN**

Der Start entscheidet Die Meute spurtet den Berg zur ersten Kurve hoch. Vettel liegt knapp vor Webber. Von hinten drängelt Grosjean, der in der Kurve Webber austricksen wird. Hülkenberg und Hamilton liegen noch auf einer Ebene

Kampf im Mittelfeld Di Resta hält Rosberg und Ricciardo in Schach. Am Ende macht nur Rosberg WM-Punkte. Di Resta fällt mit einem zweiten Boxenstopp zurück

Aus der Vogelperspektive Der GP USA ist auch im zweiten Jahr gut besucht. Am Freitag kommen 58 000, am Samstag 79 000 und zum Rennen 113 000 Besucher

Entdeckung des Jahres Grosjean fährt sich mit dem vierten Podiumsplatz in den letzten fünf Rennen in die Elite der Formel 1. Er kann als einziger die Red Bull ärgern

Neben der Spur Bei Ferrari läuft in Austin wenig. Massa schafft es auf Platz 13 nicht einmal in die Punkteränge. Der Brasilianer klagt über zu kalte Reifen und wenig Grip

Finne ersetzt Finnen Kovalainen vertritt bei Lotus den verletzten Räikkönen. Der Reservemann startet als Achter, fällt aber wegen eines Frontflügelproblems aus den Punkterängen

Auftrag erfüllt Hamilton wird per Funk ferngelenkt. Er soll Reifen schonen und Alonso in Schach halten. Als Webber angreift, bekommt Hamilton den Befehl: „Wehr dich nicht"

Schnelles Ende Sutil steigt nach drei Kilometern aus. Maldonado hat ihn bei 300 km/h auf der langen Geraden in die Leitplanken gedrückt. Das SafetyCar muss auf die Strecke

Acht auf einen Streich Vettel feiert seinen Rekord, und ein Kameramann folgt dem Champion. Die alte Bestmarke von Michael Schumacher aus dem Jahr 2004 ist ausgelöscht

Vettel ist der schnellste auf der Strecke, Webber in der Box

Die Vettel-Festspiele gehen weiter. Achter Sieg in Folge. Michael Schumacher ist den ersten seiner vielen Rekorde los. Er gewann 2004 sieben Mal in Serie. Sebastian Vettels Hunger nach Trophäen lässt nicht nach. Die 44. Pole Position, die 22. schnellste Rennrunde, der 38. Sieg. Immerhin: Romain Grosjean darf zwei Runden lang das Rennen anführen. „Ich hatte ein paar Überrundete vor mir. Da leiden sofort die Reifen. Deshalb musste ich früher zum Boxenstopp als geplant“, sagt der Kannibale. Wie überlegen die Kombination Red Bull und Vettel wieder ist, zeigt ein Funkspruch in Runde 17. Ingenieur Guillaume Rocquelin: „Fahr langsamer und schone die Reifen.“ Vettel gehorcht und fährt in der Runde darauf trotzdem 0,5 Sekunden schneller als seine Verfolger.

Der Kampf um die Trainingsbestzeit demonstriert, warum Vettel Weltmeister ist und Teamkollege Mark Webber nur WM-Fünfter. Bis 500 Meter vor der Ziellinie liegt Webber in der entscheidenden Runde um 0,216 Sekunden vor Vettel. Dann verliert er in den letzten zwei Kurven 0,319 Sekunden auf ihn. „Es reicht eben nicht, zweieinhalb Sektoren lang besser zu sein“, kommentiert der Australier. Vettels Stärke ist seine Konzentration auf ein Ziel. Nichts lenkt ihn ab. Deshalb fährt er wie eine Maschine. Praktisch fehlerlos. Trotz seiner Erfolge nimmt der Champion von Zeit zu Zeit Mentaltraining bei McLaren-Arzt Aki Hintsa. Am Abend vor seinem zwölften Saisonsieg vertiefen sich die beiden eineinhalb Stunden in ein Thema. Hintsa bläut ihm ein: „Das 18. Rennen ist so wichtig wie das erste. Auch wenn du schon Weltmeister bist.“

Red Bull holt in Texas noch einen Rekord: An Webbers Auto wechseln die Mechaniker vier Reifen in 1,92 Sekunden. Damit wird der alte Bestwert von Mercedes um eine Zehntelsekunde unterboten. Jeder im Zirkus sehnt das Ende dieser Saison vorbei. Was für Red Bull die Endlosschleife eines Traums ist, wird für die anderen eine Qual. Alle hoffen, dass die große Regelreform 2014 die Siegesserie stoppt. Nicht auszudenken, wenn es nicht so wäre. Auch Vettel warnt: „Lasst uns diese einmalige Zeit geniessen. Keiner weiß, was uns im nächsten Jahr blüht. Die Topteams werden wieder vorne liegen, aber in welcher Reihenfolge und mit welchen Abständen? Es wird mehr Ausfälle und nicht mehr diese Konstanz geben.“

Der GP USA ist auch in seinem zweiten Jahr ein großes Fest. Austin lockt an drei Tagen 250 324 Zuschauer an. Schade nur, dass den Zuschauern ein Rennen ohne richtige Höhepunkte geboten wird. Nur 21 Überholmanöver. Im Jahr zuvor waren es noch 32. „Überholen war diesmal schwerer als im Vorjahr“, stöhnt Jenson Button, der Daniel Ricciardo in letzter Minute von Platz zehn verdrängt. „Wenn alle ein Einstopprennen fahren und die Reifenabnutzung gering ist, gibt es auch nicht die Unterschiede, die man zum Überholen braucht“, verzeifelt Felipe Massa, der nach einem schlechten Training im Mittelfeld feststeckt.

Der Circuit of Americas ist eine Mischung aus Spa, Silverstone und Suzuka. Aber nicht das Streckenlayout macht den Kurs so speziell, sondern die Reifensituation. Glatter Asphalt, betonharte Reifen. „Es ist eine Kunst, alle vier Reifen gleichzeitig in das Fenster zu

„Unsere einzige Chance war der Start. Wenn die Red Bull mal vorne sind, können wir sie nicht mehr holen. Dazu fehlt uns der Speed“

Romain Grosjean

bringen. Nicht nur vorne wie hinten, auch links wie rechts", doziert Mercedes-Teamchef Ross Brawn. Wer es schafft, ist gleich eine halbe Sekunde schneller als der Rest, weil er in jeder der 20 Kurven ein bisschen Zeit gewinnt. Brawn: „Das ist der Grund, warum die Rundenzeiten von Team zu Team, aber auch von Fahrer zu Fahrer so stark schwanken. Red Bull ist nicht eine Sekunde schneller als wir." Sein eigenes Team liefert den Beweis. Lewis Hamilton startet auf Platz fünf, Nico Rosberg nur als Zwölfter. „Ich habe die Reifen nicht in ihr Fenster gebracht."

Nico Hülkenberg macht es besser. Der Sauber-Pilot fährt sich mit einem Trick auf Startplatz vier. „Weil wir uns nicht sicher waren, ob die Reifen gleich in ihrer ersten Runde Grip haben, sind wir vorher zwei Runden gefahren. Das gab mir die Möglichkeit, die Reifen vorne und hinten sanft in ihr Fenster zu bringen." Hülkenberg startet vor Lewis Hamilton und Fernando Alonso, rechnet aber damit, im Rennen hinter die beiden zu fallen. Er ist darüber nicht böse: „Wenn wir nur drei Sekunden hinter Mercedes und Ferrari ins Ziel kommen, können wir stolz sein. Die haben 2012 schon Rennen gewonnen."

Alonso sichert sich als Fünfter die Vize-Weltmeisterschaft. Mürrisch meint der Ferrari-Pilot: „Einerseits bin ich stolz, dass ich jedes Jahr, egal mit welchem Auto und unter welchen Regeln, in der Lage bin, um den Titel mitzufahren und wenigstens Zweiter zu werden. Andererseits wäre ich lieber ein paar Mal Zehnter und einmal dafür wieder Weltmeister." Sergio Perez protestiert mit einem siebten Platz gegen seine Entlassung bei McLaren. Seinen Platz nimmt 2014 das Eigengewächs Kevin Magnussen ein. Der 21-jährige Däne gilt als Supertalent. Teamchef Martin Whitmarsh hofft: „Da könnte sich die Hamilton-Story wiederholen."

Valtteri Bottas holt seine ersten WM-Punkte. In einem Williams, der nach vielen Umbauten ein verkapptes Vorjahresauto ist. In Abu Dhabi vollziehen die Williams-Techniker den letzten Schritt. Der in den Seitenkästen mündende Coanda-Auspuff mit Zielrichtung Diffusorspalte weicht der Lösung von 2012. Der Auspuff bläst innen an der Motorabdeckung entlang auf das untere Heckflügelelement. Dadurch verliert das Auto an Abtrieb, ist aber berechenbar. Unter dem Strich bringt das Rundenzeit. Bottas: „Vorher kam mitten in der Kurve ohne Vorwarnung das Heck herum. Wir hätten den alten Auspuff früher bringen sollen."

Kimi Räikkönen fehlt. Der Finne entscheidet, sich nicht wie zuerst geplant im Dezember, am Rücken operieren zu lassen, sondern sofort. Er wartet immer noch auf sein Gehalt. Einfach nicht zu fahren hätte rechtliche Probleme verursachen können. Bei Krankheit ist er entschuldigt. Aus einer Liste von sieben Piloten wählt Lotus Heikki Kovalainen aus. Nico Hülkenberg kann nicht, Michael Schumacher will nicht, Reservepilot Davide Valsecchi darf nicht. Kovalainen macht seine Sache nach zwei Stunden im Simulator und 101 Trainingsrunden gut. Der achte Startplatz zeigt, dass der Caterham-Aushilfspilot einen Stammplatz in diesem Geschäft verdient. Im Rennen wirft ihn ein Frontflügelwechsel zurück. Gummistücke hatten die Schlitze zwischen den Flügelelementen verstopft.

Alle Fakten zu diesem Rennen auf Seite 203

GP BRASILIEN: SAO PAULO

Serientäter Auch ein Chaosrennen kann Vettel nicht stoppen. Trotz missglücktem Boxenstopp gewinnt der Weltmeister sein neuntes Rennen in Folge. Der erste Dank gilt Chefmechaniker Kenny Handkammer

Dichtes Gedränge Rosberg, Vettel, Hamilton und Alonso sind schon weg. Dahinter streiten sich Webber, Massa, Hülkenberg und Grosjean um die Positionen

Zwei Tage Regen Freitag und Samstag ist die Piste durchgehend nass.
Hamilton fährt nur auf den fünften Startplatz, weil die Bremsscheiben verglasen

Rauer Charme Die Strecke von Interlagos liegt in einem Wohngebiet. Button fährt sein bestes Rennen zum Schluss. Er überholt zehn Autos und wird Vierter

Rot gegen Silber Massa attackiert Hamilton. Zwischen Ferrari und Mercedes geht es um Platz zwei in der Markenwertung. Mercedes gewinnt mit sechs Punkten Vorsprung

Eine letzte Verneigung Vettel lässt sich für eine einmalige Saison feiern. Er gewinnt 13 Mal, davon neun Mal in Folge. Mit 397 Punkten stellt er einen neuen Rekord auf

Crash-Pilot Maldonado legt sich mit allen an. In der ersten Runde mit Sutil, in der Mitte des Rennens mit Teamkollege Bottas, am Ende mit ToroRosso-Pilot Vergne (Bild)

Ernüchterung Kovalainen landet bei seinen beiden Rennen für Lotus jeweils auf Platz 14.
In Austin bremste ihn die Technik. In Interlagos fehlt dem Finnen der Speed

Chaos in der Red Bull-Box: Bei Vettel fehlen zwei Reifen

Red Bull schließt die Saison so ab, wie es die größte Dominanz eines Teams seit Ferraris goldener Ära zu Michael Schumachers Zeiten verdient. Mit dem vierten Doppelsieg des Jahres. So schwer hat sich die Meistertruppe das Gewinnen aber noch nie gemacht. Sebastian Vettel führt 12,8 Sekunden vor Webber und 18,4 Sekunden vor Fernando Alonso, als in der 47. Runde Webbers zweiter Boxenstopp ansteht. Gleichzeitig rempelt Lewis Hamilton am Ende der Gegengeraden den Williams von Valtteri Bottas von der Bahn. Hinterrad gegen Hinterrad. Felgenteile und Reifenfetzen fliegen durch die Luft. Red Bull rechnet mit einem SafetyCar und holt auch Vettel an die Box. 400 Meter vor der Einfahrt erfährt der Weltmeister davon. Die Mechaniker bekommen nichts mit. „Heute hat einer von uns den üblichen Informationsweg übersprungen", tadelt Teamberater Helmut Marko.

Als Vettel ankommt, werden zwei Reifen gesucht. 10,3 Sekunden verrinnen, bis die Nummer eins wieder losbraust. Webber muss hinter ihm warten. „Als ich auf die Boxeneinfahrt zukam, sah ich an einem TV-Bildschirm Seb an der Box stehen. Ich dachte, die zeigen eine Wiederholung vom ersten Stopp, doch er stand wirklich da. Als er losfuhr, musste noch der Mann am hinteren Wagenheber aus dem Weg springen. Das hat mich zusätzliche Zeit gekostet. Nur so kam Alonso an mir wieder vorbei." Teamchef Christian Horner verteidigt seine Strategen: „Wäre das Rennen neutralisiert worden und hätten wir mit Seb nicht reagiert, wäre er eine ganze Runde hinter dem SafetyCar festgesteckt. Das hätte ihn 30 Sekunden gekostet." Die Konkurrenz kann keinen Profit daraus schlagen. Webber fertigt Fernando Alonso gleich zwei Mal auf der Zielgeraden ab. „Ich hätte heute Regen gebraucht, um eine Chance zu haben. So war Platz drei das Maximum", resümiert der Spanier. Mercedes kann nicht einmal Alonso halten. Auch Felipe Massa wäre zu schnell für die Silberpfeile gewesen. Der Brasilianer hat sich bereits auf Platz vier hinter seinen Teamkapitän vorgekämpft, als ihm die Sportkommissare eine Strafe aufbrummen. Drei Mal ist Massa über die verbotene schraffierte Fläche vor der Boxeneinfahrt gefahren. Die Durchfahrtsstrafe wirft Massa von Platz vier auf Rang acht zurück. Am Ende wird der Brasilianer Siebter. „Felipes Strafe hat uns den zweiten Platz im Konstrukteurspokal gekostet. Sie war viel zu hart", ärgert sich Teamchef Stefano Domenicali. Und überlegt sich gleich, wie er Präsident Luca di Montezemolo die Nachricht verkauft: „Wenigstens haben wir im letzten Rennen einen starken Eindruck hinterlassen."

Niki Lauda, Ross Brawn und Toto Wolff sind froh, dass sie Platz zwei in der WM mit sechs Punkten vor Ferrari retten. Beide Piloten werden auf Platzsicherung vergattert. Nico Rosberg kann das. Hamilton tut sich da schon schwerer. Seine Kollision mit Bottas wird ebenfalls geahndet. Hamilton muss wie Massa ein Mal strafweise durch die Box. Helmut Marko schüttelt den Kopf: „Es gibt zu viele Bußen in der Formel 1." Es spricht für Red Bull, dass die Truppe aus Milton Keynes auch im Chaos den Überblick behält. Regen an den beiden Trainingstagen stellt die datenwütigen Ingenieure vor ein Problem. Es gibt keinerlei Anhaltspunkte,

„Wenn ich in Australien bin, werde ich Holz hacken, ein Feuer machen und die Zeit bei einem Glas Rotwein und Schokolade genießen"

Mark Webber

wie sich die Reifen auf trockener Bahn verhalten werden. Red Bull setzt trotz des Dauerregens in der Qualifikation auf einen langen siebten Gang und moderaten Abtrieb. „Wir rechneten mit einem Trockenrennen", lässt Horner durchblicken. So kommt Vettel am Ende der ersten Runde relativ mühelos am besser gestarteten Nico Rosberg vorbei. Mercedes hat kürzer übersetzt und mit mehr Anpressdruck gepokert. Das kostet Topspeed. „Ich habe mir für den ersten Teil der Geraden den Berg hinauf auch noch etwas Kers aufgehoben", verrät der spätere Sieger.

McLaren durchleidet zum ersten Mal seit 1980 wieder eine Saison ohne Podium. Der WM-Fünfte gewinnt mit 11493 Rennkilometern nur die Zuverlässigkeitswertung. Immerhin gibt es ein versöhnliches Ende. Im letzten Rennen feiert McLaren mit 20 Punkten sein bestes Saisonresultat. Jenson Button und Sergio Perez gewinnen von den Startplätzen 14 und 19 insgesamt 23 Positionen. „Wir hatten mit der Getriebeübersetzung, dem Abtrieb, der Bodenfreiheit und dem Fahrwerk voll auf ein Trockenrennen gesetzt, im Training dafür bezahlt und im Rennen geerntet", lobt Teamchef Martin Whitmarsh den Weitblick seiner Strategen. Vorjahressieger Button gelingt der Stunt des Tages. In der 22. Runde überholt er in einem Aufwasch Daniel Ricciardo, Pastor Maldonado und Esteban Gutierrez.

Es ist der Tag der Abschiede. Mark Webber fährt sein letztes Formel 1-Rennen und verteilt T-Shirts mit der Aufschrift: 215 sind abgehakt. „Platz zwei ist ein schönes Good-bye von einer Karriere, auf die ich stolz sein kann. Als ich als Jugendlicher meine Heimatstadt Queanbeyan verließ, dachte ich nicht im Traum daran, solche Erfolge zu haben." Ohne Helm legt der Australier seine Ehrenrunde zurück, so, als wolle er zum letzten Mal Formel 1-Luft atmen. Bernie Ecclestone bringt Webber eine brasilianische Flagge mit den Unterschriften aller Fahrer persönlich zur Pressekonferenz. Vettel ist der letzte, der unterschreibt.

Felipe Massa fährt bei seinem letzten Ferrari-Start durch ein Spalier seiner Mechaniker aus der Box. Er hätte sich gerne mit einem Podiumsplatz verabschiedet. „Ich hätte ihn Felipe geschenkt. Er war ein exzellenter Teamkollege. Zum Glück sehe ich ihn nächstes Jahr wieder, wenn auch in anderen Farben", beteuert Alonso. Nico Hülkenberg schließ eine großartige zweite Saisonhälfte mit einem achten Platz ab. Sie bringt den Sauber-Piloten noch auf den zehnten Gesamtrang. Ferrari, McLaren, ja sogar Red Bull hätte den Deutschen haben können, doch alle drei wählten einen anderen. Hülkenberg verabschiedet sich zu dem Team, für das er schon 2012 gefahren ist. Force India ist mit weniger Fragezeichen behaftet als Sauber. Bei Lotus weiß man in Brasilien nicht, ob man das Team je wiedersieht.

Sauber landet 20 Punkte hinter Force India, aber sicher vor ToroRosso und Williams. Force India darf jetzt 59 Millionen Dollar aus Ecclestones Kasse einstreichen, Sauber 53. Williams wendet die schlechteste Saison der Firmengeschichte mit vier Punkten in Austin noch ab. Auch der zweite britische Traditions-Rennstall führt eine Rangliste an. Eine wenig schmeichelhafte. Keiner zahlt mehr Strafen in die FIA-Kasse. In Summe 131 700 Euro.

Alle Fakten zu diesem Rennen auf Seite 204

Erfahrung

gewinnt

Frühe Führung Leimer führt das Feld beim Saisonstart in Malaysia in die ersten beiden Kurven. Er wird von Coletti (18) und Bird (11) verfolgt. Der Schweizer gewinnt das Auftaktrennen

Start in Singapur Palmer geht vor Ericsson und Leimer in Führung. Der Engländer gewinnt auch

Die Entscheidung fiel unspektakulär. Als die GP2-Serie in Abu Dhabi in ihr Finale ging, blieb Sam Bird am Start stehen. Fabio Leimer wurde der Titel auf dem Silbertablett serviert. Dem 24-jährigen Schweizer reichte ein vierter Platz. Der dritte Rang beim abschließenden Sprintrennen war nur noch Zugabe. Mit Leimer gewann ein Fahrer die Meisterschaft, der bereits im vierten Jahr in der GP2-Serie unterwegs ist. Auch sein Kontrahent Sam Bird stieg 2010 in die Meisterschaft ein. McLaren-Teamchef Martin Whitmarsh urteilte: „Es war ein verdammt teurer Weg, Meister zu werden.“ Eine GP2-Serie kostet 1,5 Millionen Euro. Leimer hat einen Schweizer Industriellen im Rücken, der seine Karriere finanziert. Dem dreifachen Saisonsieger wird möglicherweise das gleiche Schicksal drohen wie seinem Vorgänger Davide Valsecchi. Es ist kein Platz in der Formel 1 für Fahrer, die so viele Anläufe für einen GP2-Titel brauchen. Auch für Sam Bird nicht. „Überall, wo ich anklopfe, wird mir nur eine Frage gestellt. Hast du Geld?“ Der 26-jährige Engländer hat keines.

Früher war die höchste Nachwuchskategorie ein garantiertes Sprungbrett für die Königsklasse. „Heute fahren die besseren Nachwuchspiloten in der Renault-Weltserie“, urteilt Red Bull-Berater Helmut Marko. Oder noch eine Stufe darunter in der GP3. Der 19-jährige Russe Daniil Kvyat schafft den direkten Sprung aus der GP3 in die Formel 1. Sein Meistertitel ebnete ihm den Weg in das vakante Cockpit von ToroRosso, das Daniel Ricciardo hinterlässt.

Leimer und Bird müssen neidisch werden. Die GP2 macht sich durch zu hohe Kosten und fragwürdige Formschwankungen verschiedener Fahrer selbst das Leben schwer. Es gehört zu den Absurditäten dieser Serie, dass Stefano Coletti nach elf von 22 Rennen die Meisterschaft klar anführte und dann keinen einzigen Punkt mehr holte. Oder dass Felipe Nasr ohne einen einzigen Sieg bis zuletzt im Titelrennen blieb. Oder dass der Holländer Robin Frijns mangels Geld sein Cockpit verlor, obwohl er bereits sein drittes GP2-Rennen gewann. Der einzige deutsche Teilnehmer landete auf Rang 22. Daniel Abt bezahlte für seine Unerfahrenheit und Chassisprobleme. Der Allgäuer holte im Spitzenteam ART nur elf Punkte. Teamkollege James Calado wurde mit 157 Zählern Dritter. Der Engländer bestritt seine zweite Saison.

Dreikampf im Verfolgerpulk Cecotto junior führt vor Abt und Leimer. Abt war der einzige Deutsche im Feld

Das Duell Bird (links) und Leimer kämpften bis zum vorletzten Rennen um den Titel. Leimer setzte sich durch

GP2-GESAMTKLASSEMENT: LEIMER WIRD MIT DREI SIEGEN MEISTER

Land	Malaysia		Bahrain		Spanien		Monaco		England		Deutschland		Ungarn		Belgien		Italien		Singapur		Abu Dhabi		Gesamt
Fahrer	1	2	1	2	1	2	1	2	1	2	1	2	1	2	1	2	1	2	1	2	1	2	Punkte
Fabio Leimer (CH)	25	-	29•	-	-	-	-	-	12	-	12	10	12	10	12	6	25	6•	10	10	12	10	201
Sam Bird (GB)	8•	-	8	17•	-	-	25	-	25	6	-	1	1	1	29•	-	24••	8	4	15	1	8	181
James Calado (GB)	18	-	-	6	-	-	10	6	2	10	18	14•	2	4	4	17•	8	-	15	-	8	15	157
Felipe Nasr (BR)	12	12	12	12	18	10	12	8	-	2	2	8	15	6	-	1	-	-	18	-	6	-	154
Stefano Coletti (MC)	19•	17•	18	10	12	17•	10•	17•	-	-	15	-	-	-	-	-	-	-	-	-	-	-	135
Marcus Ericsson (S)	-	-	-	-	4•	-	-	-	4•	1	27•	-	20•	8	18	-	-	-	6	14•	15	4	121
Jolyon Palmer (GB)	8	-	10	4	1	8	-	-	8	-	-	-	25	-	-	4	-	-	31••	-	20•	-	119
Stéphane Richelmi (MC)	4	8	-	-	-	-	2	1	18	-	14•	-	10	-	6	8	12	-	12	8	-	-	103
Alexander Rossi (USA)			15	-	8	4	-	-	1	-	-	4	-	-	15	-	4	12	-	-	29•	-	92
Tom Dillmann (F)	-	-	4	8	10	-	-	-	17•	4	4	-	4•	-	12•	-	15	6	8	-	-		92
Jon Lancaster (GB)					17•	-	-	-	10	17•	6	15	-	-			-	-	2	6	-	-	73
Julian Leal (BR)	10	-	-	-	-	-	-	-	4	8	-	-	-	-	8	12	10	10	-	-	-	-	62
Adrian Quaife-Hobbs (GB)	-	-	6	1	-	-	4	12	-	-	-	-	-	-	1	10	6	15	-	1	-	-	56
Mitch Evans (NZ)	1	10	-	-	-	-	15	10	-	-	-	2	6	12	-	-	-	-	-	-	-	-	56
Robin Frijns (NL)			-	-	25	12	-	-	-	-	8	-			2	-							47
Johnny Cecotto jun. (VEN)	-	6	3	-	4	6	4•		-	-	1	6	-	-	-	2	-	1	-	4	4	-	41
Kevin Ceccon (I)	-	-	-	-	6	2	18	2	-	-	-												28
Dani Clos (E)													-	-	-	-	-	-	1	-	10	14•	25
Rio Haryanto (MYR)	-	-	-	-	2	-	-	-	6	12	-	-	-	-	-	-	-	2	-	-	-	-	22
Nathanael Berthon (F)	-	-	-	-	-	-	-	-	-	-	-	-	4	17•	-	-	-	-	-	-	-	-	21
Simon Trummer (CH)	2	4	2	-	-	-	-	-	-	-	8	2	-	-	-	-	-	-	-	-	-	-	20
Daniel Abt (D)	-	-	-	2	-	1	-	-	-	-	-	-	-	-	-	-	-	-	-	-	2	6	11
René Binder (A)	-	1	-	-	-	-	6	4	-	-	-	-	-	-	-	-	-	-	-	-	-	-	11
Daniel de Jong (NL)	-	-	-	-	-	-	1	-	-	-	-	-	-	-	-	-	-	-	-	2	-	-	3
Sergio Canamasas (E)	-	-	-	-	-	-	-	-	-	-	-	-	-	-	-	-	2	-	-	-	-	1	3
Connor Daly (USA)	-	2																					2
Vittorio Ghirelli (I)													-	-	-	-	1	-	-	-	-	-	1

* Punkteverteilung Hauptrennen: 25-18-15-12-10-8-6-4-2-1, Sprintrennen: 15-12-10-8-6-4-2-1; • Pole Position = 4 Punkte, • Schnellste Runde = 2 Punkte

GP AUSTRALIEN:

1. VON 19 LÄUFEN

Streckenlänge: **5,303 km**
Runden: **58**
Distanz: **307,574 km**
Zuschauer: **103 000**
Lufttemperatur: **18 Grad**
Asphalttemperatur: **25 Grad**

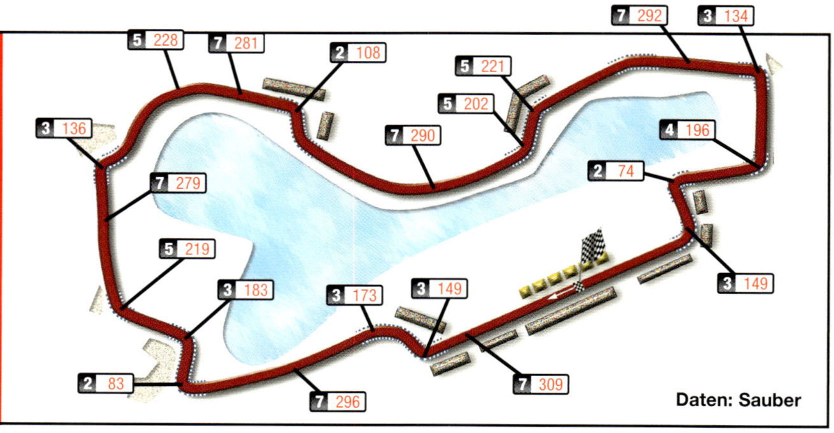

Daten: Sauber

STARTAUFSTELLUNG

	Fahrer	Startnummer
1	Sebastian Vettel, D Red Bull-Renault, 1.27,407 min	1
2	Mark Webber, AUS Red Bull-Renault, 1.27,827 min	2
3	Lewis Hamilton, GB Mercedes, 1.28,087 min	10
4	Felipe Massa, BR Ferrari, 1.28,490 min	4
5	Fernando Alonso, E Ferrari, 1.28,493 min	3
6	Nico Rosberg, D Mercedes, 1.28,523 min	9
7	Kimi Räikkönen, FIN Lotus-Renault, 1.28,738 min	7
8	Romain Grosjean, F Lotus-Renault, 1.29,013 min	8
9	Paul di Resta, GB Force India-Mercedes, 1.29,305 min	14
10	Jenson Button, GB McLaren-Mercedes, 1.30,357 min	5
11	Nico Hülkenberg, D Sauber-Ferrari, 1.38,067 min	11
12	Adrian Sutil, D Force India-Mercedes, 1.38,134 min	15
13	Jean-Eric Vergne, F ToroRosso-Ferrari, 1.38,778 min	18
14	Daniel Ricciardo, AUS ToroRosso-Ferrari, 1.39,042 min	19
15	Sergio Perez, MEX McLaren-Mercedes, 1.39,900 min	6
16	Valtteri Bottas, FIN Williams-Renault, 1.40,290 min	17
17	Pastor Maldonado, VEN Williams-Renault, 1.47,614 min	16
18	Esteban Gutierrez, MEX Sauber-Ferrari, 1.47,776 min	12
19	Jules Bianchi, F Marussia-Cosworth, 1.48,147 min	22
20	Max Chilton, GB Marussia-Cosworth, 1.48,909 min	23
21	Giedo van der Garde, NL Caterham-Renault, 1.49,519 min	21
22	Charles Pic, F Caterham-Renault, keine Zeit	20

● Startnummer

Topspeed Qualifikation:
311,1 km/h (Hamilton)
Topspeed Rennen:
310,7 km/h (Vergne)
Speed schnellste Kurve:
227,8 km/h (8)*
Speed langsamste Kurve:
74,1 km/h (15)*
Gangwechsel pro Runde: **54**

SafetyCar: **-**
Volllastanteil: **67% (10 s = 710 m)**
Spritverbrauch pro Runde: **3,4 Liter**
Führungswechsel: **10**
Boxenstrategie Sieger: **2 (9/34)**
Gripniveau Asphalt: **niedrig**
Abtriebslevel: **mittel (7 von 10)**
Bremsenverschleiß: **hoch**
Reifenverschleiß: **mittel**

* in Klammern: Nummer Kurve

RENN-ERGEBNIS

	Fahrer	Runden	Zeit/Rückstand	Reifen[1]	Boxenstopps	Schnellste Runde
1.	**Räikkönen**	58/27[2]	1:30.03,225 min	ss/m/m	2 (44,890 s)	1.29,274 min
2.	**Alonso**	58/6	+ 12,451 s	ss/m/m/m	3 (1.05,102 min)	1.29,560 min
3.	**Vettel**	58/6	+ 22,346 s	ss/m/m/m	3 (1.06,107 min)	1.30,409 min
4.	**Massa**	58/3	+ 33,577 s	ss/m/m/m	3 (1.04,774 min)	1.30,239 min
5.	**Hamilton**	58/4	+ 45,561 s	ss/m/m/m	3 (1.05,948 min)	1.29,759 min
6.	**Webber**	58	+ 46,800 s	ss/m/m/m	3 (1.07,472 min)	1.29,732 min
7.	**Sutil**	58/11	+ 1.05,068 min	m/m/ss	2 (45,442 s)	1.30,710 min
8.	**di Resta**	58	+ 1.08,449 min	ss/m/m	2 (46,061 s)	1.30,894 min
9.	**Button**	58	+ 1.21,630 min	ss/m/m/m	3 (1.07,391 min)	1.30,198 min
10.	**Grosjean**	58	+ 1.22,759 min	ss/m/m/m	3 (1.06,906 min)	1.30,395 min
11.	**Perez**	58	+ 1.23,367 min	m/ss/m/m	3 (1.07,386 min)	1.29,926 min
12.	**Vergne**	58	+ 1.23,857 min	ss/m/m/m	3 (1.10,922 min)	1.29,498 min
13.	**Gutierrez**	57		ss/m/m	2 (44,631 s)	1.31,415 min
14.	**Bottas**	57		ss/m/m/m	3 (1.10,803 min)	1.30,652 min
15.	**Bianchi**	57		ss/m/m/ss	3 (1.09,427 min)	1.30,454 min
16.	**Pic**	56		ss/m/m	2 (46,903 s)	1.32,261 min
17.	**Chilton**	56		ss/m/m/m	3 (1.30,350 min)	1.32,210 min
18.	**van der Garde**	56		ss/m/m/m	3 (1.11,855 min)	1.32,636 min
19.	**Ricciardo**	39	Auspuff (P 11)	m/m/ss		1.30,881 min
20.	**Rosberg**	26/1	Batterie (P 3)	ss/m		1.32,259 min
21.	**Maldonado**	24	Unfall (P 15)	m/m		1.32,915 min
22.	**Hülkenberg**	0	Tank leck (nicht gestartet)	–		

[1] Reifenfolge: ss=supersoft, s=soft, m=medium, h=hart, R=Regenreifen, I=Intermediate, DT-Durchfahrtstrafe, SG=Stop/Go-Strafe
[2] Runden in Führung, Bestwerte in Rot

FAHRER-WM

1. Räikkönen	1*	25 Punkte
2. Alonso		18 Punkte
3. Vettel		15 Punkte
4. Massa		12 Punkte
5. Hamilton		10 Punkte
6. Webber		8 Punkte
7. Sutil		6 Punkte
8. di Resta		4 Punkte
9. Button		2 Punkte
10. Grosjean		1 Punkt

* Anzahl Siege

TRAININGSDUELLE

Button–Perez	1:0
Alonso–Massa	0:1
Hamilton–Rosberg	1:0
Vettel–Webber	1:0
Räikkönen–Grosjean	1:0
Maldonado–Bottas	0:1
Hülkenberg–Gutierrez	1:0
Ricciardo–Vergne	0:1
Sutil–di Resta	0:1
Bianchi–Chilton	1:0
Pic–van der Garde	0:1

KONSTRUKTEURS-WM

1. Ferrari		30 Punkte
2. Lotus-Renault	1*	26 Punkte
3. Red Bull-Renault		23 Punkte
4. Mercedes		10 Punkte
5. Force India-Mercedes		10 Punkte
6. McLaren-Mercedes		2 Punkte

FÜHRUNGSRUNDEN

1-6	Vettel
7	Massa
8	Alonso
9-12	Hamilton
13	Rosberg
14-20	Sutil
21-22	Massa
23-33	Räikkönen
34-38	Alonso
39-42	Sutil
43-58	Räikkönen

GP MALAYSIA:

2. VON 19 LÄUFEN

Streckenlänge: **5,543 km**
Runden: **56**
Distanz: **310,408 km**
Zuschauer: **38 000**
Lufttemperatur: **26 Grad**
Asphalttemperatur: **33 Grad**

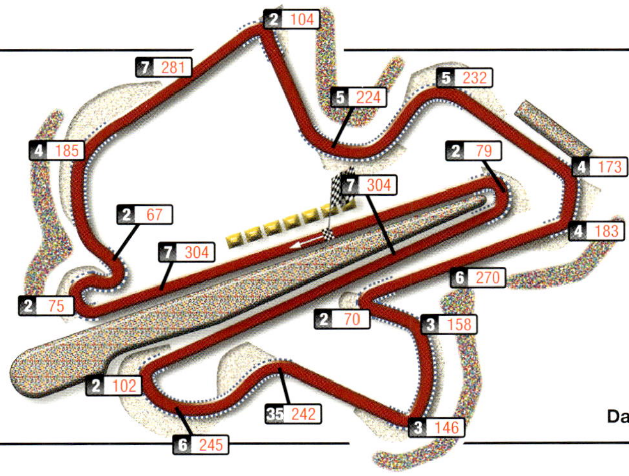

Daten: Sauber

STARTAUFSTELLUNG

	Fahrer	Team, Zeit	Startnummer
1	Sebastian Vettel, D	Red Bull-Renault, 1.49,674 min	1
2	Felipe Massa, BR	Ferrari, 1.50,587 min	4
3	Fernando Alonso, E	Ferrari, 1.50,727 min	3
4	Lewis Hamilton, GB	Mercedes, 1.51,699 min	10
5	Mark Webber, AUS	Red Bull-Renault, 1.52,244 min	2
6	Nico Rosberg, D	Mercedes, 1.52,519 min	9
7	Jenson Button, GB	McLaren-Mercedes, 1.53,175 min	5
8	Adrian Sutil, D	Force India-Mercedes, 1.53,439 min	15
9	Sergio Perez, MEX	McLaren-Mercedes, 1.54,136 min	6
10	Kimi Räikkönen, FIN[1]	Lotus-Renault, 1.52,970 min	7
11	Romain Grosjean, F	Lotus-Renault, 1.37,636 min	8
12	Nico Hülkenberg, D	Sauber-Ferrari, 1.38,125 min	11
13	Daniel Ricciardo, AUS	ToroRosso-Ferrari, 1.38,822 min	19
14	Esteban Gutierrez, MEX	Sauber-Ferrari, 1.39,221 min	12
15	Paul di Resta, GB	Force India-Mercedes, 1.44,509 min	14
16	Pastor Maldonado, VEN	Williams-Renault, keine Zeit	16
17	Jean-Eric Vergne, F	ToroRosso-Ferrari, 1.38,157 min	18
18	Valtteri Bottas, FIN	Williams-Renault, 1.38,207 min	17
19	Jules Bianchi, F	Marussia-Cosworth, 1.38,434 min	22
20	Charles Pic, F	Caterham-Renault, 1.39,314 min	20
21	Max Chilton, GB	Marussia-Cosworth, 1.39,672 min	23
22	Giedo van der Garde, NL	Caterham-Renault, 1.39,932 min	21

[1] drei Plätze zurück wegen Behinderung von Rosberg
● Startnummer

Topspeed Qualifikation:
307,1 km/h (Sutil)
Topspeed Rennen:
308,1 km/h (Gutierrez)
Speed schnellste Kurve:
242,1 km/h (12)*
Speed langsamste Kurve:
67,2 km/h (2)*
Gangwechsel pro Runde: **52**

SafetyCar: **-**
Vollastanteil: **58% (11 s = 820 m)**
Spritverbrauch pro Runde: **3,3 Liter**
Führungswechsel: **9**
Boxenstrategie Sieger: **4 (5/22/32/42)**
Gripniveau Asphalt: **mittel**
Abtriebslevel: **hoch (9 von 10)**
Bremsenverschleiß: **mittel**
Reifenverschleiß: **hoch**

* in Klammern: Nummer Kurve

RENN-ERGEBNIS

	Fahrer	Runden	Zeit/Rückstand	Reifen[1]	Boxenstopps	Schnellste Runde
1.	**Vettel**	56/21[2]	1:38.56,681 min	I/m/h/h/m	4 (1.24,713 min)	1.40,446 min
2.	**Webber**	56/32	+ 4,298 s	I/h/m/h/h	4 (1.23,396 min)	1.40,685 min
3.	**Hamilton**	56	+ 12,181 s	I/m/m/h/m	4 (1.29,218 min)	1.41,001 min
4.	**Rosberg**	56/1	+ 12,640 s	I/m/m/h/m	4 (1.26,423 min)	1.40,755 min
5.	**Massa**	56	+ 25,648 s	I/m/h/m/m	4 (1.26,569 min)	1.39,805 min
6.	**Grosjean**	56	+ 35,564 s	I/m/m/h	3 (1.06,302 min)	1.41,226 min
7.	**Räikkönen**	56	+ 48,479 s	I/m/m/h	3 (1.10,485 min)	1.41,769 min
8.	**Hülkenberg**	56	+ 53,044 s	I/m/m/h/h	4 (1.30,522 min)	1.40,727 min
9.	**Perez**	56	+ 1.12,357 min	I/m/m/h/h	4 (1.25,181 min)	1.39,199 min
10.	**Vergne**	56	+ 1.27,124 min	I/h/h/m	3 (1.32,556 min)	1.40,492 min
11.	**Bottas**	56	+ 1.28,610 min	I/m/m/m	3 (1.15,942 min)	1.41,373 min
12.	**Gutierrez**	55		I/h/m/m/h	4 (1.31,908 min)	1.40,929 min
13.	**Bianchi**	55		I/m/h/h/m	4 (1.34,653 min)	1.42,423 min
14.	**Pic**	55		I/m/h/m/m	4 (1.56,660 min)	1.42,942 min
15.	**van der Garde**	55		I/h/h/h/m	4 (1.33,820 min)	1.43,157 min
16.	**Chilton**	54		I/m/h/m/h	4 (1.37,419 min)	1.43,150 min
17.	**Button**	53/2	Aufhängung (P 12)	I/m/m/h	3 (2.28,309 min)	1.40,556 min
18.	**Ricciardo**	51	Auspuff(P 14)	I/m/m/h	3 (1.06,812 min)	1.42,581 min
19.	**Maldonado**	45	Kers (P 15)	I/m/m/m		1.43,465 min
20.	**Sutil**	27	Überhitzung (P 20)	I/m/h		1.42,791 min
21.	**di Resta**	22	Überhitzung (P 21)	I/m/h		1.43,094 min
22.	**Alonso**	1	Unfall (P 3)	I		

[1] Reifenfolge: ss=supersoft, s=soft, m=medium, h=hart, R=Regenreifen, I=Intermediate, DT=Durchfahrtstrafe, SG=Stop/Go-Strafe
[2] Runden in Führung, Bestwerte in Rot

FAHRER-WM

1. Vettel	1*	40 Punkte
2. Räikkönen	1	31 Punkte
3. Webber		26 Punkte
4. Hamilton		25 Punkte
5. Massa		22 Punkte
6. Alonso		18 Punkte
7. Rosberg		12 Punkte
8. Grosjean		9 Punkte
9. Sutil		6 Punkte
10. Hülkenberg		4 Punkte
11. di Resta		4 Punkte
12. Perez		2 Punkte
13. Button		2 Punkte
14. Vergne		1 Punkt

* Anzahl Siege

TRAININGSDUELLE

Button–Perez	2:0
Alonso–Massa	0:2
Hamilton–Rosberg	2:0
Vettel–Webber	2:0
Räikkönen–Grosjean	2:0
Maldonado–Bottas	1:1
Hülkenberg–Gutierrez	2:0
Ricciardo–Vergne	1:1
Sutil–di Resta	1:1
Bianchi–Chilton	2:0
Pic–van der Garde	1:1

KONSTRUKTEURS-WM

1. Red Bull-Renault	1*	66 Punkte
2. Lotus-Renault	1	40 Punkte
3. Ferrari		40 Punkte
4. Mercedes		37 Punkte
5. Force India-Mercedes		10 Punkte
6. Sauber-Ferrari		4 Punkte
7. McLaren-Mercedes		4 Punkte
8. ToroRosso-Ferrari		1 Punkt

FÜHRUNGSRUNDEN

1-4	Vettel
5-7	Webber
8	Rosberg
9-18	Webber
19-22	Vettel
23-30	Webber
31-32	Vettel
33-34	Button
35-45	Webber
46-56	Vettel

GP CHINA:

3. VON 19 LÄUFEN

Streckenlänge: **5,541 km**

Runden: **56**

Distanz: **305,066 km**

Zuschauer: **130 000**

Lufttemperatur: **26 Grad**

Asphalttemperatur: **35 Grad**

Daten: Sauber

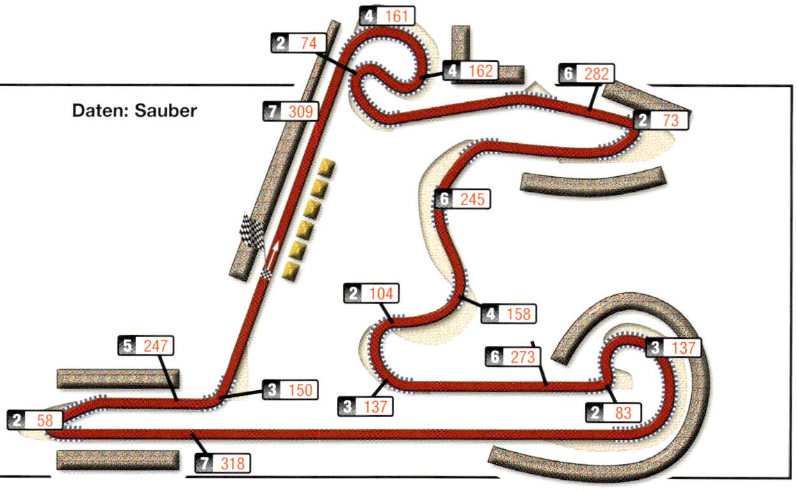

STARTAUFSTELLUNG

	Fahrer	Team, Zeit	Startnummer
1	Lewis Hamilton, GB	Mercedes, 1.34,484 min	10
2	Kimi Räikkönen, FIN	Lotus-Renault, 1.34,761 min	7
3	Fernando Alonso, E	Ferrari, 1.34,788 min	3
4	Nico Rosberg, D	Mercedes, 1.34,861 min	9
5	Felipe Massa, BR	Ferrari, 1.34,933 min	4
6	Romain Grosjean, F	Lotus-Renault, 1.35,364 min	8
7	Daniel Ricciardo, AUS	ToroRosso-Ferrari, 1.35,998 min	19
8	Jenson Button, GB	McLaren-Mercedes, 2.05,673 min	5
9	Sebastian Vettel, D	Red Bull-Renault, keine Zeit	1
10	Nico Hülkenberg, D	Sauber-Ferrari, keine Zeit	11
11	Paul di Resta, GB	Force India-Mercedes, 1.36,287 min	14
12	Sergio Perez, MEX	McLaren-Mercedes, 1.36,314 min	6
13	Adrian Sutil, D	Force India-Mercedes, 1.36,405 min	15
14	Pastor Maldonado, VEN	Williams-Renault, 1.37,139 min	16
15	Jean-Eric Vergne, F	ToroRosso-Ferrari, 1.37,199 min	18
16	Valtteri Bottas, FIN	Williams-Renault, 1.37,769 min	17
17	Esteban Gutierrez, MEX	Sauber-Ferrari, 1.37,990 min	12
18	Jules Bianchi, F	Marussia-Cosworth, 1.38,780 min	22
19	Max Chilton, GB	Marussia-Cosworth, 1.39,537 min	23
20	Charles Pic, F	Caterham-Renault, 1.39,614 min	20
21	Giedo van der Garde, NL	Caterham-Renault, 1.39,660 min	21
22	Mark Webber, AUS[1]	Red Bull-Renault, keine Zeit	2

[1] Start aus der Boxengasse

● Startnummer

Topspeed Qualifikation:
320,9 km/h (Rosberg)

(Topspeed Qualifikation: **319,8 km/h (Rosberg)**)

Topspeed Qualifikation: **319,8 km/h (Rosberg)**

Topspeed Rennen: **320,9 km/h (Ricciardo)**

Speed schnellste Kurve: **245,2 km/h (7)***

Speed langsamste Kurve: **58,0 km/h (14)***

Gangwechsel pro Runde: **50**

SafetyCar: **-**

Vollastanteil: **56% (17 s = 1300 m)**

Spritverbrauch pro Runde: **3,4 Liter**

Führungswechsel: **9**

Boxenstrategie Sieger: **3 (6/23/41)**

Gripniveau Asphalt: **mittel**

Abtriebslevel: **mittel-hoch (7 von 10)**

Bremsenverschleiß: **niedrig**

Reifenverschleiß: **hoch**

* in Klammern: Nummer Kurve

RENN-ERGEBNIS

	Fahrer	Runden	Zeit/Rückstand	Reifen[1]	Boxenstopps	Schnellste Runde
1.	**Alonso**	56/31[2]	1:36.26,945 min	s/m/m/m	3 (1.01,252 min)	1.39,506 min
2.	**Räikkönen**	56	+ 10,168 s	s/m/m/m	3 (1.01,976 min)	1.39,955 min
3.	**Hamilton**	56/4	+ 12,322 s	s/m/m/m	3 (1.00,563 min)	1.39,981 min
4.	**Vettel**	56/6	+ 12,525 s	m/m/m/s	3 (59,598 s)	1.36,808 min
5.	**Button**	56/6	+ 35,285 s	m/m/s	2 (39,760 s)	1.38,058 min
6.	**Massa**	56/1	+ 40,827 s	s/m/m/m	3 (1.00,229 min)	1.40,284 min
7.	**Ricciardo**	56	+ 42,691 s	s/m/m/m	3 (1.05,611 min)	1.40,240 min
8.	**di Resta**	56	+ 51,084 s	m/m/m/s	3 (1.00,749 min)	1.40,101 min
9.	**Grosjean**	56	+ 53,423 s	s/m/m/m	3 (1.00,478 min)	1.40,563 min
10.	**Hülkenberg**	56/8	+ 56,598 s	m/m/s/m	3 (1.03,122 min)	1.40,630 min
11.	**Perez**	56	+ 1.03,860 min	m/m/s	2 (40,222 s)	1.41,281 min
12.	**Vergne**	56	+ 1.12,604 min	m/m/s/m	3 (1.01,928 min)	1.40,138 min
13.	**Bottas**	56	+ 1.33,861 min	m/m/m/s	3 (1.00,749 min)	1.38,200 min
14.	**Maldonado**	56	+ 1.35,453 min	s/m/m/m	3 (1.03,293 min)	1.40,968 min
15.	**Bianchi**	55		s/m/m/m	3 (1.06,556 min)	1.41,537 min
16.	**Pic**	55		s/m/m/m	3 (1.04,742 min)	1.41,997 min
17.	**Chilton**	55		s/m/m/m	3 (1.11,305 min)	1.41,978 min
18.	**van der Garde**	55		s/m/m/m	3 (1.02,715 min)	1.42,357 min
19.	**Rosberg**	21	Stabilisator (P 15)	s/m/m/m		1.43,378 min
20.	**Webber**	15	Rad lose (P 10)	s/m/m		1.43,416 min
21.	**Sutil**	5	Unfall (P 14)	s		1.44,257 min
22.	**Gutierrez**	4	Unfall (P 11)	m		1.44,775 min

[1] Reifenfolge: ss=supersoft, s=soft, m=medium, h=hart, R=Regenreifen, I=Intermediate, DT=Durchfahrtstrafe, SG=Stop/Go-Strafe

[2] Runden in Führung, Bestwerte in Rot

FAHRER-WM

1. Vettel	1*	52 Punkte
2. Räikkönen	1	49 Punkte
3. Alonso	1	43 Punkte
4. Hamilton		40 Punkte
5. Massa		30 Punkte
6. Webber		26 Punkte
7. Rosberg		12 Punkte
8. Button		12 Punkte
9. Grosjean		11 Punkte
10. di Resta		8 Punkte
11. Ricciardo		6 Punkte
12. Sutil		6 Punkte
13. Hülkenberg		5 Punkte
14. Perez		2 Punkte
15. Vergne		1 Punkt

* Anzahl Siege

TRAININGSDUELLE

Button–Perez	3:0
Alonso–Massa	1:2
Hamilton–Rosberg	3:0
Vettel–Webber	3:0
Räikkönen–Grosjean	3:0
Maldonado–Bottas	2:1
Hülkenberg–Gutierrez	3:0
Ricciardo–Vergne	2:1
Sutil–di Resta	1:2
Bianchi–Chilton	3:0
Pic–van der Garde	2:1

KONSTRUKTEURS-WM

1. Red Bull-Renault	1*	78 Punkte
2. Ferrari	1	73 Punkte
3. Lotus-Renault	1	60 Punkte
4. Mercedes		52 Punkte
5. McLaren-Mercedes		14 Punkte
6. Force India-Mercedes		14 Punkte
7. ToroRosso-Ferrari		7 Punkte
8. Sauber-Ferrari		5 Punkte

FÜHRUNGSRUNDEN

1-4	Hamilton
5	Alonso
6	Massa
7-14	Hülkenberg
15-20	Button
21-23	Alonso
24-28	Vettel
29-41	Alonso
42	Vettel
43-56	Alonso

GP BAHRAIN:

4. VON 19 LÄUFEN

Streckenlänge: **5,412 km**
Runden: **57**
Distanz: **308,238 km**
Zuschauer: **12 000**
Lufttemperatur: **29 Grad**
Asphalttemperatur: **42 Grad**

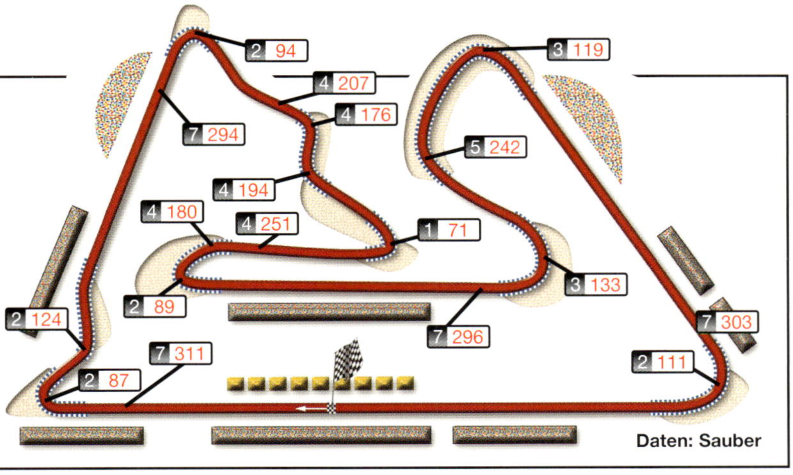

Daten: Sauber

STARTAUFSTELLUNG

Pos.	Fahrer	Team, Zeit	Startnummer
1	Nico Rosberg, D	Mercedes, 1.32,330 min	9
2	Sebastian Vettel, D	Red Bull-Renault, 1.32,584 min	1
3	Fernando Alonso, E	Ferrari, 1.32,667 min	3
4	Felipe Massa, BR	Ferrari, 1.33,207 min	4
5	Paul di Resta, GB	Force India-Mercedes, 1.33,235 min	14
6	Adrian Sutil, D	Force India-Mercedes, 1.33,246 min	15
7	Mark Webber, AUS[1]	Red Bull-Renault, 1.33,078 min	2
8	Kimi Räikkönen, FIN	Lotus-Renault, 1.33,327 min	7
9	Lewis Hamilton, GB[2]	Mercedes, 1.32,762 min	10
10	Jenson Button, GB	McLaren-Mercedes, keine Zeit	5
11	Romain Grosjean, F	Lotus-Renault, 1.33,762 min	8
12	Sergio Perez, MEX	McLaren-Mercedes, 1.33,914 min	6
13	Daniel Ricciardo, AUS	ToroRosso-Ferrari, 1.33,974 min	19
14	Nico Hülkenberg, D	Sauber-Ferrari, 1.33,976 min	11
15	Valtteri Bottas, FIN	Williams-Renault, 1.34,105 min	17
16	Jean-Eric Vergne, F	ToroRosso-Ferrari, 1.34,284 min	18
17	Pastor Maldonado, VEN	Williams-Renault, 1.34,425 min	16
18	Charles Pic, F	Caterham-Renault, 1.35,283 min	20
19	Jules Bianchi, F	Marussia-Cosworth, 1.36,178 min	22
20	Giedo van der Garde, NL	Caterham-Renault, 1.36,304 min	21
21	Max Chilton, GB	Marussia-Cosworth, 1.36,476 min	23
22	Esteban Gutierrez, MEX[3]	Sauber-Ferrari, 1.34,730 min	12

[1] drei Plätze zurück wegen Unfall mit Vergne beim GP China
[2] fünf Plätze zurück wegen Getriebewechsels
[3] fünf Plätze zurück wegen Unfall mit Sutil beim GP China
● Startnummer

Topspeed Qualifikation:
314,2 km/h (di Resta)
Topspeed Rennen:
314,2 km/h (Massa)
Speed schnellste Kurve:
235,9 km/h (12)*
Speed langsamste Kurve:
60,4 km/h (1)*
Gangwechsel pro Runde: **54**

SafetyCar: **-**
Vollastanteil: **63% (14 s = 1050 m)**
Spritverbrauch pro Runde: **3,5 Liter**
Führungswechsel: **4**
Boxenstrategie Sieger: **3 (10/25/42)**
Gripniveau Asphalt: **mittel**
Abtriebslevel: **mittel (7 von 10)**
Bremsenverschleiß: **sehr hoch**
Reifenverschleiß: **mittel-hoch**

* in Klammern: Nummer Kurve

RENN-ERGEBNIS

	Fahrer	Runden	Zeit/Rückstand	Reifen[1]	Boxenstopps	Schnellste Runde
1.	**Vettel**	57/51[2]	1:36.00,498 min	m/h/h/h	3 (1.04,856 min)	1.36,961 min
2.	**Räikkönen**	57/1	+ 9,111 s	m/h/h	2 (44,438 s)	1.38,164 min
3.	**Grosjean**	57	+ 19,507 s	h/h/m/m	3 (1.07,769 min)	1.37,627 min
4.	**di Resta**	57/3	+ 21,727 s	m/h/h	2 (44,484 s)	1.38,336 min
5.	**Hamilton**	57	+ 35,230 s	m/m/h/h	3 (1.05,116 min)	1.38,204 min
6.	**Perez**	57	+ 35,998 s	m/h/h/h	3 (1.03,951 min)	1.37,913 min
7.	**Webber**	57	+ 37,244 s	m/h/h/h	3 (1.04,050 min)	1.38,557 min
8.	**Alonso**	57	+ 37,574 s	m/h/h/h/h	4 (1.26,803 min)	1.37,204 min
9.	**Rosberg**	57/2	+ 41,126 s	m/h/h/m/m	4 (1.26,018 min)	1.37,588 min
10.	**Button**	57	+ 46,631 s	m/h/h/h/m	4 (1.27,913 min)	1.37,743 min
11.	**Maldonado**	57	+ 1.06,450 min	m/h/h/h	3 (1.07,459 min)	1.38,962 min
12.	**Hülkenberg**	57	+ 1.12,933 min	h/h/m/m	3 (1.06,870 min)	1.38,770 min
13.	**Sutil**	57	+ 1.16,719 min	m/h/h/m	3 (1.11,040 min)	1.37,070 min
14.	**Bottas**	57	+ 1.21,511 min	h/h/h/m	3 (1.14,974 min)	1.38,192 min
15.	**Massa**	57	+ 1.26,364 min	h/h/m/h/m	4 (1.32,713 min)	1.38,839 min
16.	**Ricciardo**	56		m/h/h/h	3 (1.07,180 min)	1.39,579 min
17.	**Pic**	56		m/h/h/h	3 (1.08,751 min)	1.39,546 min
18.	**Gutierrez**	56		h/h/h/m/m	4 (1.34,783 min)	1.38,202 min
19.	**Bianchi**	56		m/h/h/h/m	4 (1.34,400 min)	1.38,756 min
20.	**Chilton**	56		m/h/h/h/m	4 (1.35,442 min)	1.39,279 min
21.	**van der Garde**	55		m/h/m/h/m/h	5 (1.59,301 min)	1.39,334 min
22.	**Vergne**	16	Überhitzung (P 22)	h/h		1.43,107 min

[1] Reifenfolge: ss=supersoft, s=soft, m=medium, h=hart, R=Regenreifen, I=Intermediate, DT=Durchfahrtstrafe, SG=Stop/Go-Strafe
[2] Runden in Führung, Bestwerte in Rot

FAHRER-WM

1. Vettel	2*	77 Punkte
2. Räikkönen	1	67 Punkte
3. Hamilton		50 Punkte
4. Alonso	1	47 Punkte
5. Webber		32 Punkte
6. Massa		30 Punkte
7. Grosjean		26 Punkte
8. di Resta		20 Punkte
9. Rosberg		14 Punkte
10. Button		13 Punkte
11. Perez		10 Punkte
12. Sutil		6 Punkte
13. Ricciardo		6 Punkte
14. Hülkenberg		5 Punkte
15. Vergne		1 Punkt

* Anzahl Siege

TRAININGSDUELLE

Button–Perez	4:0
Alonso–Massa	2:2
Hamilton–Rosberg	3:1
Vettel–Webber	4:0
Räikkönen–Grosjean	4:0
Maldonado–Bottas	2:2
Hülkenberg–Gutierrez	4:0
Ricciardo–Vergne	3:1
Sutil–di Resta	1:3
Bianchi–Chilton	4:0
Pic–van der Garde	3:1

KONSTRUKTEURS-WM

1. Red Bull-Renault	2*	109 Punkte
2. Lotus-Renault	1	93 Punkte
3. Ferrari	1	77 Punkte
4. Mercedes		64 Punkte
5. Force India-Mercedes		26 Punkte
6. McLaren-Mercedes		23 Punkte
7. ToroRosso-Ferrari		7 Punkte
8. Sauber-Ferrari		5 Punkte

FÜHRUNGSRUNDEN

1-2	Rosberg
3-10	Vettel
11-13	di Resta
14	Räikkönen
15-57	Vettel

GP SPANIEN:

5. VON 19 LÄUFEN

Streckenlänge: **4,655 km**
Runden: **66**
Distanz: **307,104 km**
Zuschauer: **95 000**
Lufttemperatur: **20 Grad**
Asphalttemperatur: **37 Grad**

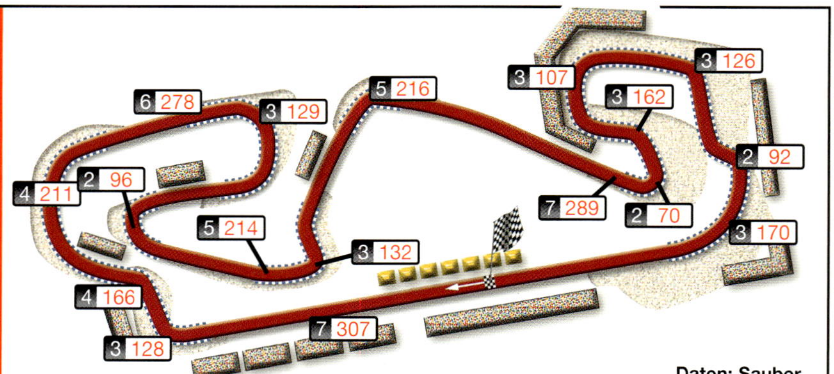

Daten: Sauber

STARTAUFSTELLUNG

Pos.	Fahrer	Team, Zeit	Startnummer
1	Nico Rosberg, D	Mercedes, 1.20,718 min	9
2	Lewis Hamilton, GB	Mercedes, 1.20,972 min	10
3	Sebastian Vettel, D	Red Bull-Renault, 1.21,054	1
4	Kimi Räikkönen, FIN	Lotus-Renault, 1.21,177 min	7
5	Fernando Alonso, E	Ferrari, 1.21,218 min	3
6	Romain Grosjean, F	Lotus-Renault, 1.21,308 min	8
7	Mark Webber, AUS	Red Bull-Renault, 1.21,570	2
8	Sergio Pérez, MEX	McLaren-Mercedes, 1.22,069 min	6
9	Felipe Massa, BR[1]	Ferrari, 1.21,219 min	4
10	Paul di Resta, GB	Force India-Mercedes, 1.22,233 min	14
11	Daniel Ricciardo, AUS	ToroRosso-Ferrari, 1.22,127 min	19
12	Jean-Eric Vergne, F	ToroRosso-Ferrari, 1.22,166 min	18
13	Adrian Sutil, D	Force India-Mercedes, 1.22,346 min	15
14	Jenson Button, GB	McLaren-Mercedes, 1.22,355 min	5
15	Nico Hülkenberg, D	Sauber-Ferrari, 1.22,389 min	11
16	Valtteri Bottas, FIN	Williams-Renault, 1.23,260 min	17
17	Pastor Maldonado, VEN	Williams-Renault, 1.23,318 min	16
18	Giedo van der Garde, NL	Caterham-Renault, 1.24,661 min	21
19	Esteban Gutierrez, MEX[2]	Sauber-Ferrari, 1.22,793 min	12
20	Jules Bianchi, F	Marussia-Cosworth, 1.24,713 min	22
21	Max Chilton, GB	Marussia-Cosworth, 1.24,996 min	23
22	Charles Pic, F	Caterham-Renault, 1.25,070 min	20

[1] drei Plätze zurück wegen Behinderung von Webber;
[2] drei Plätze zurück wegen Behinderung von Räikkönen
● Startnummer

Topspeed Qualifikation:
318,5 km/h (Alonso)
Topspeed Rennen:
318,8 km/h (Alonso)
Speed schnellste Kurve:
218,1 km/h (9)*
Speed langsamste Kurve:
69,9 km/h (10)*
Gangwechsel pro Runde: **42**

SafetyCar: **-**
Volllastanteil: **69% (16 s = 1160 m)**
Spritverbrauch pro Runde: **3,0 Liter**
Führungswechsel: **7**
Boxenstrategie Sieger: **4 (9/21/36/49)**
Gripniveau Asphalt: **mittel**
Abtriebslevel: **hoch (8 von 10)**
Bremsenverschleiß: **mittel**
Reifenverschleiß: **mittel-hoch**

* in Klammern: Nummer Kurve

RENN-ERGEBNIS

	Fahrer	Runden	Zeit/Rückstand	Reifen[1]	Boxenstopps	Schnellste Runde
1.	**Alonso**	66/48[2]	1:39.16,596 min	m/h/h/m/h	4 (1.16,851 min)	1.26,681 min
2.	**Räikkönen**	66/4	+ 9,338 s	m/m/m/h	3 (59,905 s)	1.26,757 min
3.	**Massa**	66	+ 26,049 s	m/h/h/m/h	4 (1.17,190 min)	1.26,394 min
4.	**Vettel**	66/2	+ 38,273 s	m/h/h/m/h	4 (1.15,559 min)	1.27,036 min
5.	**Webber**	66	+ 47,963 s	m/h/h/m/h	4 (1.16,920 min)	1.27,017 min
6.	**Rosberg**	66/10	+ 1.08,020 min	m/h/h/h	3 (58,798 s)	1.27,591 min
7.	**di Resta**	66	+ 1.08,988 min	m/h/m/m/h	4 (1.19,710 min)	1.26,776 min
8.	**Button**	66	+ 1.19,506 min	m/h/h/h	3 (57,296 s)	1.27,957 min
9.	**Pérez**	66	+ 1.21,738 min	m/h/h/m/h	4 (1.19,687 min)	1.27,251 min
10.	**Ricciardo**	65		m/h/m/h/h	4 (1.19,250 min)	1.28,083 min
11.	**Gutierrez**	65/2		m/m/h/m/h	4 (1.21,538 min)	1.26,217 min
12.	**Hamilton**	65		m/h/h/m/h	4 (1.21,307 min)	1.27,895 min
13.	**Sutil**	65		m/m/h/h/m	4 (2.16,854 min)	1.26,564 min
14.	**Maldonado**	65		m/h/DT/m/h/m	5 (1.37,133 min)	1.27,849 min
15.	**Hülkenberg**	65		m/m/h/h/SG/m	6 (2.15,005 min)	1.26,586 min
16.	**Bottas**	65		m/h/h/m	3 (1.01,612 min)	1.29,747 min
17.	**Pic**	65		h/m/h/h	3 (1.02,806 min)	1.29,362 min
18.	**Bianchi**	64		h/h/h/m/h	4 (1.30,384 min)	1.28,884 min
19.	**Chilton**	64		h/h/m/h	3 (1.08,216 min)	1.28,011 min
20.	**Vergne**	52	Unterbodenschaden (P 18)	m/h/m/h/m		1.28,231 min
21.	**van der Garde**	21	Radverlust (P 21)	m/h/h		1.30,597 min
22.	**Grosjean**	8	Aufhängung (P 22)	m		1.31,136 min

[1] Reifenfolge: ss=supersoft, s=soft, m=medium, h=hart, R=Regenreifen, I=Intermediate, DT=Durchfahrtstrafe, SG=Stop/Go-Strafe
[2] Runden in Führung, Bestwerte in Rot

FAHRER-WM

1. Vettel	2*	89 Punkte
2. Räikkönen	1	85 Punkte
3. Alonso	2	72 Punkte
4. Hamilton		50 Punkte
5. Massa		45 Punkte
6. Webber		42 Punkte
7. Grosjean		26 Punkte
8. di Resta		26 Punkte
9. Rosberg		22 Punkte
10. Button		17 Punkte
11. Pérez		12 Punkte
12. Ricciardo		7 Punkte
13. Sutil		6 Punkte
14. Hülkenberg		5 Punkte
15. Vergne		1 Punkt

* Anzahl Siege

TRAININGSDUELLE

Button–Pérez	4:1
Alonso–Massa	3:2
Hamilton–Rosberg	3:2
Vettel–Webber	5:0
Räikkönen–Grosjean	5:0
Maldonado–Bottas	2:3
Hülkenberg–Gutierrez	5:0
Ricciardo–Vergne	4:1
Sutil–di Resta	1:4
Bianchi–Chilton	5:0
Pic–van der Garde	3:2

KONSTRUKTEURS-WM

1. Red Bull-Renault	2*	131 Punkte
2. Ferrari	2	117 Punkte
3. Lotus-Renault	1	111 Punkte
4. Mercedes		72 Punkte
5. Force India-Mercedes		32 Punkte
6. McLaren-Mercedes		29 Punkte
7. ToroRosso-Ferrari		8 Punkte
8. Sauber-Ferrari		5 Punkte

FÜHRUNGSRUNDEN

1-10	Rosberg
11-12	Gutierrez
13-21	Alonso
22-23	Vettel
24-25	Räikkönen
26-36	Alonso
37-38	Räikkönen
39-66	Alonso

GP MONACO:

6. VON 19 LÄUFEN

Streckenlänge: **3,340 km**
Runden: **78**
Distanz: **260,520 km**
Zuschauer: **70 000**
Lufttemperatur: **19 Grad**
Asphalttemperatur: **43 Grad**

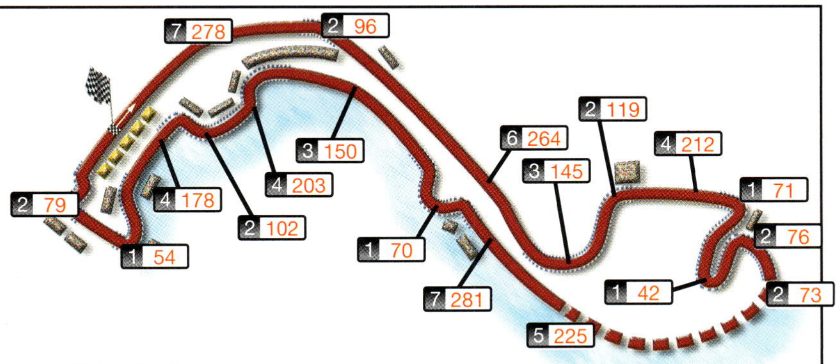

Daten: Sauber

STARTAUFSTELLUNG

Pos.	Fahrer	Startnummer
1	Nico Rosberg, D Mercedes, 1.13,876 min	9
2	Lewis Hamilton, GB Mercedes, 1.13,967 min	10
3	Sebastian Vettel, D Red Bull-Renault, 1.13,980	1
4	Mark Webber, AUS Red Bull-Renault, 1.14,181 min	2
5	Kimi Räikkönen, FIN Lotus-Renault, 1.14,822 min	7
6	Fernando Alonso, E Ferrari, 1.14,824 min	3
7	Sergio Pérez, MEX McLaren-Mercedes, 1.15,138	6
8	Adrian Sutil, D Force India-Mercedes, 1.15,383 min	15
9	Jenson Button, GB McLaren-Mercedes, 1.15,647 min	5
10	Jean-Eric Vergne, F ToroRosso-Ferrari, 1.15,703 min	18
11	Nico Hülkenberg, D Sauber-Ferrari, 1.18,331 min	11
12	Daniel Ricciardo, AUS ToroRosso-Ferrari, 1.18,344 min	19
13	Romain Grosjean, F Lotus-Renault, 1.18,603 min	8
14	Valtteri Bottas, FIN Williams-Renault, 1.19,077 min	17
15	Giedo van der Garde, NL Caterham-Renault, 1.19,408 min	21
16	Pastor Maldonado, VEN Williams-Renault, 1.21,688 min	16
17	Paul di Resta, GB Force India-Mercedes, 1.26,322 min	14
18	Charles Pic, F Caterham-Renault, 1.26,633 min	20
19	Esteban Gutierrez, MEX Sauber-Ferrari, 1.26,917 min	12
20	Jules Bianchi, F Marussia-Cosworth, keine Zeit	22
21	Felipe Massa, BR[1] Ferrari, keine Zeit	4
22	Max Chilton, GB[1] Marussia-Cosworth, 1.27,303 min	23

[1] drei Plätze zurück wegen Getriebewechsel
● Startnummer

Topspeed Qualifikation:
284,1 km/h (Webber)
Topspeed Rennen:
289,0 km/h (Button)
Speed schnellste Kurve:
225,3 km/h (9)*
Speed langsamste Kurve:
42,3 km/h (6)*
Gangwechsel pro Runde: **56**

SafetyCar: **3 für 14 Runden**
Vollastanteil: **42% (7,8 s = 500 m)**
Spritverbrauch pro Runde: **2,1 Liter**
Führungswechsel: **0**
Boxenstrategie Sieger: **2 (31/47)**
Gripniveau Asphalt: **hoch**
Abtriebslevel: **hoch (10 von 10)**
Bremsenverschleiß: **hoch**
Reifenverschleiß: **mittel**

* in Klammern: Nummer Kurve

RENN-ERGEBNIS

	Fahrer	Runden	Zeit/Rückstand	Reifen[1]	Boxenstopps	Schnellste Runde
1.	**Rosberg**	78/78[2]	2:17.52,056 min	ss/s/ss	1 (25,200 s)	1.18,327 min
2.	**Vettel**	78	+ 3,888 s	ss/s/ss	1 (24,375 s)	1.16,577 min
3.	**Webber**	78	+ 6,314 s	ss/s/ss	1 (24,316 s)	1.18,262 min
4.	**Hamilton**	78	+ 13,894 s	ss/s/ss	1 (24,801 s)	1.18,133 min
5.	**Sutil**	78	+ 21,477 s	ss/s/ss	1 (25,274 s)	1.18,292 min
6.	**Button**	78	+ 23,103 s	ss/s/ss	1 (24,585 s)	1.18,720 min
7.	**Alonso**	78	+ 26,734 s	ss/s/ss	1 (24,489 s)	1.19,340 min
8.	**Vergne**	78	+ 27,223 s	ss/s/ss	1 (24,827 s)	1.19,151 min
9.	**di Resta**	78	+ 27,608 s	ss/s/ss	1 (25,643 s)	1.19,215 min
10.	**Räikkönen**	78	+ 36,582 s	ss/s/s/ss	2 (49,545 s)	1.17,392 min
11.	**Hülkenberg**	78	+ 42,572 s	ss/s/s	1 (24,974 s)	1.19,853 min
12.	**Bottas**	78	+ 42,691 s	ss/s/ss	1 (29,063 s)	1.20,921 min
13.	**Gutierrez**	78	+ 43,212 s	s/ss/ss/ss	2 (51,290 s)	1.18,685 min
14.	**Chilton**	78	+ 49,885 s	ss/s/s/DT/ss	3 (1.11,088 min)	1.19,016 min
15.	**van der Garde**	78	+ 1.02,590 min	ss/ss/s/s/s	3 (1.26,638 min)	1.20,494 min
16.	**Pérez**	72	Bremsen (P 6)	ss/s/ss	1 (24,672 s)	1.19,530 min
17.	**Grosjean**	63	Unfall (P 17)	s/ss/ss/ss		1.20,969 min
18.	**Ricciardo**	61	Unfall (P 13)	s/ss/ss		1.19,426 min
19.	**Bianchi**	58	Bremsen (P 19)	ss/s/s		1.20,617 min
20.	**Maldonado**	44	Unfall (P 18)	ss/ss/s		1.20,881 min
21.	**Massa**	28	Unfall (P 19)	s/ss		1.20,064 min
22.	**Pic**	7	Getriebe (P 16)	ss		1.22,772 min

[1] Reifenfolge: ss=supersoft, s=soft, m=medium, h=hart, R=Regenreifen, I=Intermediate, DT=Durchfahrtstrafe, SG=Stop/Go-Strafe
[2] Runden in Führung, Bestwerte in Rot

FAHRER-WM

1. Vettel	2*	107 Punkte
2. Räikkönen	1	86 Punkte
3. Alonso	2	78 Punkte
4. Hamilton		62 Punkte
5. Webber		57 Punkte
6. Rosberg	1	47 Punkte
7. Massa		45 Punkte
8. di Resta		28 Punkte
9. Grosjean		26 Punkte
10. Button		25 Punkte
11. Sutil		16 Punkte
12. Pérez		12 Punkte
13. Ricciardo		7 Punkte
14. Hülkenberg		5 Punkte
15. Vergne		5 Punkte

* Anzahl Siege

TRAININGSDUELLE

Button–Pérez	4:2
Alonso–Massa	4:2
Hamilton–Rosberg	3:3
Vettel–Webber	6:0
Räikkönen–Grosjean	6:0
Maldonado–Bottas	2:4
Hülkenberg–Gutierrez	6:0
Ricciardo–Vergne	4:2
Sutil–di Resta	2:4
Bianchi–Chilton	6:0
Pic–van der Garde	3:3

KONSTRUKTEURS-WM

1. Red Bull-Renault	2*	164 Punkte
2. Ferrari	2	123 Punkte
3. Lotus-Renault	1	112 Punkte
4. Mercedes	1	109 Punkte
5. Force India-Mercedes		44 Punkte
6. McLaren-Mercedes		37 Punkte
7. ToroRosso-Ferrari		12 Punkte
8. Sauber-Ferrari		5 Punkte

FÜHRUNGSRUNDEN

1-78 Rosberg

GP KANADA:

7. VON 19 LÄUFEN

Streckenlänge: **4,361 km**
Runden: **70**
Distanz: **305,270 km**
Zuschauer: **110 000**
Lufttemperatur: **23 Grad**
Asphalttemperatur: **33 Grad**

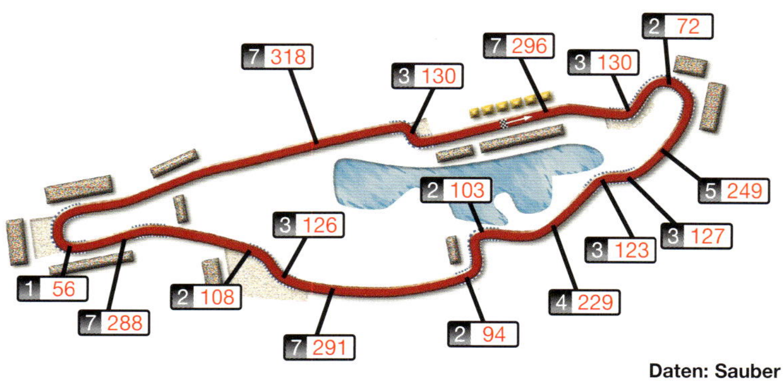

Daten: Sauber

STARTAUFSTELLUNG

1	Sebastian Vettel, D Red Bull-Renault, 1.25,425 min	1
2	Lewis Hamilton, GB Mercedes, 1.25,512 min	10
3	Valtteri Bottas, FIN Williams-Renault, 1.25,897 min	17
4	Nico Rosberg, D Mercedes, 1.26,008 min	9
5	Mark Webber, AUS Red Bull-Renault, 1.26,208 min	2
6	Fernando Alonso, E Ferrari, 1.26,504 min	3
7	Jean-Eric Vergne, F ToroRosso-Ferrari, 1.26,543 min	18
8	Adrian Sutil, D Force India-Mercedes, 1.27,348 min	15
9	Nico Hülkenberg, D Sauber-Ferrari, 1.29,435 min	11
10	Kimi Räikkönen, FIN[1] Lotus-Renault, 1.27,432 min	7
11	Daniel Ricciardo, AUS[1] ToroRosso-Ferrari, 1.27,946 min	19
12	Sergio Pérez, MEX McLaren-Mercedes, 1.29,761 min	6
13	Pastor Maldonado, VEN Williams-Renault, 1.29,917 min	16
14	Jenson Button, GB McLaren-Mercedes, 1.30,068 min	5
15	Esteban Gutierrez, MEX Sauber-Ferrari, 1.30,315 min	12
16	Felipe Massa, BR Ferrari, 1.30,354 min	4
17	Paul di Resta, GB Force India-Mercedes, 1.24,908 min	14
18	Charles Pic, F Caterham-Renault, 1.25,626 min	20
19	Jules Bianchi, F Marussia-Cosworth, 1.26,508 min	22
20	Max Chilton, GB Marussia-Cosworth, 1.27,062 min	23
21	Giedo van der Garde, NL Caterham-Renault, 1.27,110 min	21
22	Romain Grosjean, F[2] Lotus-Renault, 1.25,716 min	8

[1] zwei Plätze zurück wegen Überholens in der Boxengasse
[2] zehn Plätze zurück wegen Kollision mit Ricciardo in Monte Carlo
● Startnummer

Topspeed Qualifikation:
322,2 km/h (Perez)
Topspeed Rennen:
321,6 km/h (Hülkenberg)
Speed schnellste Kurve:
215,9 km/h (5)*
Speed langsamste Kurve:
54,0 km/h (10)*
Gangwechsel pro Runde: **54**

SafetyCar: **-**
Volllastanteil: **49% (14 s = 1020 m)**
Spritverbrauch pro Runde: **3,0 Liter**
Führungswechsel: **2**
Boxenstrategie Sieger: **2 (16/49)**
Gripniveau Asphalt: **mittel**
Abtriebslevel: **mittel (5 von 10)**
Bremsenverschleiß: **sehr hoch**
Reifenverschleiß: **mittel**

* in Klammern: Nummer Kurve

RENN-ERGEBNIS

	Fahrer	Runden	Zeit/Rückstand	Reifen[1]	Boxenstopps	Schnellste Runde
1.	Vettel	70/67[2]	1:32.09,143 min	ss/m/m	2 (41,733 s)	1.16,561 min
2.	Alonso	70	+ 14,408 s	ss/m/m	2 (41,148 s)	1.16,203 min
3.	Hamilton	70/3	+15,942 s	ss/m/m	2 (41,535 s)	1.16,354 min
4.	Webber	70	+ 25,731 s	ss/m/m	2 (43,425 s)	1.16,182 min
5.	Rosberg	70	+ 1.09,725 min	ss/ ss/m/m	3 (1.03,416 min)	1.16,534 min
6.	Vergne	69		ss/m/ss	2 (42,639 s)	1.17,909 min
7.	di Resta	69		m/ss	1 (21,066 s)	1.17,841 min
8.	Massa	69		ss/ss/m	2 (20,372 s)	1.16,939 min
9.	Räikkönen	69		ss/m	1 (25,182 s)	1.17,766 min
10.	Sutil	69		ss/m/m/DT	3 (58,278 s)	1.17,694 min
11.	Perez	69		ss/m/m	2 (41,232 s)	1.17,369 min
12.	Button	69		ss/m	1 (20,212 s)	1.17,458 min
13.	Grosjean	69		m/ss/m	2 (42,433 s)	1.17,607 min
14.	Bottas	69		ss/m/m	2 (46,660 s)	1.18,004 min
15.	Ricciardo	68		ss/m/m	2 (42,538 s	1.18,257 min
16.	Maldonado	68		ss/m/DT/m	3 (1.00,640 min)	1.18,105 min
17.	Bianchi	68		m/ss	1 (21,378 s)	1.18,873 min
18.	Pic	67		ss/m/m	2 (44,217 s)	1.19,380 min
19.	Chilton	67		m/ss	1 (21,374 s)	1.19,566 min
20.	Gutierrez	63	Unfall (P 16)	ss/m/ss	2 (43,541 s)	1.19,478 min
21.	Hülkenberg	45	Reifenschaden (P 14)	ss/m/m		1.19,056 min
22.	van der Garde	43	Frontflügel (P 22)	ss/m/m/SG/m		1.21,811 min

[1] Reifenfolge: ss=supersoft, s=soft, m=medium, h=hart, R=Regenreifen, I=Intermediate, DT=Durchfahrtsstrafe, SG=Stop/Go-Strafe
[2] Runden in Führung, Bestwerte in Rot

FAHRER-WM

1. Vettel	3*	132 Punkte
2. Alonso	2	96 Punkte
3. Räikkönen	1	88 Punkte
4. Hamilton		77 Punkte
5. Webber		69 Punkte
6. Rosberg	1	57 Punkte
7. Massa		49 Punkte
8. di Resta		34 Punkte
9. Grosjean		26 Punkte
10. Button		25 Punkte
11. Sutil		17 Punkte
12. Vergne		13 Punkte
13. Perez		12 Punkte
14. Ricciardo		7 Punkte
15. Hülkenberg		5 Punkte

* Anzahl Siege

TRAININGSDUELLE

Button–Pérez	4:3
Alonso–Massa	5:2
Hamilton–Rosberg	4:3
Vettel–Webber	7:0
Räikkönen–Grosjean	7:0
Maldonado–Bottas	2:5
Hülkenberg–Gutierrez	7:0
Ricciardo–Vergne	4:3
Sutil–di Resta	3:4
Bianchi–Chilton	7:0
Pic–van der Garde	4:3

KONSTRUKTEURS-WM

1. Red Bull-Renault	3*	201 Punkte
2. Ferrari	2	145 Punkte
3. Mercedes	1	134 Punkte
4. Lotus-Renault	1	114 Punkte
5. Force India-Mercedes		51 Punkte
6. McLaren-Mercedes		37 Punkte
7. ToroRosso-Ferrari		20 Punkte
8. Sauber-Ferrari		5 Punkte

FÜHRUNGSRUNDEN

1-15	Vettel
16-18	Hamilton
19-70	Vettel

GP ENGLAND:

8. VON 19 LÄUFEN

Streckenlänge: **5,891 km**
Runden: **52**
Distanz: **306,198 km**
Zuschauer: **120 000**
Lufttemperatur: **21 Grad**
Asphalttemperatur: **33 Grad**

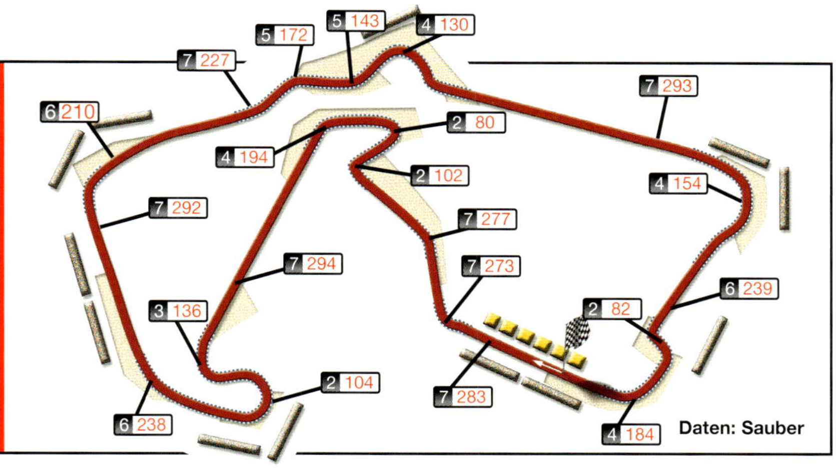

Daten: Sauber

STARTAUFSTELLUNG

Pos.	Fahrer	Startnummer
1	Lewis Hamilton, GB Mercedes, 1.29,607 min	9
2	Nico Rosberg, D Mercedes, 1.30,059 min	10
3	Sebastian Vettel, D Red Bull-Renault, 1.30,211	1
4	Mark Webber, AUS Red Bull-Renault, 1.30,220 min	2
5	Daniel Ricciardo, AUS ToroRosso-Ferrari, 1.30,757 min	7
6	Adrian Sutil, D Force India-Ferrari, 1.30,908 min	3
7	Romain Grosjean, F Lotus-Renault, 1.30,955	6
8	Kimi Räikkönen, FIN Lotus-Renault, 1.30,962 min	15
9	Fernando Alonso, E Ferrari, 1.30,979 min	5
10	Jenson Button, GB McLaren-Mercedes 1.31,649 min	18
11	Felipe Massa, BR Ferrari, 1.31,779 min	11
12	Jean-Eric Vergne, F ToroRosso-Ferrari, 1.31,785 min	19
13	Sergio Pérez, MEX McLaren-Mercedes, 1.32,082 min	8
14	Nico Hülkenberg, D Sauber-Ferrari, 1.32,211 min	17
15	Pastor Maldonado, VEN Williams-Renault, 1.32,359 min	21
16	Valtteri Bottas, FIN Williams-Renault, 1.32,664 min	16
17	Esteban Gutierrez, MEX Sauber-Ferrari, 1.32,666 min	14
18	Charles Pic, F Caterham-Renault, 1.33,866 min	20
19	Jules Bianchi, F Marussia-Cosworth, 1.34,108 min	12
20	Giedo van der Garde, NL Caterham-Renault, 1.35,481 min	22
21	Max Chilton, GB[1] Marussia-Cosworth, 1.35,858 min	4
22	Paul di Resta, GB[1] Force India-Ferrari, 1.30,736 min	23

[1] fünf Plätze zurück wegen Getriebewechsel
● Startnummer

Topspeed Qualifikation: **311,8 km/h (Massa)**
Topspeed Rennen: **311,9 km/h (Massa)**
Speed schnellste Kurve: **273,3 km/h (1)***
Speed langsamste Kurve: **79,7 km/h (4)***
Gangwechsel pro Runde: **48**

SafetyCar: **2 für 6+4 Runden**
Vollastanteil: **42% (14 s =10200 m)**
Spritverbrauch pro Runde: **3,2 Liter**
Führungswechsel: **2**
Boxenstrategie Sieger: **3 (12/34/42)**
Gripniveau Asphalt: **niedrig**
Abtriebslevel: **hoch (8 von 10)**
Bremsenverschleiß: **niedrig**
Reifenverschleiß: **mittel-hoch**

* in Klammern: Nummer Kurve

RENN-ERGEBNIS

	Fahrer	Runden	Zeit/Rückstand	Reifen[1]	Boxenstopps	Schnellste Runde
1.	**Rosberg**	52/12[2]	1:32.59,456 min	m/h/h/h	3 (1.15,319 min)	1.33,531 min
2.	**Webber**	52	+ 0,765 s	m/h/m/m	3 (1.20,702 min)	1.33,401 min
3.	**Alonso**	52	+ 7,124 s	m/h/h/m	3 (1.14,379 min)	1.34,090 min
4.	**Hamilton**	52/7	+ 7,756 s	m/h/h	2 (53,661 s)	1.34,159 min
5.	**Räikkönen**	52	+ 11,257 s	m/h/h	2 (49,420 s)	1.35,384 min
6.	**Massa**	52	+ 14,573 s	m/h/h/h/m	4 (1.49,162 min)	1.35,273 min
7.	**Sutil**	52	+ 16,335 s	m/m/h	2 (49,965 s)	1.35,961 min
8.	**Ricciardo**	52	+ 16,543 s	m/h/h	2 (55,675 s)	1.35,927 min
9.	**di Resta**	52	+ 17,943 s	h/m/m/h	3 (1.23,504 min)	1.35,330 min
10.	**Hülkenberg**	52	+ 19,709 s	h/h/m/m	3 (1.20,803 min)	1.36,013 min
11.	**Maldonado**	52	+ 21,135 s	m/m/h	2 (50,519 s)	1.35,907 min
12.	**Bottas**	52	+ 25,094 s	m/m/h	2 (1.02,082 min)	1.36,312 min
13.	**Button**	52	+ 25,969 s	h/m/m	2 (49,102 s)	1.36,356 min
14.	**Gutierrez**	52	+ 26,285 s	h/m/m/h/m	4 (1.48,349 min)	1.36,439 min
15.	**Pic**	52	+ 31,613 s	h/h/m	2 (52,562 s)	1.37,091 min
16.	**Bianchi**	52	+ 36,097 s	m/h/h	2 (51,656 s)	1.37,978 min
17.	**Chilton**	52	+ 1.07,660 min	m/h/h	2 (51,732 s)	1.39,156 min
18.	**van der Garde**	52	+ 1.07,759 min	h/h/m/m	3 (1.18,730 min)	1.38,722 min
19.	**Grosjean**	51	Aufgabe: Flügelbruch (P 19)	m/h/h/m	3 (1.15,387 min)	1.35,614 min
20.	**Pérez**	46	Reifenplatzer (P 18)	m/h/m		1.36,131 min
21.	**Vettel**	41/33	Getriebe (P 1)	m/h/h		1.35,018 min
22.	**Vergne**	35	Unterboden (P 17)	h/h/m		1.38,370 min

[1] Reifenfolge: ss=supersoft, s=soft, m=medium, h=hart, R=Regenreifen, I=Intermediate, DT=Durchfahrtstrafe,SG=Stop/Go-Strafe
[2] Runden in Führung, Bestwerte in Rot

FAHRER-WM

1.	Vettel	3*	132 Punkte
2.	Alonso	2	111 Punkte
3.	Räikkönen	1	98 Punkte
4.	Hamilton		89 Punkte
5.	Webber		87 Punkte
6.	Rosberg	2	82 Punkte
7.	Massa		57 Punkte
8.	di Resta		36 Punkte
9.	Grosjean		26 Punkte
10.	Button		25 Punkte
11.	Sutil		23 Punkte
12.	Vergne		13 Punkte
13.	Pérez		12 Punkte
14.	Ricciardo		11 Punkte
15.	Hülkenberg		6 Punkte

* Anzahl Siege

TRAININGSDUELLE

Button–Pérez	5:3
Alonso–Massa	6:2
Hamilton–Rosberg	5:3
Vettel–Webber	8:0
Räikkönen–Grosjean	7:1
Maldonado–Bottas	3:5
Hülkenberg–Gutierrez	8:0
Ricciardo–Vergne	5:3
Sutil–di Resta	4:4
Bianchi–Chilton	8:0
Pic–van der Garde	5:3

KONSTRUKTEURS-WM

1.	Red Bull-Renault	3*	219 Punkte
2.	Mercedes	2	171 Punkte
3.	Ferrari	2	168 Punkte
4.	Lotus-Renault	1	124 Punkte
5.	Force India-Mercedes		59 Punkte
6.	McLaren-Mercedes		37 Punkte
7.	ToroRosso-Ferrari		24 Punkte
8.	Sauber-Ferrari		6 Punkte

FÜHRUNGSRUNDEN

1-7	Hamilton
8-40	Vettel
41-52	Rosberg

GP DEUTSCHLAND

9. VON 19 LÄUFEN

Streckenlänge: **5,148 km**
Runden: **60**
Distanz: **308,623 km**
Zuschauer: **54 000**
Lufttemperatur: **25 Grad**
Asphalttemperatur: **44 Grad**

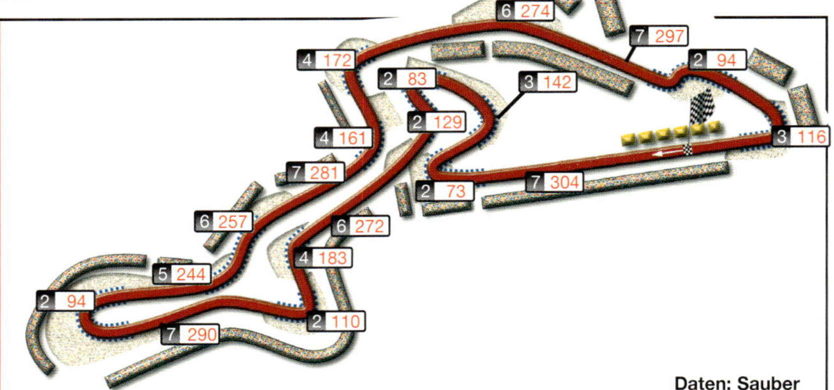

Daten: Sauber

STARTAUFSTELLUNG

	Fahrer	Startnummer
1	Lewis Hamilton, GB Mercedes, 1.29,398 min	10
2	Sebastian Vettel, D Red Bull-Renault, 1.29,501 min	1
3	Mark Webber, AUS Red Bull-Renault, 1.29,608 min	2
4	Kimi Räikkönen, FIN Lotus-Renault, 1.29,892 min	7
5	Romain Grosjean, F Lotus-Renault, 1.29,959 min	8
6	Daniel Ricciardo, AUS ToroRosso-Ferrari, 1.30,528 min	19
7	Felipe Massa, BR Ferrari, 1.31,126 min	4
8	Fernando Alonso, E Ferrari, 1.31,209 min	3
9	Jenson Button, GB McLaren-Mercedes, keine Zeit	5
10	Nico Hülkenberg, D Sauber-Ferrari, keine Zeit	11
11	Nico Rosberg, D Mercedes, 1.30,326 min	9
12	Paul di Resta, GB Force India-Mercedes, 1.30,697 min	14
13	Sergio Pérez, MEX McLaren-Mercedes, 1.30,933 min	6
14	Esteban Gutierrez, MEX Sauber-Ferrari, 1.31,010 min	12
15	Adrian Sutil, D Force India-Mercedes, 1.31,010 min	15
16	Jean-Eric Vergne, F ToroRosso-Ferrari, 1.31,104 min	18
17	Valtteri Bottas, FIN Williams-Renault, 1.31,693 min	17
18	Pastor Maldonado, VEN Williams-Renault, 1.31,707 min	16
19	Charles Pic, F Caterham-Renault, 1.32,937 min	20
20	Jules Bianchi, F Marussia-Cosworth, 1.33,063 min	22
21	Giedo van der Garde, NL Caterham-Renault, 1.33,734 min	21
22	Max Chilton, GB Marussia-Cosworth, 1.34,098 min	22

● Startnummer

Topspeed Qualifikation:
303,4 km/h (di Resta)
Topspeed Rennen:
308,3 km/h (Rosberg)
Speed schnellste Kurve:
255,9 km/h (9)*
Speed langsamste Kurve:
72,5 km/h (1)*
Gangwechsel pro Runde: **54**

SafetyCar: **1 für 5 Runden**
Volllastanteil: **59% (12,8 s = 790 m)**
Spritverbrauch pro Runde: **3,2 Liter**
Führungswechsel: **5**
Boxenstrategie Sieger: **3 (7/24/41)**
Gripniveau Asphalt: **mittel**
Abtriebslevel: **hoch (8 von 10)**
Bremsenverschleiß: **mittel**
Reifenverschleiß: **mittel**

* in Klammern: Nummer Kurve

RENN-ERGEBNIS

	Fahrer	Runden	Zeit/Rückstand	Reifen[1]	Boxenstopps	Schnellste Runde
1.	**Vettel**	60/44[2]	1:41.14,711 min	s/m/m/m	3 (58,136 s)	1.34,164 min
2.	**Räikkönen**	60/9	+ 1,008 s	s/m/m/s	3 (59,296 s)	1.33,767 min
3.	**Grosjean**	60/5	+ 5,830 s	s/m/m/m	3 (59,871 s)	1.34,576 min
4.	**Alonso**	60	+ 7,721 s	m/m/m/s	3 (59,214 s)	1.33,468 min
5.	**Hamilton**	60	+ 26,927 s	s/m/m/m	3 (58,124 s)	1.34,156 min
6.	**Button**	60	+ 27,996 s	m/m/s	2 (40,504 s)	1.34,201 min
7.	**Webber**	60/2	+ 37,562 s	s/m/m/m	3 (3.21,954 min)	1.34,782 min
8.	**Pérez**	60	+ 38,306 s	s/m/m	2 (40,865 s)	1.36,134 min
9.	**Rosberg**	60	+ 46,821 s	m/m/m/s	3 (1.01,581 min)	1.34,181 min
10.	**Hülkenberg**	60	+ 49,892 s	m/m/m/s	3 (1.02,147 min)	1.34,244 min
11.	**di Resta**	60	+ 53,771 s	s/m/m	2 (42,030 s)	1.36,566 min
12.	**Ricciardo**	60	+ 56,975 s	s/m/m/m	3 (59,994 s)	1.35,982 min
13.	**Sutil**	60	+ 57,738 s	s/m/m/m	3 (1.01,913 min)	1.35,816 min
14.	**Gutierrez**	60	+ 1.00,160 min	s/m/m/m	3 (1.00,845 min)	1.35,792 min
15.	**Maldonado**	60	+ 1.01,929 min	m/m/s	2 (56,527 s)	1.34,293 min
16.	**Bottas**	59		m/m/s	2 (1.19,491 min)	1.33,972 min
17.	**Pic**	59		s/m/m/m	3 (1.07,073 min)	1.37,584 min
18.	**van der Garde**	59		s/m/m/m	3 (1.03,419 min)	1.38,509 min
19.	**Chilton**	59		s/m/m/m/m	4 (1.22,679 min)	1.38,383 min
20.	**Vergne**	22	Hydraulik (P 16)	s/m		1.39,281 min
21.	**Bianchi**	21	Motor (P 18)	s/m/m		1.39,844 min
22.	**Massa**	3	Dreher (P 6)	m		1.38,890 min

[1] Reifenfolge: ss=supersoft, s=soft, m=medium, h=hart, R=Regenreifen, I=Intermediate, DT=Durchfahrtstrafe, SG=Stop/Go-Strafe
[2] Runden in Führung, Bestwerte in Rot

FAHRER-WM

1. Vettel	4*	157 Punkte
2. Alonso	2	123 Punkte
3. Räikkönen	1	116 Punkte
4. Hamilton		99 Punkte
5. Webber		93 Punkte
6. Rosberg	2	84 Punkte
7. Massa		57 Punkte
8. Grosjean		41 Punkte
9. di Resta		36 Punkte
10. Button		33 Punkte
11. Sutil		23 Punkte
12. Pérez		16 Punkte
13. Vergne		13 Punkte
14. Ricciardo		11 Punkte
15. Hülkenberg		7 Punkte

* Anzahl Siege

TRAININGSDUELLE

Button–Pérez	6:3
Alonso–Massa	6:3
Hamilton–Rosberg	6:3
Vettel–Webber	9:0
Räikkönen–Grosjean	8:1
Maldonado–Bottas	3:6
Hülkenberg–Gutierrez	9:0
Ricciardo–Vergne	6:3
Sutil–di Resta	4:5
Bianchi–Chilton	9:0
Pic–van der Garde	6:3

KONSTRUKTEURS-WM

1. Red Bull-Renault	4*	250 Punkte
2. Mercedes	2	183 Punkte
3. Ferrari	2	180 Punkte
4. Lotus-Renault	1	157 Punkte
5. Force India-Mercedes		59 Punkte
6. McLaren-Mercedes		49 Punkte
7. ToroRosso-Ferrari		24 Punkte
8. Sauber-Ferrari		7 Punkte

FÜHRUNGSRUNDEN

1-6	Vettel
7-8	Webber
9-13	Grosjean
14-40	Vettel
41-49	Räikkönen
50-60	Vettel

GP UNGARN:

10. VON 19 LÄUFEN

Streckenlänge: **4,381 km**
Runden: **70**
Distanz: **306,630 km**
Zuschauer: **99 000**
Lufttemperatur: **36 Grad**
Asphalttemperatur: **54 Grad**

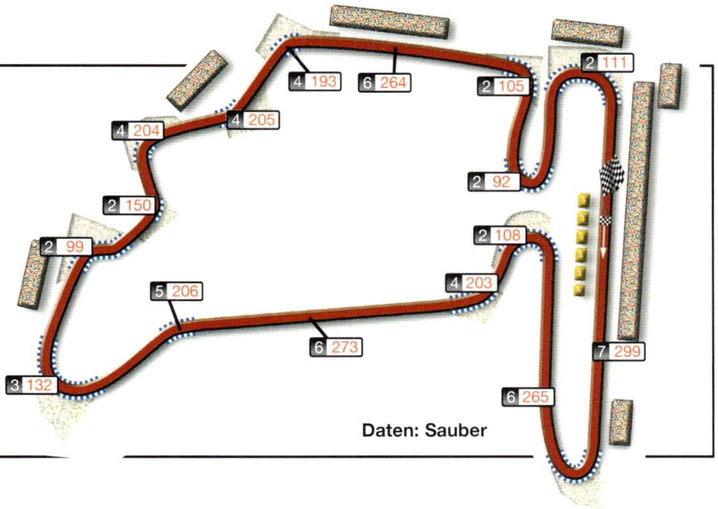

STARTAUFSTELLUNG

1	Lewis Hamilton, GB Mercedes, 1.19,388 min	10
2	Sebastian Vettel, D Red Bull-Renault, 1.19,426 min	1
3	Romain Grosjean, F Lotus-Renault, 1.19,595 min	8
4	Nico Rosberg, D Mercedes, 1.19,720 min	9
5	Fernando Alonso, E Ferrari, 1.19,791 min	3
6	Kimi Räikkönen, FIN Lotus-Renault, 1.19,851 min	7
7	Felipe Massa, BR Ferrari, 1.19,929 min	4
8	Daniel Ricciardo, AUS ToroRosso-Ferrari, 1.20,641 min	19
9	Sergio Pérez, MEX McLaren-Mercedes, 1.22,398 min	6
10	Mark Webber, AUS Sauber-Ferrari, keine Zeit	2
11	Adrian Sutil, D Force India-Mercedes, 1.20,569 min	15
12	Nico Hülkenberg, D Sauber-Ferrari, 1.20,580 min	11
13	Jenson Button, GB McLaren-Mercedes, 1.20,777 min	5
14	Jean-Eric Vergne, F ToroRosso-Ferrari, 1.21,029 min	18
15	Pastor Maldonado, VEN Williams-Renault, 1.21,133 min	16
16	Valtteri Bottas, FIN Williams-Renault, 1.21,219 min	17
17	Esteban Gutierrez, MEX Sauber-Ferrari, 1.21,724 min	12
18	Paul di Resta, GB Force India-Mercedes, 1.22,043 min	14
19	Charles Pic, F Caterham-Renault, 1.23,007 min	20
20	Giedo van der Garde, NL Caterham-Renault, 1.23,333 min	21
21	Jules Bianchi, F Marussia-Cosworth, 1.23,787 min	22
22	Max Chilton, GB Marussia-Cosworth, 1.23,997 min	23

● Startnummer

Topspeed Qualifikation:
301,0 km/h (Van der Garde)
Topspeed Rennen:
305,1 km/h (Rosberg)
Speed schnellste Kurve:
204,8 km/h (10)*
Speed langsamste Kurve:
85,0 km/h (1)*
Gangwechsel pro Runde: **50**

SafetyCar: **-**
Volllastanteil: **55% (11 s = 740 m)**
Spritverbrauch pro Runde: **1,9 Liter**
Führungswechsel: **8**
Boxenstrategie Sieger: **3 (9/31/50)**
Gripniveau Asphalt: **niedrig**
Abtriebslevel: **hoch (10 von 10)**
Bremsenverschleiß: **mittel**
Reifenverschleiß: **mittel**

* in Klammern: Nummer Kurve

RENN-ERGEBNIS

	Fahrer	Runden	Zeit/Rückstand	Reifen[1]	Boxenstopps	Schnellste Runde
1.	**Hamilton**	70/48[2]	1:42.29,445 min	s/m/m/m	3 (1.05,430 min)	1.24,647 min
2.	**Räikkönen**	70	+ 10,938 s	s/m/m	2 (43,804 s)	1.25,260 min
3.	**Vettel**	70/10	+ 12,459 s	s/m/m/m	3 (1.04,872 min	1.24,553 min
4.	**Webber**	70/9	+ 18,044 s	m/m/m/s	3 (1.06,133 min)	1.24,069 min
5.	**Alonso**	70	+ 31,411 s	s/m/m/m	3 (1.05,601 min)	1.25,394 min
6.	**Grosjean**	70/3	+ 32,295 s	s/m/m/DT/m	4 (1.23,225 min)	1.25,326 min
7.	**Button**	70	+ 53,819 s	m/s/m	2 (44,603 s)	1.26,195 min
8.	**Massa**	70	+ 56,447 s	s/m/m/m	3 (1.06,377 min)	1.25,176 min
9.	**Pérez**	69		m/s/m	2 (45,045 s)	1.26,143 min
10.	**Maldonado**	69		s/m/m/m	3 (1.08,779 min)	1.25,597 min
11.	**Hülkenberg**	69		s/m/m/DT	3 (1.01,421 min)	1.26,740 min
12.	**Vergne**	69		s/m/m/m	3 (1.08,783 min)	1.26,491 min
13.	**Ricciardo**	69		s/m/m	2 (46,029 s)	1.26,863 min
14.	**van der Garde**	68		s/m/m/m	3 (1.08,415 min)	1.27,473 min
15.	**Pic**	68		s/m/m	2 (44,915 s)	1.27,725 min
16.	**Bianchi**	67		m/s/m/m	3 (1.07,410 min)	1.28,250 min
17.	**Chilton**	67		m/s/m/m	3 (1.07,881 min)	1.28,160 min
18.	**di Resta**	66	Hydraulik (P 14)	s/m/m/m	3 (1.08,504 min)	1.26,608 min
19.	**Rosberg**	64	Motor (P 9)	s/m/m/m	4 (1.06,497 min)	1.25,089 min
20.	**Bottas**	42	Hydraulik (P 16)	s/m/m		1.27,127 min
21.	**Gutierrez**	28	Getriebe (P 16)	m/m		1.29,135 min
22.	**Sutil**	19	Hydraulik (P 10)	m		1.28,548 min

[1] Reifenfolge: ss=supersoft, s=soft, m=medium, h=hart, R=Regenreifen, I=Intermediate, DT=Durchfahrtstrafe, SG=Stop/Go-Strafe
[2] Runden in Führung, Bestwerte in Rot

FAHRER-WM

1. Vettel	4*	172 Punkte
2. Räikkönen	1	134 Punkte
3. Alonso	2	133 Punkte
4. Hamilton	1	124 Punkte
5. Webber		105 Punkte
6. Rosberg	2	84 Punkte
7. Massa		61 Punkte
8. Grosjean		49 Punkte
9. Button		39 Punkte
10. di Resta		36 Punkte
11. Sutil		23 Punkte
12. Pérez		18 Punkte
13. Vergne		13 Punkte
14. Ricciardo		11 Punkte
15. Hülkenberg		7 Punkte
16. Maldonado		1 Punkt

* Anzahl Siege

TRAININGSDUELLE

Button–Pérez	6:4
Alonso–Massa	7:3
Hamilton–Rosberg	7:3
Vettel–Webber	10:0
Räikkönen–Grosjean	8:2
Maldonado–Bottas	4:6
Hülkenberg–Gutierrez	10:0
Ricciardo–Vergne	7:3
Sutil–di Resta	5:5
Bianchi–Chilton	10:0
Pic–van der Garde	7:3

KONSTRUKTEURS-WM

1. Red Bull-Renault	4*	277 Punkte
2. Mercedes	3	208 Punkte
3. Ferrari	2	194 Punkte
4. Lotus-Renault	1	183 Punkte
5. Force India-Mercedes		59 Punkte
6. McLaren-Mercedes		57 Punkte
7. ToroRosso-Ferrari		24 Punkte
8. Sauber-Ferrari		7 Punkte
9. Williams-Renault		1 Punkt

FÜHRUNGSRUNDEN

1-8	Hamilton
9-10	Vettel
11-13	Grosjean
14-22	Webber
23-31	Hamilton
32-34	Vettel
35-50	Hamilton
51-55	Vettel
56-70	Hamilton

GP BELGIEN:

11. VON 19 LÄUFEN

Streckenlänge: **7,004 km**
Runden: **44**
Distanz: **308,052 km**
Zuschauer: **65 000**
Lufttemperatur: **19 Grad**
Asphalttemperatur: **25 Grad**

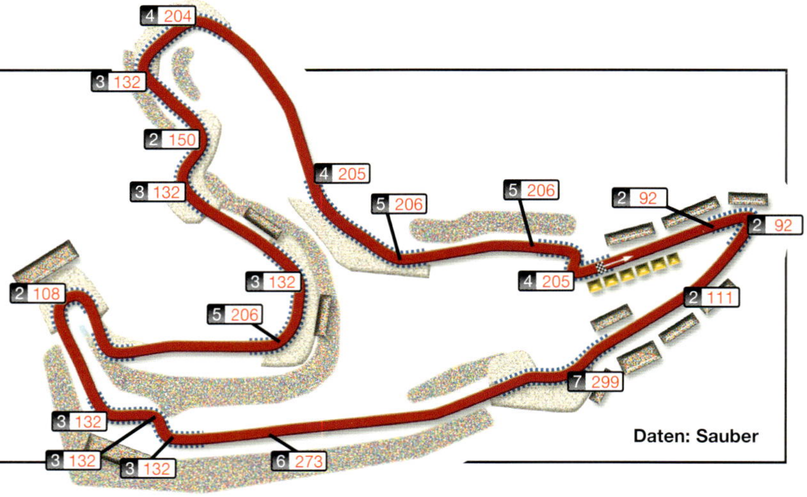

STARTAUFSTELLUNG

Pos.	Fahrer	Team, Zeit	Startnummer
1	Lewis Hamilton, GB	Mercedes, 2.01,012 min	10
2	Sebastian Vettel, D	Red Bull-Renault, 2.01,200 min	1
3	Mark Webber, AUS	Red Bull-Renault, 2.01,325 min	2
4	Nico Rosberg, D	Mercedes, 2.02,251 min	9
5	Paul di Resta, GB	Force India-Mercedes, 2.02,332 min	14
6	Jenson Button, GB	McLaren-Mercedes, 2.03,075 min	5
7	Romain Grosjean, F	Lotus-Renault, 2.03,081 min	8
8	Kimi Räikkönen, FIN	Lotus-Renault, 2.03,390 min	7
9	Fernando Alonso, E	Ferrari, 2.03,482 min	3
10	Felipe Massa, BR	Ferrari, 2.04,059 min	4
11	Nico Hülkenberg, D	Sauber-Ferrari, 1.49,088 min	11
12	Adrian Sutil, D	McLaren-Mercedes, 1.49,103 min	15
13	Sergio Pérez, MEX	Ferrari, 1.49,304 min	6
14	Giedo van der Garde, NL	Caterham-Renault, 1.52,036 min	21
15	Jules Bianchi, F	Marussia-Cosworth, 1.52,563 min	22
16	Max Chilton, GB	Marussia-Cosworth, 1.52,762 min	23
17	Pastor Maldonado, VEN	Williams-Renault, 2.03,072 min	16
18	Jean-Eric Vergne, F	ToroRosso-Ferrari, 2.03,300 min	18
19	Daniel Ricciardo, AUS	ToroRosso-Ferrari, 2.03,317 min	19
20	Valtteri Bottas, FIN	Williams-Renault, 2.03,432 min	17
21	Esteban Gutierrez, MEX	Sauber-Ferrari, 2.04,324 min	12
22	Charles Pic, F	Caterham-Renault, 2.07,384 min	20

● Startnummer

Topspeed Qualifikation:
322,0 km/h (di Resta)
Topspeed Rennen:
322,2 km/h (Sutil)
Speed schnellste Kurve:
292,6 km/h (17)*
Speed langsamste Kurve:
65,8 km/h (1)
Gangwechsel pro Runde: **48**

SafetyCar: **-**
Volllastanteil: **67% (24,0 s = 1850 m)**
Spritverbrauch pro Runde: **4,2 Liter**
Führungswechsel: **0**
Boxenstrategie Sieger: **2 (14/30)**
Gripniveau Asphalt: **niedrig**
Abtriebslevel: **mittel (5 von 10)**
Bremsenverschleiß: **niedrig**
Reifenverschleiß: **hoch**

* in Klammern: Nummer Kurve

RENN-ERGEBNIS

	Fahrer	Runden	Zeit/Rückstand	Reifen[1]	Boxenstopps	Schnellste Runde
1.	**Vettel**	44/44[2]	1:23.42,196 min	m/m/h	2 (45,569 s)	1.50,756 min
2.	**Alonso**	44	+ 16,869 s	m/m/h	2 (45,075 s)	1.51,383 min
3.	**Hamilton**	44	+ 27,734 s	m/m/h	2 (46,079 s)	1.51,596 min
4.	**Rosberg**	44	+ 29,872 s	m/m/h	2 (46,616 s)	1.51,582 min
5.	**Webber**	44	+ 33,845 s	m/h/m	2 (46,481 s)	1.51,397 min
6.	**Button**	44	+ 40,794 s	m/h/h	2 (45,782 s)	1.50,823 min
7.	**Massa**	44	+ 53,922 s	m/m/h	2 (45,506 s)	1.52,182 min
8.	**Grosjean**	44	+ 55,846 s	m/h	2 (23,445 s)	1.52,497 min
9.	**Sutil**	44	+ 1.09,547 min	m/h/h	2 (46,982 s)	1.52,226 min
10.	**Ricciardo**	44	+1.13,470 min	h/m/m	2 (46,015 s)	1.50,967 min
11.	**Pérez**	44	+ 1.21,936 min	m/DT/h	2 (39,975 s)	1.53,462 min
12.	**Vergne**	44	+ 1.26,740 min	m/m/h	2 (48,609 s)	1.53,065 min
13.	**Hülkenberg**	44	+ 1.28,258 min	m/h/h	2 (47,553 s)	1.53,110 min
14.	**Gutierrez**	44	+ 1.40,436 min	h/m/m/DT	3 (1.02,906 min)	1.51,849 min
15.	**Bottas**	44	+ 1.47,456 min	m/h/h	2 (46,951 s)	1.52,688 min
16.	**van der Garde**	43		m/h/h	2 (48,966 s)	1.53,995 min
17.	**Maldonado**	43		m/h/h/SG	3 (1.33,181 min)	1.52,579 min
18.	**Bianchi**	43		h/m/h	2 (48,044 s)	1.54,894 min
19.	**Chilton**	42		h/m/h/DT	3 (1.05,356 min)	1.54,924 min
20.	**di Resta**	26	Unfall (P 14)	m/h/h		1.54,757 min
21.	**Räikkönen**	25	Bremsen (P 9)	m/m		1.53,688 min
22.	**Pic**	8	Ölleck (P 21)	m		1.57,330 min

[1] Reifenfolge: ss=supersoft, s=soft, m=medium, h=hart, R=Regenreifen, I=Intermediate, DT=Durchfahrtstrafe, SG=Stop/Go-Strafe
[2] Runden in Führung, Bestwerte in Rot

FAHRER-WM

1. Vettel	5*	197 Punkte
2. Alonso	2	151 Punkte
3. Hamilton	2	139 Punkte
4. Räikkönen	1	134 Punkte
5. Webber		115 Punkte
6. Rosberg	2	96 Punkte
7. Massa		67 Punkte
8. Grosjean		53 Punkte
9. Button		47 Punkte
10. di Resta		36 Punkte
11. Sutil		25 Punkte
12. Pérez		18 Punkte
13. Vergne		13 Punkte
14. Ricciardo		12 Punkte
15. Hülkenberg		7 Punkte
16. Maldonado		1 Punkt

* Anzahl Siege

TRAININGSDUELLE

Button–Pérez	7:4
Alonso–Massa	8:3
Hamilton–Rosberg	8:3
Vettel–Webber	11:0
Räikkönen–Grosjean	8:3
Maldonado–Bottas	5:6
Hülkenberg–Gutierrez	11:0
Ricciardo–Vergne	7:4
Sutil–di Resta	5:6
Bianchi–Chilton	10:1
Pic–van der Garde	7:4

KONSTRUKTEURS-WM

1. Red Bull-Renault	5*	312 Punkte
2. Mercedes	3	235 Punkte
3. Ferrari	2	218 Punkte
4. Lotus-Renault	1	187 Punkte
5. McLaren-Mercedes		65 Punkte
6. Force India-Mercedes		59 Punkte
7. ToroRosso-Ferrari		25 Punkte
8. Sauber-Ferrari		7 Punkte
9. Williams-Renault		1 Punkt

FÜHRUNGSRUNDEN

1-44 Vettel

GP ITALIEN:

12. VON 19 LÄUFEN

Streckenlänge: **5,793 km**
Runden: **53**
Distanz: **306,720 km**
Zuschauer: **90 000**
Lufttemperatur: **26 Grad**
Asphalttemperatur: **33 Grad**

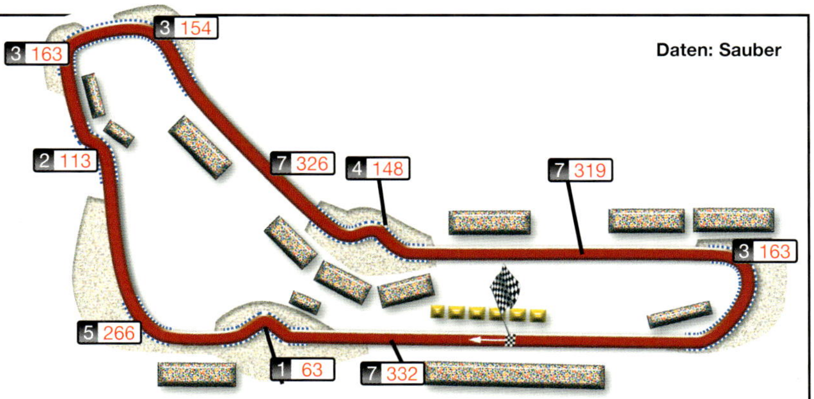

STARTAUFSTELLUNG

	Fahrer	Team, Zeit	Startnummer
1	Sebastian Vettel, D	Red Bull-Renault, 1.23,755	1
2	Mark Webber, AUS	Red Bull-Renault, 1.23,968 min	2
3	Nico Hülkenberg, D	Sauber-Ferrari, 1.24,065 min	11
4	Felipe Massa, BR*	Ferrari, 1.24,132 min	4
5	Fernando Alonso, E	Ferrari, 1.24,142 min	3
6	Nico Rosberg, D	Mercedes, 1.24,192 min	9
7	Daniel Ricciardo, AUS	ToroRosso-Ferrari, 1.24,209 min	19
8	Sergio Pérez, MEX	McLaren-Mercedes, 1.24,502 min	6
9	Jenson Button, GB	McLaren-Mercedes, 1.24,515 min	5
10	Jean-Eric Vergne, F	ToroRosso-Ferrari, 1.28,050 min	18
11	Kimi Räikkönen, FIN	Lotus-Renault, 1.24,610 min	7
12	Lewis Hamilton, GB	Mercedes, 1.24,803 min	10
13	Romain Grosjean, F	Lotus-Renault, 1.24,848 min	8
14	Pastor Maldonado, VEN	Williams-Renault, 1.25,011 min	16
15	Paul di Resta, GB	Force India-Mercedes, 1.25,077 min	14
16	Esteban Gutierrez, MEX	Sauber-Ferrari, 1.25,226 min	12
17	Adrian Sutil, D*	Force India-Mercedes, 1.24,932 min	15
18	Valtteri Bottas, FIN	Williams-Renault, 1.25,291 min	17
19	Giedo van der Garde, NL	Caterham-Renault, 1.26,406 min	21
20	Charles Pic, F	Caterham-Renault, 1.26,563 min	20
21	Jules Bianchi, F	Marussia-Cosworth, 1.27,085 min	22
22	Max Chilton, GB	Marussia-Cosworth, 1.27,480 min	23

* 3 Plätze zurück wegen Behinderung von Hamilton
● Startnummer

Topspeed Qualifikation:
340,4 km/h (Ricciardo)
Topspeed Rennen:
341,1 km/h (Gutierrez)
Speed schnellste Kurve:
266,1 km/h (3)*
Speed langsamste Kurve:
63,3 km/h (2)
Gangwechsel pro Runde: **44**

SafetyCar: **-**
Volllastanteil: **75% (17 s = 1330 m)**
Spritverbrauch pro Runde: **3,3 Liter**
Führungswechsel: **2**
Boxenstrategie Sieger: **1 (23)**
Gripniveau Asphalt: **niedrig**
Abtriebslevel: **sehr niedrig (2 von 10)**
Bremsenverschleiß: **hoch**
Reifenverschleiß: **mittel**

* in Klammern: Nummer Kurve

RENN-ERGEBNIS

	Fahrer	Runden	Zeit/Rückstand	Reifen[1]	Boxenstopps	Schnellste Runde
1.	**Vettel**	53/49[2]	1:18.33,352 min	m/h	1 (24,305 s)	1.27,190 min
2.	**Alonso**	53/4	+ 5,467 s	m/h	1 (24,208 s)	1.26,797 min
3.	**Webber**	53	+ 6,350 s	m/h	1 (24,205 s)	1.26,690 min
4.	**Massa**	53	+ 9,361 s	m/h	1 (24,692 s)	1.27,095 min
5.	**Hülkenberg**	53	+ 10,355 s	m/h	1 (25,633 s)	1.26,716 min
6.	**Rosberg**	53	+ 10,999 s	m/h	1 (24,079 s)	1.26,500 min
7.	**Ricciardo**	53	+ 32,329 s	m/h	1 (24,319 s)	1.27,294 min
8.	**Grosjean**	53	+ 33,130 s	m/h	1 (27,040 s)	1.27,043 min
9.	**Hamilton**	53	+ 33,527 s	h/m/m	2 (48,775 s)	1.25,849 min
10.	**Button**	53	+ 38,327 s	m/h	1 (24,450 s)	1.27,830 min
11.	**Räikkönen**	53	+ 38,695 s	h/m/m	2 (55,739 s)	1.26,948 min
12.	**Pérez**	53	+ 39,765 s	m/h	1 (25,933 s)	1.27,607 min
13.	**Gutierrez**	53	+ 40,880 s	h/m	1 (24,668 s)	1.27,092 min
14.	**Maldonado**	53	+ 49,085 s	m/h	1 (25,397 s)	1.26,981 min
15.	**Bottas**	53	+ 56,827 s	m/h	1 (24,665 s)	1.27,166 min
16.	**Sutil**	52	Bremsen (P 15)	m/h	1 (26,873 s)	1.27,418 min
17.	**Pic**	52		m/h/h	2 (51,932 s)	1.28,620 min
18.	**van der Garde**	52		m/h/h	2 (59,502 s)	1.28,663 min
19.	**Bianchi**	52		m/h	1 (25,541 s)	1.29,595 min
20.	**Chilton**	52		m/h	1 (26,146 s)	1.29,491 min
21.	**Vergne**	14	Getriebe (P 9)	m		1.29,710 min
22.	**di Resta**	0	Unfall (P 15)	sm		

[1] Reifenfolge: ss=supersoft, s=soft, m=medium, h=hart, R=Regenreifen, I=Intermediate, DT=Durchfahrtstrafe, SG=Stop/Go-Strafe
[2] Runden in Führung, Bestwerte in Rot

FAHRER-WM

1.	Vettel	6*	222 Punkte
2.	Alonso	2	169 Punkte
3.	Hamilton	1	141 Punkte
4.	Räikkönen	1	134 Punkte
5.	Webber		130 Punkte
6.	Rosberg	2	104 Punkte
7.	Massa		79 Punkte
8.	Grosjean		57 Punkte
9.	Button		48 Punkte
10.	di Resta		36 Punkte
11.	Sutil		25 Punkte
12.	Pérez		18 Punkte
13.	Ricciardo		18 Punkte
14.	Hülkenberg		17 Punkte
15.	Vergne		13 Punkte
16.	Maldonado		1 Punkt

* Anzahl Siege

TRAININGSDUELLE

Button–Pérez	7:5
Alonso–Massa	8:4
Hamilton–Rosberg	8:4
Vettel–Webber	12:0
Räikkönen–Grosjean	9:3
Maldonado–Bottas	6:6
Hülkenberg–Gutierrez	12:0
Ricciardo–Vergne	8:4
Sutil–di Resta	5:7
Bianchi–Chilton	11:1
Pic–van der Garde	7:5

KONSTRUKTEURS-WM

1.	Red Bull-Renault	6*	352 Punkte
2.	Ferrari	2	248 Punkte
3.	Mercedes	3	245 Punkte
4.	Lotus-Renault	1	191 Punkte
5.	McLaren-Mercedes		66 Punkte
6.	Force India-Mercedes		61 Punkte
7.	ToroRosso-Ferrari		31 Punkte
8.	Sauber-Ferrari		17 Punkte
9.	Williams-Renault		1 Punkt

FÜHRUNGSRUNDEN

1-23	Vettel
24-27	Alonso
28-53	Vettel

GP SINGAPUR:

13. VON 19 LÄUFEN

Streckenlänge: **5,065 km**
Runden: **61**
Distanz: **308,828 km**
Zuschauer: **88 000**
Lufttemperatur: **29 Grad**
Asphalttemperatur: **33 Grad**

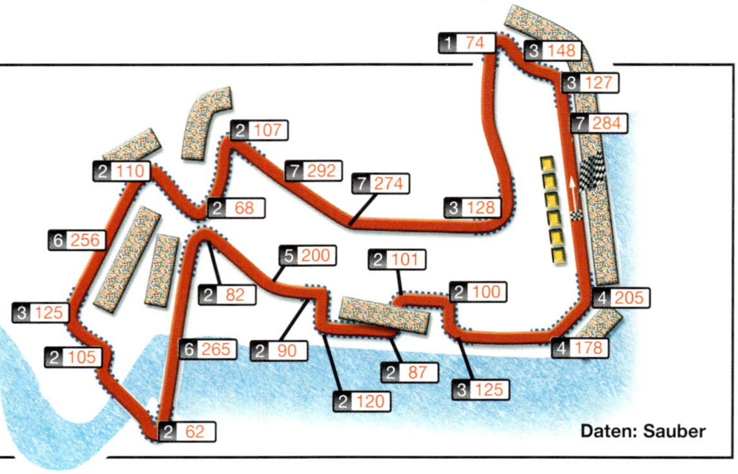

STARTAUFSTELLUNG

Pos.	Fahrer	Startnummer
1	Sebastian Vettel, D Red Bull-Renault, 1.42,841	1
2	Nico Rosberg, D Mercedes, 1.42,932 min	9
3	Romain Grosjean, F Lotus-Renault, 1.43,058 min	8
4	Mark Webber, AUS Red Bull-Renault, 1.43,152 min	2
5	Lewis Hamilton, GB Mercedes, 1.43,254 min	10
6	Felipe Massa, BR Ferrari, 1.43,890 min	4
7	Fernando Alonso, E Ferrari, 1.43,938 min	3
8	Jenson Button, GB McLaren-Mercedes, 1.44,282 min	5
9	Daniel Ricciardo, AUS ToroRosso-Ferrari, 1.44,439 min	19
10	Esteban Gutierrez, MEX Sauber-Ferrari, keine Zeit	12
11	Nico Hülkenberg, D Sauber-Ferrari, 1.44,555 min	11
12	Jean-Eric Vergne, F ToroRosso-Ferrari, 1.44,588 min	18
13	Kimi Räikkönen, FIN Lotus-Renault, 1.44,658 min	7
14	Sergio Pérez, MEX McLaren-Mercedes, 1.44,752 min	6
15	Adrian Sutil, D Force India-Mercedes, 1.45,185 min	15
16	Valtteri Bottas, FIN Williams-Renault, 1.45,388 min	17
17	Paul di Resta, GB Force India-Mercedes, 1.46,121 min	14
18	Pastor Maldonado, VEN Williams-Renault, 1.46,619 min	16
19	Charles Pic, F Caterham-Renault, 1.48,111 min	20
20	Giedo van der Garde, NL Caterham-Renault, 1.48,320 min	21
21	Jules Bianchi, F Marussia-Cosworth, 1.48,830 min	22
22	Max Chilton, GB Marussia-Cosworth, 1.48,930 min	23

● Startnummer

Topspeed Qualifikation:
302,4 km/h (Button)
Topspeed Rennen:
302,3 km/h (Sutil)
Speed schnellste Kurve:
205,1 km/h (23)*
Speed langsamste Kurve:
62,3 km/h (13)*
Gangwechsel pro Runde: **70**

SafetyCar: **1 für 6 Runden**
Volllastanteil: **46% (10 s = 680 m)**
Spritverbrauch pro Runde: **3,0 Liter**
Führungswechsel: **0**
Boxenstrategie Sieger: **2 (17/44)**
Gripniveau Asphalt: **hoch**
Abtriebslevel: **sehr hoch (10 von 10)**
Bremsenverschleiß: **sehr hoch**
Reifenverschleiß: **sehr hoch**

* in Klammern: Nummer Kurven

RENN-ERGEBNIS

	Fahrer	Runden	Zeit/Rückstand	Reifen[1]	Boxenstopps	Schnellste Runde
1.	**Vettel**	61/61[2]	1:59.13,132 min	ss/m/ss	2 (57,721 s)	1.48,574 min
2.	**Alonso**	61	+ 32,627 s	ss/m/m	2 (58,612 s)	1.51,082 min
3.	**Räikkönen**	61	+ 43,920 s	ss/ss/m	2 (1.02,482 min)	1.51,140 min
4.	**Rosberg**	61	+ 51,155 s	ss/m/m	2 (58,828 s)	1.50,353 min
5.	**Hamilton**	61	+ 53,159 s	ss/m/m	2 (59,227 s)	1.49,916 min
6.	**Massa**	61	+ 1.03,877 min	ss/m/ss/m	3 (1.27,749 min)	1.50,509 min
7.	**Button**	61	+ 1.23,354 min	ss/ss/m	2 (59,369 s)	1.51,570 min
8.	**Pérez**	61	+ 1.23,820 min	ss/ss/m	2 (58,105 s)	1.51,926 min
9.	**Hülkenberg**	61	+ 1.24,261 min	ss/ss/m	2 (1.00,163 min)	1.52,186 min
10.	**Sutil**	61	+ 1.24,668 min	m/ss/ss/ss	3 (1.31,074 min)	1.49,656 min
11.	**Maldonado**	61	+ 1.28,479 min	ss/ss/m/ss	3 (1.30,585 min)	1.50,708 min
12.	**Gutierrez**	61	+ 1.37,894 min	ss/ss/m	2 (1.01,070 min)	1.52,007 min
13.	**Bottas**	61	+ 1.45,161 min	ss/ss/m/ss	3 (1.36,418 min)	1.51,706 min
14.	**Vergne**	61	+ 1.53,512 min	ss/m/m/ss	3 (1.30,449 min)	1.50,328 min
15.	**Webber**	60	Motor (P 8)	ss/m/m	2 (57,940 s)	1.49,738 min
16.	**van der Garde**	60		ss/m/m/m	3 (1.38,002 min)	1.52,472 min
17.	**Chilton**	60		ss/ss/m/m	3 (1.31,357 min)	1.53,041 min
18.	**Bianchi**	60		ss/ss/ss/m/m	4 (2.01,060 min)	1.52,898 min
19.	**Pic**	60		ss/m/m/ss	3 (1.35,395 min)	1.50,990 min
20.	**di Resta**	54	Unfall (P 10)	ss/ss/m	2 (59,444 s)	1.50,739 min
21.	**Grosjean**	37	Motor (P 21)	ss/ss/m/m		
22.	**Ricciardo**	23	Unfall (P 16)	ss/m		

[1] Reifenfolge: ss=supersoft, s=soft, m=medium, h=hart, R=Regenreifen, I=Intermediate, DT=Durchfahrtstrafe, SG=Stop/Go-Strafe
[2] Runden in Führung, Bestwerte in Rot

FAHRER-WM

1. Vettel	7*	247 Punkte
2. Alonso	2	187 Punkte
3. Hamilton	1	151 Punkte
4. Räikkönen	1	149 Punkte
5. Webber		130 Punkte
6. Rosberg	2	116 Punkte
7. Massa		87 Punkte
8. Grosjean		57 Punkte
9. Button		54 Punkte
10. di Resta		36 Punkte
11. Sutil		26 Punkte
12. Pérez		22 Punkte
13. Hülkenberg		19 Punkte
14. Ricciardo		18 Punkte
15. Vergne		13 Punkte
16. Maldonado		1 Punkt

* Anzahl Siege

TRAININGSDUELLE

Button–Pérez	8:5
Alonso–Massa	8:5
Hamilton–Rosberg	8:5
Vettel–Webber	13:0
Räikkönen–Grosjean	9:4
Maldonado–Bottas	6:7
Hülkenberg–Gutierrez	12:1
Ricciardo–Vergne	9:4
Sutil–di Resta	6:7
Bianchi–Chilton	12:1
Pic–van der Garde	8:5

KONSTRUKTEURS-WM

1. Red Bull-Renault	7*	377 Punkte
2. Ferrari	2	274 Punkte
3. Mercedes	3	267 Punkte
4. Lotus-Renault	1	206 Punkte
5. McLaren-Mercedes		76 Punkte
6. Force India-Mercedes		62 Punkte
7. ToroRosso-Ferrari		31 Punkte
8. Sauber-Ferrari		19 Punkte
9. Williams-Renault		1 Punkt

FÜHRUNGSRUNDEN

1-61	Vettel

GP KOREA:

14. VON 19 LÄUFEN

Streckenlänge: **5,615 km**
Runden: **55**
Distanz: **308,630 km**
Zuschauer: **79 000**
Lufttemperatur: **27 Grad**
Asphalttemperatur: **32 Grad**

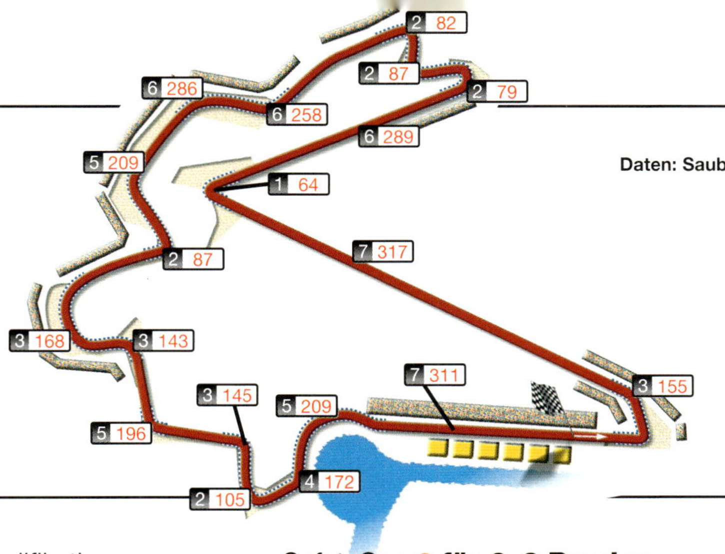

Daten: Sauber

STARTAUFSTELLUNG

Pos.	Fahrer	Startnummer
1	Sebastian Vettel, D Red Bull-Renault, 1.37,202	1
2	Lewis Hamilton, GB Mercedes, 1.37,420 min	10
3	Romain Grosjean, F Lotus-Renault, 1.37,531 min	8
4	Nico Rosberg, D Mercedes, 1.37,679 min	9
5	Fernando Alonso, E Ferrari, 1.38,038 min	3
6	Felipe Massa, BR Ferrari, 1.38,223 min	4
7	Nico Hülkenberg, D Sauber-Ferrari, 1.38,237 min	11
8	Esteban Gutierrez, MEX Sauber-Ferrari, 1.38,405	12
9	Kimi Räikkönen, FIN Lotus-Renault, 1.38,822 min	7
10	Sergio Pérez, MEX McLaren-Mercedes, 1.38,362 min	6
11	Jenson Button, GB McLaren-Mercedes, 1.38,365 min	5
12	Daniel Ricciardo, AUS ToroRosso-Ferrari, 1.38,417 min	19
13	Mark Webber, AUS [1] Red Bull-Renault, 1.37,464 min	2
14	Adrian Sutil, D Force India-Mercedes, 1.38,431 min	15
15	Paul di Resta, GB Force India-Mercedes, 1.38,718 min	14
16	Jean-Eric Vergne, F ToroRosso-Ferrari, 1.38,781 min	18
17	Valtteri Bottas, GFIN Williams-Renault, 1.39,470 min	17
18	Pastor Maldonado, VEN Williams-Renault, 1.39,987 min	16
19	Charles Pic, F Caterham-Renault, 1.40,864 min	20
20	Giedo van der Garde, NL Caterham-Renault, 1.40,871 min	21
21	Max Chilton, GB Marussia-Cosworth, 1.41,322 min	23
22	Jules Bianchi, F [2] Marussia-Cosworth, 1.41,169 min	22

[1] zehn Plätze zurück wegen dritter Verwarnung
[2] drei Plätze zurück wegen Behinderung von Button
● Startnummer

Topspeed Qualifikation:
320,0 km/h (Alonso)
Topspeed Rennen:
320,1 km/h (Webber)
Speed schnellste Kurve:
267,7 km/h (8)*
Speed langsamste Kurve:
63,9 km/h (3)*
Gangwechsel pro Runde: **54**

SafetyCar: **2 für 6+3 Runden**
Vollastanteil: **61% (15 s = 1125 m)**
Spritverbrauch pro Runde: **3,5 Liter**
Führungswechsel: **0**
Boxenstrategie Sieger: **2 (11/31)**
Gripniveau Asphalt: **hoch**
Abtriebslevel: **mittel-hoch (7 von 10)**
Bremsenverschleiß: **niedrig**
Reifenverschleiß: **hoch**

* in Klammern: Nummer Kurven

RENN-ERGEBNIS

	Fahrer	Runden	Zeit/Rückstand	Reifen[1]	Boxenstopps	Schnellste Runde
1.	Vettel	55/55[2]	1:43.13,701 min	ss/m/m	2 (45,579 s)	1.41,380 min
2.	Räikkönen	55	+ 4,224 s	ss/m/m	2 (46,160 s)	1.41,975 min
3.	Grosjean	55	+ 4,927 s	ss/m/m	2 (45,286 s)	1.41,936 min
4.	Hülkenberg	55	+ 24,114 s	ss/m/m	2 (58,828 s)	1.42,608 min
5.	Hamilton	55	+ 25,255 s	ss/m/m	2 (44,521 s)	1.42,539 min
6.	Alonso	55	+ 26,189 s	ss/m/m	2 (45,015 s)	1.42,709 min
7.	Rosberg	55	+ 26,698 s	ss/m/m	2 1.05,844 min)	1.42,471 min
8.	Button	55	+ 32,262 s	ss/m/m	2 (52,894 s)	1.43,073 min
9.	Massa	55	+ 34,390 s	ss/m/m	2 (44,875 s)	1.42,954 min
10.	Pérez	55	+ 35,155 s	ss/m/m	2 (1.01,794 min)	1.42,973 min
11.	Gutierrez	55	+ 35,990 s	ss/m/m	2 (46,504 s)	1.42,744 min
12.	Bottas	55	+ 47,049 s	ss/m/m	2 (48,152 s)	1.43,869 min
13.	Maldonado	55	+ 50,013 s	ss/m/m	2 (47,122 s)	1.44,136 min
14.	Pic	55	+ 1.03,578 min	ss/m/m	2 (48,686 s)	1.44,477 min
15.	van der Garde	55	+ 1.04,501 min	ss/DT/m/m	3 (1.06,048 min)	1.44,375 min
16.	Bianchi	55	+ 1.07,970 min	ss/m/m	2 (46,911 s)	1.44,991 min
17.	Chilton	55	+ 1.12,898 min	ss/m/m	2 (50,060 min)	1.45,408 min
18.	Vergne	53	Aufgabe: Bremsen (P17)	ss/m/m/m	3 (1.12,338 min)	1.44,090 min
19.	Ricciardo	60	Bremsen (P 9)	m/m/ss	2 (47,086 s)	1.42,947 min
20.	Sutil	54	Aufhängung (P 20)	ss/m/m/ss/ss	4 (2.23,408 min)	1.44,095 min
21.	Webber	37	Unfall mit Feuer (P 11)	ss/m/m/ss		1.43,863 min
22.	di Resta	23	Unfall (P 20)	ss/m/m		1.46,411 min

[1] Reifenfolge: ss=supersoft, s=soft, m=medium, h=hart, R=Regenreifen, I=Intermediate, DT=Durchfahrtstrafe, SG=Stop/Go-Strafe [2] Runden in Führung, Bestwerte in Rot

FAHRER-WM

1. Vettel	8*	272 Punkte
2. Alonso	2	195 Punkte
3. Räikkönen	1	167 Punkte
4. Hamilton	1	161 Punkte
5. Webber		130 Punkte
6. Rosberg	2	122 Punkte
7. Massa		89 Punkte
8. Grosjean		72 Punkte
9. Button		58 Punkte
10. di Resta		36 Punkte
11. Hülkenberg		31 Punkte
12. Sutil		26 Punkte
13. Pérez		23 Punkte
14. Ricciardo		18 Punkte
15. Vergne		13 Punkte
16. Maldonado		1 Punkt

* Anzahl Siege

TRAININGSDUELLE

Button–Pérez	8:6
Alonso–Massa	9:5
Hamilton–Rosberg	9:5
Vettel–Webber	14:0
Räikkönen–Grosjean	9:5
Maldonado–Bottas	7:7
Hülkenberg–Gutierrez	13:1
Ricciardo–Vergne	10:4
Sutil–di Resta	7:7
Bianchi–Chilton	12:2
Pic–van der Garde	9:5

KONSTRUKTEURS-WM

1. Red Bull-Renault	8*	402 Punkte
2. Ferrari	2	284 Punkte
3. Mercedes	3	283 Punkte
4. Lotus-Renault	1	239 Punkte
5. McLaren-Mercedes		81 Punkte
6. Force India-Mercedes		62 Punkte
7. Sauber-Ferrari		31 Punkte
8. ToroRosso-Ferrari		31 Punkte
9. Williams-Renault		1 Punkt

FÜHRUNGSRUNDEN

1-55 Vettel

GP JAPAN:

15. VON 19 LÄUFEN

Streckenlänge: **5,807 km**
Runden: **53**
Distanz: **307,471 km**
Zuschauer: **86 000**
Lufttemperatur: **25 Grad**
Asphalttemperatur: **40 Grad**

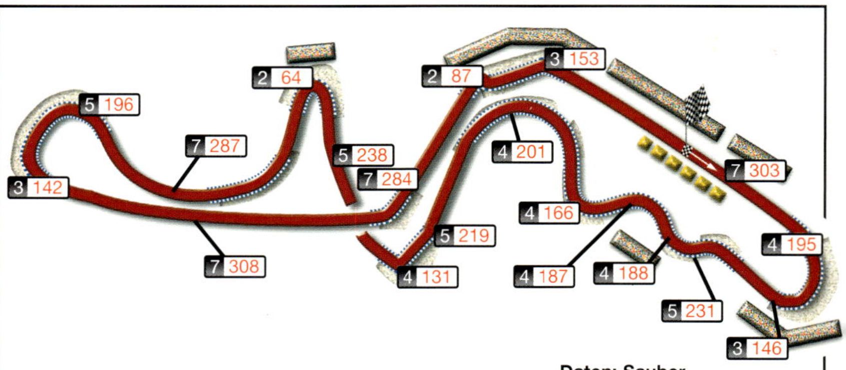

Daten: Sauber

STARTAUFSTELLUNG

Pos.	Fahrer	Team, Zeit	Startnummer
1	Mark Webber, AUS	Red Bull-Renault, 1.30,915 min	2
2	Sebastian Vettel, D	Red Bull-Renault, 1.31,089	1
3	Lewis Hamilton, GB	Mercedes, 1.31,253 min	10
4	Romain Grosjean, F	Lotus-Renault, 1.31,365 min	8
5	Felipe Massa, BR	Ferrari, 1.31,378 min	4
6	Nico Rosberg, D	Mercedes, 1.31,397 min	9
7	Nico Hülkenberg, D	Sauber-Ferrari, 1.31,644 min	11
8	Fernando Alonso, E	Ferrari, 1.31,665 min	3
9	Kimi Räikkönen, FIN	Lotus-Renault, 1.31,684 min	7
10	Jenson Button, GB	McLaren-Mercedes, 1.31,827 min	5
11	Sergio Pérez, MEX	McLaren-Mercedes, 1.31,989 min	6
12	Paul di Resta, GB	Force India-Mercedes, 1.31,992 min	14
13	Valtteri Bottas, FIN	Williams-Renault, 1.32,013 min	17
14	Esteban Gutierrez, MEX	Sauber-Ferrari, 1.32,063 min	12
15	Pastor Maldonado, VEN	Williams-Renault, 1.32,093 min	16
16	Daniel Ricciardo, AUS	ToroRosso-Ferrari, 1.32,485 min	19
17	Jean-Eric Vergne, F	ToroRosso-Ferrari, 1.33,357 min	18
18	Max Chilton, GB	Marussia-Cosworth, 1.34,320 min	23
19	Giedo van der Garde, NL	Caterham-Renault, 1.34,879 min	21
20	Charles Pic, F[1)]	Caterham-Renault, 1.34,556 min	20
21	Jules Bianchi, F[1)]	Marussia-Cosworth, 1.34,958 min	22
22	Adrian Sutil, D[2)]	Force India-Mercedes, 1.32,890 min	15

[1)] zehn Plätze zurück wegen dritter Verwarnung;
[2)] fünf Plätze zurück wegen Getriebewechsels
● Startnummer

Topspeed Qualifikation:
307,0 km/h (Webber)
Topspeed Rennen:
315,2 km/h (Ricciardo)
Speed schnellste Kurve:
283,9 km/h (15)*
Speed langsamste Kurve:
64,0 km/h (11)*
Gangwechsel pro Runde: **50**

SafetyCar: **-**
Volllastanteil: **65% (17 s = 1260 m)**
Spritverbrauch pro Runde: **3,2 Liter**
Führungswechsel: **5**
Boxenstrategie Sieger: **2 (14/37)**
Gripniveau Asphalt: **niedrig**
Abtriebslevel: **hoch (8 von 10)**
Bremsenverschleiß: **niedrig**
Reifenverschleiß: **mittel-hoch**

* in Klammern: Nummer Kurven

RENN-ERGEBNIS

	Fahrer	Runden	Zeit/Rückstand	Reifen[1)]	Boxenstopps	Schnellste Runde
1.	Vettel	53/22[2)]	1:26.49,301 min	m/h/h	2 (45,789 s)	1.35,317 min
2.	Webber	53/5	+ 7.129 s	m/h/h/m	3 (1.09,485 min)	1.34,587 min
3.	Grosjean	53/26	+ 9,910 s	m/h/h	2 (46,368 s)	1.35,991 min
4.	Alonso	53	+ 45,605 s	m/h/h	2 (45,484 s)	1.35,877 min
5.	Raikkönen	53	+ 47,325 s	m/h/h	2 (46,603 s)	1.35,516 min
6.	Hülkenberg	53	+ 51,615 s	m/h/h	2 (47,214 s)	1.36,482 min
7.	Gutierrez	53	+ 1.11,630 min	m/h/h	2 (47,071 s)	1.36,499 min
8.	Rosberg	53	+ 1.12,023 min	m/h/DT/m/h	4 (1.25,940 min)	1.34,650 min
9.	Button	53	+ 1.20,821 min	m/h/h/m	3 (1.12,830 min)	1.35,549 min
10.	Massa	53	+ 1.29,263 min	m/h/h/DT	3 (1.03,639 min)	1.37,001 min
11.	di Resta	53	+ 1.38,572 min	m/h/h	2 (47,334 s)	1.37,407 min
12.	Vergne	52		m/h/m/h	3 (1.14,779 min)	1.35,895 min
13.	Ricciardo	52		h/h/DT/m	3 (1.06,587 min)	1.35,020 min
14.	Sutil	52		m/h/h	2 (47,287 s)	1.37,367 min
15.	Pérez	52		m/h/h/m	3 (1.19,715 min)	1.35,845 min
16.	Maldonado	52		m/h/h	2 (47,726 s)	1.37,423 min
17.	Bottas	52		m/h/h	2 (46,904 s)	1.37,856 min
18.	Pic	52		h/DT/m/h	3 (1.06,696 min)	1.37,489 min
19.	Chilton	52		m/h/h	2 (48,021 s)	1.38,713 min
20.	Hamilton	7	Aufgabe: Straßenlage (P 20)	m/h		1.41,202 min
21.	van der Garde	0	Unfall (P 19)	m		
22.	Bianchi	0	Unfall (P 20)	m		

[1)] Reifenfolge: ss=supersoft, s=soft, m=medium, h=hart, R=Regenreifen, I=Intermediate, DT=Durchfahrtstrafe, SG=Stop/Go-Strafe
[2)] Runden in Führung, Bestwerte in Rot

FAHRER-WM

1. Vettel	9*	297 Punkte
2. Alonso	2	207 Punkte
3. Räikkönen	1	177 Punkte
4. Hamilton	1	161 Punkte
5. Webber		148 Punkte
6. Rosberg	2	126 Punkte
7. Massa		90 Punkte
8. Grosjean		87 Punkte
9. Button		60 Punkte
10. Hülkenberg		39 Punkte
11. di Resta		36 Punkte
12. Sutil		26 Punkte
13. Pérez		23 Punkte
14. Ricciardo		18 Punkte
15. Vergne		13 Punkte
16. Gutierrez		6 Punkte
17. Maldonado		1 Punkt

* Anzahl Siege

TRAININGSDUELLE

Button–Pérez	9:6
Alonso–Massa	9:6
Hamilton–Rosberg	10:5
Vettel–Webber	14:1
Räikkönen–Grosjean	9:6
Maldonado–Bottas	7:8
Hülkenberg–Gutierrez	14:1
Ricciardo–Vergne	11:4
Sutil–di Resta	7:8
Bianchi–Chilton	12:3
Pic–van der Garde	10:5

KONSTRUKTEURS-WM

1. Red Bull-Renault	9*	445 Punkte
2. Ferrari	2	297 Punkte
3. Mercedes	3	287 Punkte
4. Lotus-Renault	1	264 Punkte
5. McLaren-Mercedes		83 Punkte
6. Force India-Mercedes		62 Punkte
7. Sauber-Ferrari		45 Punkte
8. ToroRosso-Ferrari		31 Punkte
9. Williams-Renault		1 Punkt

FÜHRUNGSRUNDEN

1-12	Grosjean
13-14	Vettel
15-28	Grosjean
29-37	Vettel
38-42	Webber
43-53	Vettel

GP INDIEN:

16. VON 19 LÄUFEN

Streckenlänge: **5,125 km**
Runden: **60**
Distanz: **307,249 km**
Zuschauer: **61 000**
Lufttemperatur: **29 Grad**
Asphalttemperatur: **34 Grad**

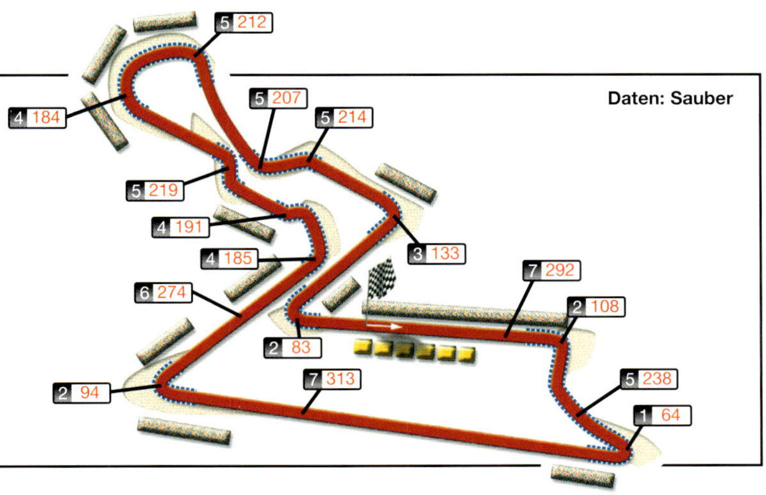

STARTAUFSTELLUNG

	Fahrer	Startnummer
1	Sebastian Vettel, D Red Bull-Renault, 1.24,119 min	1
2	Nico Rosberg, D Mercedes, 1.24,871	9
3	Lewis Hamilton, GB Mercedes, 1.24,941 min	10
4	Mark Webber, AUS Red Bull-Renault, 1.25,047 min	2
5	Felipe Massa, BR Ferrari, 1.25,201 min	4
6	Kimi Räikkönen, FIN Lotus-Renault, 1.25,248 min	7
7	Nico Hülkenberg, D Sauber-Ferrari, 1.25,334 min	11
8	Fernando Alonso, E Ferrari, 1.25,826 min	3
9	Sergio Pérez, MEX McLaren-Mercedes, 1.26,153 min	6
10	Jenson Button, GB McLaren-Mercedes, 1.26,487 min	5
11	Daniel Ricciardo, AUS ToroRosso-Ferrari, 1.25,519 min	19
12	Paul di Resta, GB Force India-Mercedes, 1.25,711 min	14
13	Adrian Sutil, D Force India-Mercedes, 1.25,740 min	15
14	Jean-Eric Vergne, F ToroRosso-Ferrari, 1.25,798 min	18
15	Valtteri Bottas, FIN Williams-Renault, 1.26,134 min	17
16	Esteban Gutierrez, MEX Sauber-Ferrari, 1.26,336 min	12
17	Romain Grosjean, F Lotus-Renault, 1.26,577 min	8
18	Pastor Maldonado, VEN Williams-Renault, 1.26,842 min	16
19	Jules Bianchi, F Marussia-Cosworth, 1.26,970 min	22
20	Giedo van der Garde, NL Caterham-Renault, 1.27,105 min	21
21	Charles Pic, F Caterham-Renault, 1.27,487 min	20
22	Max Chilton, GB Marussia-Cosworth, 1.28,138 min	23

● Startnummer

Topspeed Qualifikation:
321,0 km/h (Hülkenberg)
Topspeed Rennen:
321,8 km/h (Gutierrez)
Speed schnellste Kurve:
218,6 km/h (8)*
Speed langsamste Kurve:
64,2 km/h (3)*
Gangwechsel pro Runde: **58**

SafetyCar: **-**
Volllastanteil: **65% (1080 s = 14,0 m)**
Spritverbrauch pro Runde: **3,2 Liter**
Führungswechsel: **5**
Boxenstrategie Sieger: **2 (2/31)**
Gripniveau Asphalt: **mittel**
Abtriebslevel: **mittel-hoch (7 von 10)**
Bremsenverschleiß: **mittel**
Reifenverschleiß: **mittel-hoch**

* in Klammern: Nummer Kurven

RENN-ERGEBNIS

	Fahrer	Runden	Zeit/Rückstand	Reifen[1]	Boxenstopps	Schnellste Runde
1.	**Vettel**	60/33[2]	1:31.12,187 min	s/m/m	2 (47,568 s)	1.28,116 min
2.	**Rosberg**	60	+ 29.823 s	s/m/m	2 (47,580 s)	1.28,816 min
3.	**Grosjean**	60	+ 39,892 s	s/m	1 (23,648 s)	1.28,796 min
4.	**Massa**	60/6	+ 41,692 s	s/m/m	2 (46,911 s)	1.28,886 min
5.	**Pérez**	60	+ 43,829 s	m/s/m	2 (48,451 s)	1.28,503 min
6.	**Hamilton**	60	+ 53,475 s	s/m/m	2 (47,120 s)	1.29,052 min
7.	**Räikkönen**	60	+ 1.07,988 min	s/m/m	2 (51,130 s)	1.27,679 min
8.	**di Resta**	60	+ 1.12,868 min	s/m/m	2 (47,686 s)	1.29,300 min
9.	**Sutil**	60	+ 1.14,734 min	m/s	1 (23,891 s)	1.28,419 min
10.	**Ricciardo**	60	+ 1.16,237 min	m/s/m	2 (50,079 s)	1.28,831 min
11.	**Alonso**	60	+ 1.18,297 min	m/m/s/m	3 (1.17,461 min)	1.28,709 min
12.	**Maldonado**	60	+ 1.18,951 min	s/m/m	2 (51,842 s)	1.29,012 min
13.	**Vergne**	59		s/m/m	2 (48,360 s)	1.29,280 min
14.	**Button**	59		m/s/m/m	3 (1.12,045 min)	1.28,814 min
15.	**Gutierrez**	59		m/DT/m/s	3 (1.08,498 min)	1.28,682 min
16.	**Bottas**	59		m/m/s	2 (53,528 s)	1.28,928 min
17.	**Chilton**	58		m/m/s	2 (49,202 s)	1.30,335 min
18.	**Bianchi**	58		s/m/m	2 (59,320 s)	1.30,171 min
19.	**Hülkenberg**	54	Bremsen (P 15)	s/m/m/s	3 (1.17,987 min)	1.28,947 min
20.	**Webber**	39/21	Lichtmaschine (P 2)	m/s/m	2 (46,946 s)	1.29,500 min
21.	**Pic**	35	Hydraulik (P 21)	s/m/m	2 (56,052 s)	1.32,907 min
22.	**van der Garde**	1	Unfall (P 22)	s		

[1] Reifenfolge: ss=supersoft, s=soft, m=medium, h=hart, R=Regenreifen, I=Intermediate, DT-Durchfahrtstrafe
[2] Runden in Führung, Bestwerte in Rot

FAHRER-WM

1. Vettel	10*	322 Punkte
2. Alonso	2	207 Punkte
3. Räikkönen	1	183 Punkte
4. Hamilton	1	169 Punkte
5. Webber		148 Punkte
6. Rosberg	2	144 Punkte
7. Grosjean		102 Punkte
8. Massa		102 Punkte
9. Button		60 Punkte
10. di Resta		40 Punkte
11. Hülkenberg		39 Punkte
12. Pérez		33 Punkte
13. Sutil		28 Punkte
14. Ricciardo		19 Punkte
15. Vergne		13 Punkte
16. Gutierrez		6 Punkte
17. Maldonado		1 Punkt

* Anzahl Siege

TRAININGSDUELLE

Button–Pérez	9:7
Alonso–Massa	9:7
Hamilton–Rosberg	10:6
Vettel–Webber	15:1
Räikkönen–Grosjean	10:6
Maldonado–Bottas	7:9
Hülkenberg–Gutierrez	15:1
Ricciardo–Vergne	12:4
Sutil–di Resta	7:9
Bianchi–Chilton	13:3
Pic–van der Garde	10:6

KONSTRUKTEURS-WM

1. Red Bull-Renault	10*	470 Punkte
2. Mercedes	3	313 Punkte
3. Ferrari	2	309 Punkte
4. Lotus-Renault	1	285 Punkte
5. McLaren-Mercedes		93 Punkte
6. Force India-Mercedes		68 Punkte
7. Sauber-Ferrari		45 Punkte
8. ToroRosso-Ferrari		32 Punkte
9. Williams-Renault		1 Punkt

FÜHRUNGSRUNDEN

1-2	Vettel
3-8	Massa
9-28	Webber
29-31	Vettel
32	Webber
33-60	Vettel

GP ABU DHABI:

17. VON 19 LÄUFEN

Streckenlänge: **5,554 km**
Runden: **55**
Distanz: **305,355 km**
Zuschauer: **55 000**
Lufttemperatur: **32 Grad**
Asphalttemperatur: **39 Grad**

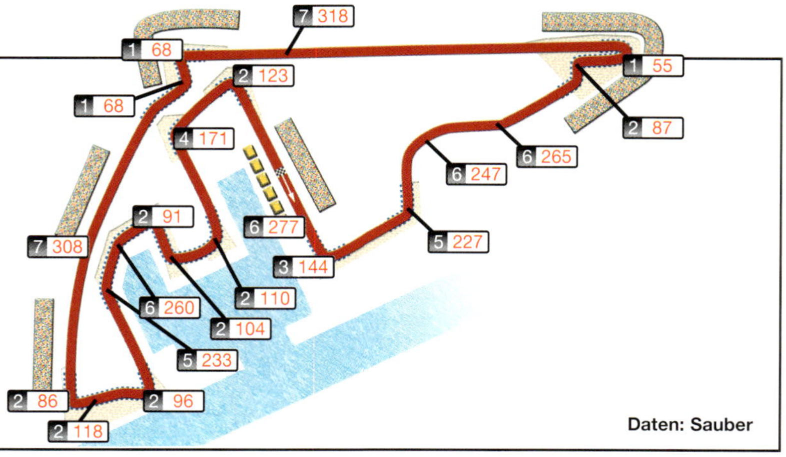

Daten: Sauber

STARTAUFSTELLUNG

	Fahrer	Startnummer
1	Mark Webber, AUS Red Bull-Renault, 1.39,957 min	2
2	Sebastian Vettel, D Red Bull-Renault, 1.40,075 min	1
3	Nico Rosberg, D Mercedes, 1.40,419 min	9
4	Lewis Hamilton, GB Mercedes, 1.40,501 min	10
5	Nico Hülkenberg, D Sauber-Ferrari, 1.40,576 min	11
6	Romain Grosjean, F Lotus-Renault, 1.40,997 min	8
7	Felipe Massa, BR Ferrari, 1.41,015 min	4
8	Sergio Pérez, MEX McLaren-Mercedes, 1.41,068 min	6
9	Daniel Ricciardo, AUS ToroRosso-Ferrari, 1.41,111 min	19
10	Fernando Alonso, E Ferrari, 1.41,093 min	3
11	Paul di Resta, GB Force India-Mercedes, 1.41,133 min	14
12	Jenson Button, GB McLaren-Mercedes, 1.41,200 min	5
13	Jean-Eric Vergne, F ToroRosso-Ferrari, 1.41,279 min	18
14	Pastor Maldonado, VEN Williams-Renault, 1.41,395 min	16
15	Valtteri Bottas, FIN Williams-Renault, 1.41,447 min	17
16	Esteban Gutierrez, MEX Sauber-Ferrari, 1.41,999 min	12
17	Adrian Sutil, D Force India-Mercedes, 1.42,051 min	15
18	Giedo van der Garde, NL Caterham-Renault, 1.43,252 min	21
19	Charles Pic, F Caterham-Renault, 1.43,528 min	20
20	Max Chilton, GB Marussia-Cosworth, 1.44,198 min	23
21	Jules Bianchi, F[1] Marussia-Cosworth, 1.43,398 min	22
22	Kimi Räikkönen, FIN[2] Lotus-Renault, 1.40,542 min	7

[1] Bianchi: fünf Plätze zurück wegen Getriebewechsels;
[2] Räikkönen: ans Ende der Startaufstellung versetzt wegen illegalem Unterboden
● Startnummer

Topspeed Qualifikation:
319,9 km/h (Massa)
Topspeed Rennen:
320,4 km/h (Massa)
Speed schnellste Kurve:
273,4 km/h (4)
Speed langsamste Kurve:
57,7 km/h (7)
Gangwechsel pro Runde: **64**

SafetyCar: **-**
Volllastanteil: **58% (15 s = 1080 m)**
Spritverbrauch pro Runde: **3,2 Liter**
Führungswechsel: **0**
Boxenstrategie Sieger: **2 (14/37)**
Gripniveau Asphalt: **hoch**
Abtriebslevel: **mittel-hoch (8 von 10)**
Bremsenverschleiß: **mittel**
Reifenverschleiß: **niedrig**

* in Klammern: Nummer Kurve

RENN-ERGEBNIS

	Fahrer	Runden	Zeit/Rückstand	Reifen[1]	Boxenstopps	Schnellste Runde
1.	Vettel	55/55[2]	1:38.06,106 min	s/m/m	2 (43,573 s)	1.43,893 min
2.	Webber	55	+ 30.829 s	s/m/m	2 (43,086 s)	1.44,364 min
3.	Rosberg	55	+ 33,650 s	s/m/m	2 (43,286 s)	1.44,458 min
4.	Grosjean	55	+ 34,802 s	s/m/m	2 (43,913 s)	1.44,301 min
5.	Alonso	55	+ 1.07,181 mim	s/m/s	2 (42,983 s)	1.43,434 min
6.	di Resta	55	+ 1.18,174 min	s/m	1 (22,270 s)	1.45,786 min
7.	Hamilton	55	+ 1.19,267 min	s/m/m	2 (42,981 s)	1.45,463 min
8.	Massa	55	+ 1.22,886 min	s/m/m	2 (43,800 s)	1.45,447 min
9.	Pérez	55	+ 1.31,198 min	s/m/m	2 (42,837 s)	1.45,435 min
10.	Sutil	55	+ 1.33,257 min	m/s	1 (22,048 s)	1.45,609 min
11.	Maldonado	55	+ 1.35,989 min	s/m/m	2 (46,296 s)	1.45,530 min
12.	Button	55	+ 1.43,767 min	m/s/m	2 (48,692 s)	1.46,336 min
13.	Gutierrez	55	+ 1.44,295 min	m/s/m	2 (44,755 s)	1.45,974 min
14.	Hülkenberg	54		s/m/m/DT	3 (1.01,373 min)	1.45,570 min
15.	Bottas	54		m/m/s	2 (50,041 s)	1.44,351 min
16.	Ricciardo	54		s/m/m	2 (45,140 s)	1.46,042 min
17.	Vergne	54		s/m/m	2 (45,538 s)	1.44,517 min
18.	van der Garde	54		s/m/m	2 (45,120 s)	1.46,592 min
19.	Pic	54		s/m/m	2 (46,503 s)	1.46,432 min
20.	Bianchi	53		s/m/m	2 (47,640 s)	1.47,619 min
21.	Chilton	53		s/m/m	2 (46,292 s)	1.47,707 min
22.	Räikkönen	0	Unfall (P 22)	m		

[1] Reifenfolge: ss=supersoft, s=soft, m=medium, h=hart, R=Regenreifen, I=Intermediate, DT=Durchfahrtstrafe, SG=Stop-and-go-Strafe [2] Runden in Führung, Bestwerte in Rot

FAHRER-WM

1. Vettel	11*	347 Punkte
2. Alonso	2	217 Punkte
3. Räikkönen	1	183 Punkte
4. Hamilton	1	175 Punkte
5. Webber		166 Punkte
6. Rosberg	2	159 Punkte
7. Grosjean		114 Punkte
8. Massa		106 Punkte
9. Button		60 Punkte
10. di Resta		48 Punkte
11. Hülkenberg		39 Punkte
12. Pérez		35 Punkte
13. Sutil		29 Punkte
14. Ricciardo		19 Punkte
15. Vergne		13 Punkte
16. Gutierrez		6 Punkte
17. Maldonado		1 Punkt

* Anzahl Siege

TRAININGSDUELLE

Button–Perez	9:8
Alonso–Massa	9:8
Hamilton–Rosberg	10:7
Vettel–Webber	15:2
Räikkönen–Grosjean	11:6
Maldonado–Bottas	8:9
Hülkenberg–Gutierrez	16:1
Ricciardo–Vergne	13:4
Sutil–di Resta	7:10
Bianchi–Chilton	14:3
Pic–van der Garde	10:7

KONSTRUKTEURS-WM

1. Red Bull-Renault	11*	513 Punkte
2. Mercedes	3	334 Punkte
3. Ferrari	2	323 Punkte
4. Lotus-Renault	1	297 Punkte
5. McLaren-Mercedes		95 Punkte
6. Force India-Mercedes		77 Punkte
7. Sauber-Ferrari		45 Punkte
8. ToroRosso-Ferrari		32 Punkte
9. Williams-Renault		1 Punkt

FÜHRUNGSRUNDEN

1-55 Vettel

GP USA:

18. VON 19 LÄUFEN

Streckenlänge: **5,513 km**
Runden: **56**
Distanz: **308,405 km**
Zuschauer: **113 000**
Lufttemperatur: **29 Grad**
Asphalttemperatur: **36 Grad**

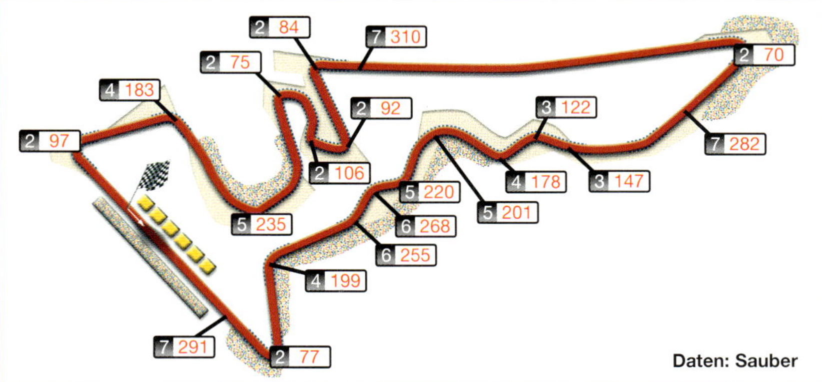

Daten: Sauber

STARTAUFSTELLUNG

Pos.	Fahrer	Startnummer
1	Sebastian Vettel, D Red Bull-Renault, 1.36,338 min	1
2	Marc Webber, AUS Red Bull-Renault, 1.36,441 min	2
3	Romain Grosjean, F Lotus-Renault, 1.37,155 min	8
4	Nico Hülkenberg, D Sauber-Ferrari 1.37,296 min	11
5	Lewis Hamilton, GB Mercedes, 1.37,345 min	10
6	Fernando Alonso, E Ferrari, 1.37,376 min	3
7	Sergio Perez, MEX McLaren-Mercedes, 1.37,452 min	6
8	Heikki Kovalainen, FIN Lotus-Renault, 1.37,715 min	7
9	Valtteri Bottas, FIN Williams-Renault, 1.37,836 min	17
10	Daniel Ricciardo, AUS ToroRosso-Ferrari, 1.38,131 min	19
11	Paul di Resta, GB Force India-Mercedes, 1.38,139 min	14
12	Nico Rosberg, D Mercedes, 1.38,364 min	9
13	Felipe Massa, BR Ferrari, 1.38,592 min	4
14	Jean-Eric Vergne, F ToroRosso-Ferrari, 1.38,696 min	18
15	Jenson Button, GB [1] McLaren-Mercedes, 1.38,217 min	5
16	Adrian Sutil, D Force India-Mercedes, 1.39,250 min	15
17	Pastor Maldonado, VEN Williams-Renault, 1.39,351 min	16
18	Giedo van der Garde, NL Caterham-Renault, 1.40,491 min	21
19	Jules Bianchi, F Marussia-Cosworth, 1.40,258 min	22
20	Esteban Gutierrez, MEX [2] Sauber-Ferrari, 1.38,034 min	12
21	Max Chilton, GB Marussia-Cosworth, 1.41,401 min	23
22	Charles Pic, F [3] Caterham-Renault, 1.40,596 min	20

[1] Button: drei Plätze zurück wegen Überholen unter roter Flagge;
[2] Gutierrez: zehn Plätze zurück wegen Behinderung;
[3] Pic: fünf Plätze zurück wegen Getriebewechsel
● Startnummer

Topspeed Qualifikation: **314,3 km/h (di Resta)**
Topspeed Rennen: **314,9 km/h (Button)**
Speed schnellste Kurve: **267,6 km/h (4)***
Speed langsamste Kurve: **70,0 km/h (11)**
Gangwechsel pro Runde: **58**

SafetyCar: **1 für 3 Runden**
Vollastanteil: **60% (14,0 s = 1010 m)**
Spritverbrauch pro Runde: **3,9 Liter**
Führungswechsel: **2**
Boxenstrategie Sieger: **1 (27)**
Gripniveau Asphalt: **mittel**
Abtriebslevel: **hoch (8 von 10)**
Bremsenverschleiß: **mittel**
Reifenverschleiß: **mittel**

* in Klammern: Nummer Kurve

RENN-ERGEBNIS

	Fahrer	Runden	Zeit/Rückstand	Reifen[1]	Boxenstopps	Schnellste Runde
1.	Vettel	56/54[2]	1:30.03,225 min	m/h	1 (24,086 s)	1.39,856 min
2.	Grosjean	56/2	+ 6,284 s	m/h	1 (23,876 s)	1.40,445 min
3.	Webber	56	+ 8,396 s	m/h	1 (23,537 s)	1.40,591 min
4.	Hamilton	56	+ 27,358 s	m/h	1 (23,904 s)	1.40,818 min
5.	Alonso	56	+ 29,592 s	m/h	1 (23,817 s)	1.41,186 min
6.	Hülkenberg	56	+ 30,400 s	m/h	1 (24,030 s)	1.40,952 min
7.	Perez	56	+ 46,692 s	m/h	1 (23,808 s)	1.41,830 min
8.	Bottas	56	+ 54,509 s	m/h	1 (25,014 s)	1.40,492 min
9.	Rosberg	56	+ 59,141 s	m/h	1 (23,806 s)	1.41,133 min
10.	Button	56	+ 1.17,278 min	m/h	1 (24,589 s)	1.41,285 min
11.	Ricciardo	56	+ 1.21,004 min	m/h	1 (24,226 s)	1.42,119 min
12.	Massa	56	+ 1.26,914 min	m/h/m	2 (48,052 s)	1.41,209 min
13.	Gutierrez	56	+ 1.31,707 min	m/h/m	2 (49,886 s)	1.41,401 min
14.	Kovalainen	56	+ 1.35,063 min	m/h/m	2 (1.01,656 min)	1.41,028 min
15.	di Resta	56	+ 1.36,853 min	m/h/m	2 (49,358 s)	1.41,148 min
16.	Vergne [3]	56	+ 1.44,574 min	h/m	1 (24,381 s)	1.41,320 min
17.	Maldonado	55		m/h	1 (32,794 s)	1.43,058 min
18.	Bianchi	55		m/h	1 (26,205 s)	1.43,419 min
19.	van der Garde	55		m/h	1 (25,268 s)	1.43,933 min
20.	Pic	55		m/h/DT	2 (46,260 s)	1.43,968 min
21.	Chilton	54		m/DT/h	2 (43,030 s)	1.43,775 min
22.	Sutil	0	Unfall (P 15)	m		

[1] Reifenfolge: ss=supersoft, s=soft, m=medium, h=hart, R=Regenreifen, I=Intermediate, DT-Durchfahrtstrafe, SG=Stop-and-go-Strafe; [2] Runden in Führung, Bestwerte in Rot; [3] Vergne: 20 Sekunden Zeitstrafe wegen Unfall

FAHRER-WM

1. Vettel	12*	372 Punkte
2. Alonso	2	227 Punkte
3. Hamilton	1	187 Punkte
4. Räikkönen	1	183 Punkte
5. Webber		181 Punkte
6. Rosberg	2	161 Punkte
7. Grosjean		132 Punkte
8. Massa		106 Punkte
9. Button		61 Punkte
10. di Resta		48 Punkte
11. Hülkenberg		47 Punkte
12. Pérez		41 Punkte
13. Sutil		29 Punkte
14. Ricciardo		19 Punkte
15. Vergne		13 Punkte
16. Gutierrez		6 Punkte
17. Bottas		4 Punkte
18. Maldonado		1 Punkt

* Anzahl Siege

TRAININGSDUELLE

Button–Perez	9:9
Alonso–Massa	10:8
Hamilton–Rosberg	11:7
Vettel–Webber	16:2
Räikkönen–Grosjean	11:6
Grosjean–Kovalainen	1:0
Maldonado–Bottas	8:10
Hülkenberg–Gutierrez	17:1
Ricciardo–Vergne	14:4
Sutil–di Resta	7:11
Bianchi–Chilton	15:3
Pic–van der Garde	10:8

KONSTRUKTEURS-WM

1. Red Bull-Renault	12*	553 Punkte
2. Mercedes	3	348 Punkte
3. Ferrari	2	333 Punkte
4. Lotus-Renault	1	315 Punkte
5. McLaren-Mercedes		102 Punkte
6. Force India-Mercedes		77 Punkte
7. Sauber-Ferrari		53 Punkte
8. ToroRosso-Ferrari		32 Punkte
9. Williams-Renault		5 Punkte

FÜHRUNGSRUNDEN

1-27	Vettel
28-29	Grosjean
30-56	Vettel

GP BRASILIEN:

19. VON 19 LÄUFEN

Streckenlänge: **4,309 km**
Runden: **71**
Distanz: **305,909 km**
Zuschauer: **131 000**
Lufttemperatur: **20 Grad**
Asphalttemperatur: **27 Grad**

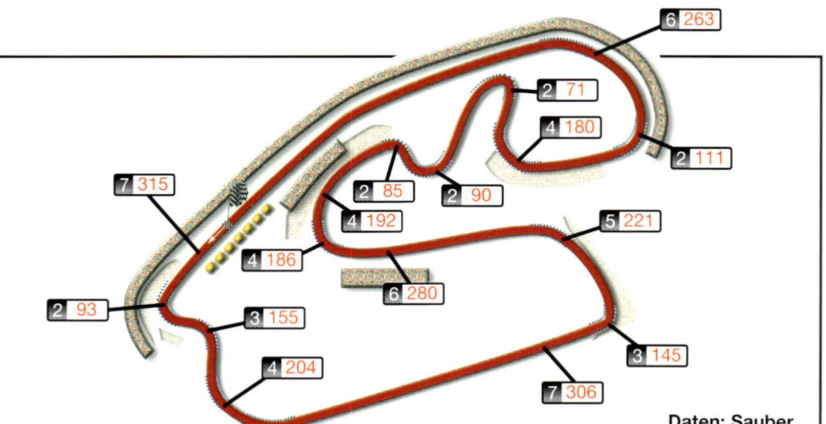

Daten: Sauber

STARTAUFSTELLUNG

Pos.	Fahrer	Startnummer
1	Sebastian Vettel, D Red Bull-Renault, 1.26,479 min	1
2	Nico Rosberg, D Mercedes, 1.27,102 min	9
3	Fernando Alonso, E Ferrari, 1.27,539 min	3
4	Mark Webber, AUS Red Bull-Renault, 1.27,572 min	2
5	Lewis Hamilton, GB Mercedes, 1.27,677 min	10
6	Romain Grosjean, F Lotus-Renault, 1.27,737 min	8
7	Daniel Ricciardo, AUS ToroRosso-Ferrari, 1.28,052 min	19
8	Jean-Eric Vergne, F ToroRosso-Ferrari, 1.28,081 min	18
9	Felipe Massa, BR Ferrari, 1.28,109 min	4
10	Nico Hülkenberg, D Sauber-Ferrari, 1.29,582 min	11
11	Heikki Kovalainen, FIN Lotus-Renault, 1.27,456 min	7
12	Paul di Resta, GB Force India-Mercedes, 1.27,796 min	14
13	Valtteri Bottas, FIN Williams-Renault, 1.27,954 min	17
14	Jenson Button, GB McLaren-Mercedes, 1.28,308 min	5
15	Adrian Sutil, D Force India-Mercedes, 1.28,586 min	15
16	Pastor Maldonado, VEN Williams-Renault, 1.27,367 min	16
17	Esteban Gutierrez, MEX Sauber-Ferrari, 1.27,445 min	12
18	Charles Pic, F Caterham-Renault, 1.27,843 min	20
19	Sergio Pérez, MEX[1] McLaren-Mercedes, 1.28,269 min	6
20	Giedo van der Garde, NL Caterham-Renault, 1.28,320 min	21
21	Jules Bianchi, F Marussia-Cosworth, 1.28,366 min	22
22	Max Chilton, GB Marussia-Cosworth, 1.28,950 min	23

[1] Pérez: fünf Plätze zurück wegen Getriebewechsels
● Startnummer

Topspeed Qualifikation:
303,0 km/h (di Resta)
Topspeed Rennen:
312,5 km/h (Pérez)
Speed schnellste Kurve:
217,0 km/h (5)*
Speed langsamste Kurve:
79,8 km/h (10)
Gangwechsel pro Runde: **40**

SafetyCar: **-**
Volllastanteil: **55% (16,0 s = 1180 m)**
Spritverbrauch pro Runde: **2,6 Liter**
Führungswechsel: **0**
Boxenstrategie Sieger: **2 (24/47)**
Gripniveau Asphalt: **mittel**
Abtriebslevel: **mittel-hoch (8 von 10)**
Bremsenverschleiß: **niedrig**
Reifenverschleiß: **hoch**

*in Klammern: Nummer Kurve

RENN-ERGEBNIS

	Fahrer	Runden	Zeit/Rückstand	Reifen[1]	Boxenstopps	Schnellste Runde
1.	Vettel	71/71[2]	1:32.36,300 min	m/m/h	2 (55,409 s)	1.15,624 min
2.	Webber	71	+ 10.452 s	m/m/h	2 (51,730 s)	1.15,436 min
3.	Alonso	71	+ 18,913 s	m/h/m	2 (45,487 s)	1.15,496 min
4.	Button	71	+ 37,360 s	h/m/m	2 (46,534 s)	1.16,450 min
5.	Rosberg	71	+ 39,048 s	m/h/h	2 (46,081 s)	1.16,442 min
6.	Pérez	71	+ 44,051 s	m/m/h	2 (44,988 s)	1.16,246 min
7.	Massa	71	+ 49,110 s	m/m/DT/h	3 (1.02,364 min)	1.16,470 min
8.	Hülkenberg	71	+ 1.04,252 min	m/m/h	2 (47,124 s)	1.16,802 min
9.	Hamilton	71	+ 1.12,903 min	m/h/h/DT	3 (1.04,463 min)	1.16,692 min
10.	Ricciardo	70		m/h/h	2 (46,061 s)	1.16,974 min
11.	di Resta	70		m/m/h	2 (46,567 s)	1.16,855 min
12.	Gutierrez	70		h/m/m	2 (46,995 s)	1.16,528 min
13.	Sutil	70		m/m/h/m	3 (1.10,143 min)	1.16,049 min
14.	Kovalainen	70		m/m/h	2 (45,665 s)	1.17,249 min
15.	Vergne	70		m/h/m/h	3 (1.11,089 min)	1.16,790 min
16.	Maldonado	70		m/h/h	2 (50,334 s)	1.17,554 min
17.	Bianchi	69		m/h/h	2 (48,060 s)	1.17,717 min
18.	van der Garde	69		m/m/h/h	3 (1.08,178 min)	1.17,590 min
19.	Chilton	69		m/m/h/m	3 (1.11,731 min)	1.17,281 min
20.	Pic	58	Aufhängung (P 17)	m/h		1.18,434 min
21.	Bottas	45	Unfall (P 17)	m/h/m		1.16,840 min
22.	Grosjean	2	Motor (P 8)	m		1.20,898 min

[1] Reifenfolge: ss = supersoft, s = soft, m = medium, h = hart, R = Regenreifen, I = Intermediate, DT = Durchfahrtsstrafe, SG = Stop-and-go-Strafe; [2] Runden in Führung, Bestwerte in Rot

FAHRER-WM

1. Vettel	13*	397 Punkte
2. Alonso	2	242 Punkte
3. Webber		199 Punkte
4. Hamilton	1	189 Punkte
5. Räikkönen	1	183 Punkte
6. Rosberg	2	171 Punkte
7. Grosjean		132 Punkte
8. Massa		112 Punkte
9. Button		73 Punkte
10. Hülkenberg		51 Punkte
11. Pérez		49 Punkte
12. di Resta		48 Punkte
13. Sutil		29 Punkte
14. Ricciardo		20 Punkte
15. Vergne		13 Punkte
16. Gutierrez		6 Punkte
17. Bottas		4 Punkte
18. Maldonado		1 Punkt

* Anzahl Siege

TRAININGSDUELLE

Button–Perez	9:10
Alonso–Massa	11:8
Hamilton–Rosberg	11:8
Vettel–Webber	17:2
Räikkönen–Grosjean	11:6
Grosjean–Kovalainen	2:0
Maldonado–Bottas	8:11
Hülkenberg–Gutierrez	18:1
Ricciardo–Vergne	15:4
Sutil–di Resta	7:12
Bianchi–Chilton	16:3
Pic–van der Garde	11:8

KONSTRUKTEURS-WM

1. Red Bull-Renault	13*	596 Punkte
2. Mercedes	3	360 Punkte
3. Ferrari	2	354 Punkte
4. Lotus-Renault	1	315 Punkte
5. McLaren-Mercedes		122 Punkte
6. Force India-Mercedes		77 Punkte
7. Sauber-Ferrari		57 Punkte
8. ToroRosso-Ferrari		33 Punkte
9. Williams-Renault		5 Punkte

FÜHRUNGSRUNDEN

1-71 Vettel

Tiefer Fall McLaren-Mercedes stürzte vom Titelanwärter ins Mittelfeld ab

FAHRER-WELTMEISTERSCHAFT

Land Fahrer	Aus	Mas	Chn	Brn	Esp	Mon	Can	Gbr	Ger	Hun	Bel	Ita	Sin	Kor	Jpn	Ind	Uae	USA	Bra	Punkte
Sebastian Vettel	15🟢	25🟢	12🔴	25🔴	12	18🔴	25🟢	-	15🔴	25	25🔴	25🟢	25🟢🔴	25🟢🔴	25	25🟢	25	25🔴🟢	25🔴	397
Fernando Alonso	18	-	25	4	25	6	18	15	12	10	18	18	18	8	12	-	10🔴	10	15	242
Mark Webber	8	18	-	6	10	15	12🔴	18🔴	6	12🔴	10	15	-	-	18🟢🔴	-	18🟢	15	18🟢	199
Lewis Hamilton	10	15	15🟢	10	-	12	15	12🟢	10🟢	25🟢	15🟢	2🔴	10	10	-	8	6	12	2	189
Kimi Räikkönen	25🔴	6	18	18	18	1	2	10	18	18	-	-	15	18	10	6🔴	-	-	-	183
Nico Rosberg	-	12	-	2🟢	8🟢	25🟢	10	25	2	-	12	8	12	6	4	18	15	2	10	171
Romain Grosjean	1	8	2	15	-	-	-	-	15	8	4	4	-	15	15	15	12	18	-	132
Felipe Massa	12	10	8	-	15	-	4	8	-	4	6	12	8	2	1	12	4	-	6	112
Jenson Button	2	-	10	1	4	8	-	-	8	6	8	1	6	4	2	-	-	1	12	73
Nico Hülkenberg	-	4	1	-	-	-	-	1	1	-	-	10	2	12	8	-	-	8	4	51
Sergio Pérez	-	2🔴	-	8	2	-	-	-	4	2	-	-	4	1	-	10	2	6	8	49
Paul di Resta	4	-	4	12	6	2	6	2	-	-	-	-	-	-	-	4	8	-	-	48
Adrian Sutil	6	-	-	-	-	10	1	6	-	-	2	-	1	-	-	2	1	-	-	29
Daniel Ricciardo	-	-	6	-	1	-	-	4	-	-	1	6	-	-	-	1	-	-	1	20
Jean-Eric Vergne	-	1	-	-	-	4	8	-	-	-	-	-	-	-	-	-	-	-	-	13
Esteban Gutierrez	-	-	-	-	-🔴	-	-	-	-	-	-	-	-	-	6	-	-	-	-	6
Valtteri Bottas	-	-	-	-	-	-	-	-	-	-	-	-	-	-	-	-	-	4	-	4
Pastor Maldonado	-	-	-	-	-	-	-	-	-	1	-	-	-	-	-	-	-	-	-	1
Jules Bianchi	-	-	-	-	-	-	-	-	-	-	-	-	-	-	-	-	.	-	-	-
Charles Pic	-	-	-	-	-	-	-	-	-	-	-	-	-	-	-	-	-	-	-	-
Heikki Kovalainen	-	-	-	-	-	-	-	-	-	-	-	-	-	-	-	-	-	-	-	-
Giedo van der Garde	-	-	-	-	-	-	-	-	-	-	-	-	-	-	-	-	-	-	-	-
Max Chilton	-	-	-	-	-	-	-	-	-	-	-	-	-	-	-	-	-	-	-	-

* Punkteverteilung: 25-18-15-12-10-8-6-4-2-1, 🔴 Pole Position, 🟢 Schnellste Runde

KONSTRUKTEURS-WELTMEISTERSCHAFT

Land Teams	Aus	Mas	Chn	Brn	Esp	Mon	Can	Gbr	Ger	Hun	Bel	Ita	Sin	Kor	Jpn	Ind	Uae	USA	Bra	Punkte
Red Bull	23	43	12	31	22	33	37	18	31	27	35	40	25	25	43	25	43	40	43	596
Mercedes	10	27	15	12	8	37	25	37	12	25	27	10	22	16	4	26	21	14	12	360
Ferrari	30	10	33	4	40	6	22	23	12	14	24	30	26	10	13	12	14	10	21	354
Lotus	26	14	20	33	18	1	2	10	33	26	4	4	15	33	25	21	12	18	-	315
McLaren	2	2	10	9	6	8	-	-	12	8	8	1	10	5	2	10	2	7	20	122
Force India	10	-	4	12	6	12	7	8	-	-	2	-	1	-	-	6	9	-	-	77
Sauber	-	4	1	-	-	-	-	1	1	-	-	10	2	12	14	-	-	8	4	57
ToroRosso	-	1	6	-	1	4	8	4	-	-	1	6	-	-	-	1	-	-	1	33
Williams	-	-	-	-	-	-	-	-	-	1	-	-	-	-	-	-	-	4	-	5
Marussia	-	-	-	-	-	-	-	-	-	-	-	-	-	-	-	-	-	-	-	-
Caterham	-	-	-	-	-	-	-	-	-	-	-	-	-	-	-	-	-	-	-	-

* Punkteverteilung: 25-18-15-12-10-8-6-4-2-1

TEAMS UND FAHRER

RED-BULL-RENAULT

www.redbullracing.com

TEAM

Teamchef:	Christian Horner
Teammanager:	Jonathan Wheatley
Technikchef:	Adrian Newey
Chefdesigner:	Rob Marshall
Motorenchef:	Rob White, Axel Plasse

AUTO

Chassis:	Red Bull RB9
Motor:	Renault RS27-2013
Benzin, Räder:	Total, O.Z.
Getriebe:	Red Bull, 7 Gang, Karbon

STAMMDATEN

Debüt:	GP Australien 2005
GP-Starts:	165
WM-Titel:	4/4
GP-Siege:	47
Testkilometer:	6203
Testfahrer:	Sebastien Buemi

FAHRER

Sebastian Vettel (D)

Geb.:	3.7.1987
Wohnort:	Ellighausen (CH)
GP-Debüt:	GP USA 2007
GP-Starts:	120
WM-Titel:	4
GP-Siege:	39
WM-Punkte:	1451

Mark Webber (AUS)

Geb.:	27.8.1976
Wohnort:	Aylesbury (GB)
GP-Debüt:	GP Australien 2002
GP-Starts:	215
WM-Titel:	-
GP-Siege:	9
WM-Punkte:	1047,5

FERRARI

www.ferrari.it

TEAM

Teamchef:	Stefano Domenicali
Teammanager:	Massimo Rivola
Technikchef:	Pat Fry, James Allison
Chefdesigner:	Nicolas Tombazis
Motorenchef:	Luigi Marmorini

AUTO

Chassis:	Ferrari F138
Motor:	Ferrari 056
Benzin, Räder:	Shell, BBS
Getriebe:	Ferrari, 7 Gang, Karbon

STAMMDATEN

Debüt:	GP Monaco 1950
GP-Starts:	870
WM-Titel:	15/16
GP-Siege:	221
Testkilometer:	6473
Testfahrer:	Pedro de la Rosa, Davide Rigon

FAHRER

Fernando Alonso (E)

Geb.:	29.7.1981
Wohnort:	Oviedo (E)
GP-Debüt:	GP Australien 2001
GP-Starts:	216
WM-Titel:	2
GP-Siege:	32
WM-Punkte:	1606

Felippe Massa (BR)

Geb.:	25.4.1981
Wohnort:	Monte Carlo (MC)
GP-Debüt:	GP Australien 2002
GP-Starts:	191
WM-Titel:	-
GP-Siege:	11
WM-Punkte:	816

MCLAREN-MERCEDES

www.mclaren.com

TEAM

Teamchef:	Martin Whitmarsh
Teammanager:	Dave Redding
Technikchef:	Tim Goss
Chefdesigner:	Neil Oatley
Motorenchef:	Thomas Fuhr, Andy Cowell

AUTO

Chassis:	McLaren MP4-28
Motor:	Mercedes FO108F
Benzin, Räder:	Mobil, Enkei
Getriebe:	McLaren, 7 Gang, Karbon

STAMMDATEN

Debüt:	GP Monaco 1966
GP-Starts:	742
WM-Titel:	12/8
GP-Siege:	182
Testkilometer:	6256
Testfahrer:	Gary Paffet, Kevin Magnussen

FAHRER

Jenson Button (GB)

Geb.:	19.1.1980
Wohnort:	Monte Carlo (MC)
GP-Debüt:	GP Australien 2000
GP-Starts:	247
WM-Titel:	1
GP-Siege:	15
WM-Punkte:	1071

Sergio Perez (MEX)

Geb.:	26.12.1985
Wohnort:	Monte Carlo (MC)
GP-Debüt:	GP Australien 2011
GP-Starts:	56
WM-Titel:	-
GP-Siege:	-
WM-Punkte:	129

LOTUS-RENAULT

www.lotusf1team.com

TEAM

Teamchef:	Gérard Lopez, Eric Boullier
Teammanager:	Paul Seaby
Technikchef:	James Allison, Nick Chester
Chefdesigner:	Martin Tolliday
Motorenchef:	Rob White, Axel Plasse

AUTO

Chassis:	Lotus E21
Motor:	Renault RS27-2013
Benzin, Räder:	Total, O.Z.
Getriebe:	Lotus, 7 Gang, Titan

STAMMDATEN

Debüt:	GP Monaco 1958
GP-Starts:	568
WM-Titel:	6/7
GP-Siege:	81
Testkilometer:	4996
Testfahrer:	Davide Valsecchi

FAHRER

Kimi Räikkönen (FIN)

Geb.:	17.10.1979
Wohnort:	Espoo (CH)
GP-Debüt:	GP Australien 2001
GP-Starts:	193
WM-Titel:	1
GP-Siege:	20
WM-Punkte:	969

FAHRER

Romain Grosjean (F)

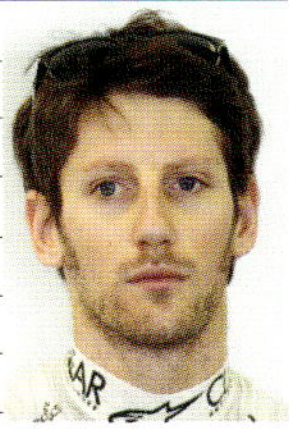

Geb.:	17.4.1986
Wohnort:	Genf (CH)
GP-Debüt:	GP Europa 2009
GP-Starts:	45
WM-Titel:	-
GP-Siege:	-
WM-Punkte:	228

Heikki Kovalainen (FIN)

Geb.:	19.10.1981
Wohnort:	Genf (CH)
GP-Debüt:	GP Australien 2007
GP-Starts:	111
WM-Titel:	-
GP-Siege:	1
WM-Punkte:	105

MERCEDES

www.mercedes-amg-f1.com

TEAM

Teamchef:	Ross Brawn, Toto Wolff
Teammanager:	Ron Meadows
Technikchef:	Bob Bell, Paddy Lowe
Chefdesigner:	Aldo Costa, Mike Elliott
Motorenchef:	Thomas Fuhr, Andy Cowell

AUTO

Chassis:	MercedesAMG W04
Motor:	Mercedes F0108F
Benzin, Räder:	Petronas, BBS
Getriebe:	Mercedes, 7 Gang, Karbon

STAMMDATEN

Debüt:	GP Frankreich 1954
GP-Starts:	89
WM-Titel:	2/2
GP-Siege:	13
Testkilometer:	5131
Testfahrer:	Sam Bird

FAHRER

Nico Rosberg (D)

Geb.:	27.6.1985
Wohnort:	Monte Carlo (MC)
GP-Debüt:	GP Bahrain 2006
GP-Starts:	147
WM-Titel:	-
GP-Siege:	3
WM-Punkte:	570,5

Lewis Hamilton (GB)

Geb.:	7.1.1985
Wohnort:	Monte Carlo (MC)
GP-Debüt:	GP Australien 2007
GP-Starts:	129
WM-Titel:	1
GP-Siege:	22
WM-Punkte:	1102

SAUBER-FERRARI

www.sauber-motorsport.com

TEAM

Teamchef:	Monisha Kaltenborn
Teammanager:	Beat Zehnder
Technikchef:	Matt Morris, Eric Gandelin
Chefdesigner:	Christoph Zimmermann
Motorenchef:	Luigi Marmorini

AUTO

Chassis:	Sauber C32
Motor:	Ferrari 056
Benzin, Räder:	Shell, BBS
Getriebe:	Ferrari, 7-Gang, Karbon

STAMMDATEN

Debüt:	GP Südafrika 1993
GP-Starts:	273
WM-Titel:	-/-
GP-Siege:	-
Testkilometer:	6551
Testfahrer:	Robin Frijns

FAHRER

Nico Hülkenberg (D)

Geb.:	19.8.1987
Wohnort:	Frankfurt (D)
GP-Debüt:	GP Bahrain 2010
GP-Starts:	57
WM-Titel:	-
GP-Siege:	-
WM-Punkte:	136

Esteban Gutierrez (MEX)

Geb.:	5.8.1991
Wohnort:	Luzern (CH)
GP-Debüt:	GP Australien 2013
GP-Starts:	19
WM-Titel:	-
GP-Siege:	-
WM-Punkte:	6

FORCE INDIA-MERCEDES

www.forceindiaf1.com

TEAM

Teamchef:	Vijay Mallya, Otmar Szafnauer
Teammanager:	Andy Stevenson
Technikchef:	Andy Green
Chefdesigner:	Akio Haga, Ian Hall
Motorenchef:	Thomas Fuhr, Andy Cowell

AUTO

Chassis:	Force India VJM06
Motor:	Mercedes FO108F
Benzin, Räder:	Mobil, BBS
Getriebe:	McLaren, 7-Gang, Karbon

STAMMDATEN

Debüt:	GP Australien 2008
GP-Starts:	112
WM-Titel:	-/-
GP-Siege:	-
Testkilometer:	5900
Testfahrer:	James Calado

FAHRER

Paul di Resta (GB)

Geb.:	16.4.1986
Wohnort:	Bathgate (GB)
GP-Debüt:	GP Australien 2011
GP-Starts:	58
WM-Titel:	-
GP-Siege:	-
WM-Punkte:	123

Adrian Sutil (D)

Geb.:	11.1.1983
Wohnort:	Oensingen (CH)
GP-Debüt:	GP Australien 2007
GP-Starts:	109
WM-Titel:	-
GP-Siege:	-
WM-Punkte:	124

WILLIAMS-RENAULT

www.williamsf1.com

TEAM

Teamchef:	Frank Williams, Claire Williams
Teammanager:	Dickie Stanford
Technikchef:	Mike Coughlan, Pat Symonds
Chefdesigner:	Ed Wood
Motorenchef:	Rob White, Axel Plasse

AUTO

Chassis:	Williams FW35
Motor:	Renault RS27-2013
Benzin, Räder:	Total, Rays
Getriebe:	Williams, 7-Gang, Aluminium

STAMMDATEN

Debüt:	GP England 1972
GP-Starts:	662
WM-Titel:	7/9
GP-Siege:	114
Testkilometer:	6050
Testfahrer:	Daniel Juncadella

FAHRER

Pastor Maldonado (VEN)

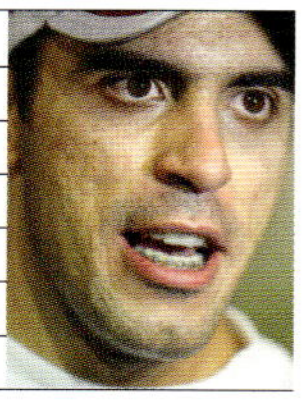

Geb.:	9.3.1985
Wohnort:	Maracay (VEN)
GP-Debüt:	GP Australien 2011
GP-Starts:	58
WM-Titel:	-
GP-Siege:	1
WM-Punkte:	47

Valteri Bottas (FIN)

Geb.:	28.8.1989
Wohnort:	Nastola (FIN))
GP-Debüt:	GP Australien 2013
GP-Starts:	19
WM-Titel:	-
GP-Siege:	-
WM-Punkte:	4

TOROROSSO-FERRARI

www.tororosso.com

TEAM

Teamchef:	Franz Tost
Teammanager:	Steve Nielsen
Technikchef:	James Key
Chefdesigner:	Luca Furbatto
Motorenchef:	Luigi Marmorini

AUTO

Chassis:	ToroRosso STR8
Motor:	Ferrari 056
Benzin, Räder:	Shell, Advanti
Getriebe:	ToroRosso, 7-Gang, Aluminium

STAMMDATEN

Debüt:	GP Bahrain 2006
GP-Starts:	127
WM-Titel:	-
GP-Siege:	1
Testkilometer:	5872
Testfahrer:	Felix da Costa, Carlos Sainz jun.

FAHRER

Eric Vergne (F)

Geb.:	25.10.1990
Wohnort:	Paris (F)
GP-Debüt:	GP Australien 2012
GP-Starts:	39
WM-Titel:	-
GP-Siege:	-
WM-Punkte:	29

Daniel Ricciardo (AUS)

Geb.:	1.7.1989
Wohnort:	Milton Keynes (GB)
GP-Debüt:	GP England 2011
GP-Starts:	50
WM-Titel:	-
GP-Siege:	-
WM-Punkte:	30

CATERHAM-RENAULT

www.caterhamracing.com

TEAM

Teamchef:	Tony Fernandes, Cyril Abiteboul
Teammanager:	Graham Watson
Technikchef:	Mark Smith
Chefdesigner:	Lewis Butler, John Iley
Motorenchef:	Rob White, Axel Plasse

AUTO

Chassis:	Caterham CT-03
Motor:	Renault RS27-2013
Benzin, Räder:	Total, BBS
Getriebe:	Red Bull, 7-Gang, Karbon

STAMMDATEN

Debüt:	GP Australien 2012
GP-Starts:	39
WM-Titel:	-/-
GP-Siege:	-
Testkilometer:	6252
Testfahrer:	Heikki Kovalainen

FAHRER

Charles Pic (F)

Geb.:	15.2.1990
Wohnort:	Montelimar (F)
GP-Debüt:	GP Australien 2012
GP-Starts:	39
WM-Titel:	-
GP-Siege:	-
WM-Punkte:	-

Giedo van der Garde (NL)

Geb.:	25.4.1985
Wohnort:	Amsterdam (NL)
GP-Debüt:	GP Australien 2013
GP-Starts:	19
WM-Titel:	-
GP-Siege:	-
WM-Punkte:	-

MARUSSIA-COSWORTH

www.marussiaf1team.com

TEAM

Teamchef:	John Booth
Teammanager:	Dave O'Neill
Technikchef:	Pat Symonds, Dave Greenwood
Chefdesigner:	John McQuilliam
Motorenchef:	Bruce Wood

AUTO

Chassis:	Marussia MR-02
Motor:	Cosworth CA-2012
Benzin, Räder:	BP, BBS
Getriebe:	X-Trac, 7-Gang, Aluminium

STAMMDATEN

Debüt:	GP Australien 2012
GP-Starts:	39
WM-Titel:	-/-
GP-Siege:	-
Testkilometer:	4995
Testfahrer:	Rodolfo Gonzalez

FAHRER

Jules Bianchi (F)

Geb.:	3.8.1989
Wohnort:	Nizza (F)
GP-Debüt:	GP Australien 2013
GP-Starts:	19
WM-Titel:	-
GP-Siege:	-
WM-Punkte:	-

Max Chilton (GB)

Geb.:	21.4.1991
Wohnort:	Reigate (GB)
GP-Debüt:	GP Australien 2013
GP-Starts:	19
WM-Titel:	-
GP-Siege:	-
WM-Punkte:	-

Mannschaftsaufstellung Bis auf Räikkönen (vorne, 2. v. li.) waren alle Fahrer, die in Melbourne antraten, auch beim Finale dabei. Webber steigt 2014 aus und fährt Sportwagen

FORMEL 1-REKORDE

Die Top 50 nach Punkten

Platz	Fahrer (☐ = noch aktiv)	Punkte	GP-Zahl	WM-Titel	Siege	2. Plätze	3. Plätze	Pole-Positions	Schnellste Runden
1.	Fernando Alonso (E)	1606	216	2	32	36	27	22	20
2.	Michael Schumacher* (D)	1566 (1488)	307	7	91	43	21	68	77
3.	Sebastian Vettel (D)	1451	120	4	39	13	10	45	23
4.	Lewis Hamilton (GB)	1102	129	1	22	16	16	31	13
5.	Jenson Button (GB)	1071	247	1	15	16	19	8	8
6.	Mark Webber (AUS)	1047,5	215	0	9	16	17	13	19
7.	Kimi Räikkönen (FIN)	969	193	1	20	29	28	16	39
8.	Felipe Massa (BR)	816	191	0	11	12	13	15	14
9.	Alain Prost (F)	798,5 (768,5)	200	4	51	35	20	33	41
10.	Rubens Barrichello (BR)	658	323	0	11	29	28	14	17
11.	Ayrton Senna (BR)	614 (610)	161	3	41	23	16	65	19
12.	Nico Rosberg (D)	570,5	147	0	3	3	5	4	4
13.	David Coulthard (GB)	535	246	0	13	26	23	12	18
14.	Nelson Piquet (BR)	485,5 (481,5)	204	3	23	20	17	24	23
15.	Nigel Mansell (GB)	482 (480)	187	1	31	16	11	32	30
16.	Niki Lauda (A)	420,5	171	3	25	20	9	24	25
17.	Mika Häkkinen (FIN)	420	162	2	20	15	17	26	25
18.	Gerhard Berger (A)	386 (385)	210	0	10	17	21	12	21
19.	Jackie Stewart (GB)	360 (359)	99	3	27	11	5	17	15
	Damon Hill (GB)	360	116	1	22	15	5	20	19
21.	Ralf Schumacher (D)	329	180	0	6	7	15	6	8
22.	Carlos Reutemann (ARG)	310 (298)	146	0	12	13	20	6	5
23.	Juan Pablo Montoya (COL)	307	94	0	7	15	8	13	12
24.	Graham Hill (GB)	289 (270)	176	2	14	15	7	13	10
25.	Riccardo Patrese (I)	281	256	0	6	17	14	8	13
	Emerson Fittipaldi (BR)	281	144	2	14	13	8	6	6
27.	Juan Manuel Fangio (ARG)	277,1 (244,5)	51	5	24	10	1	29	23
28.	Giancarlo Fisichella (I)	275	229	0	3	7	9	4	2
29.	Jim Clark (GB)	274 (255)	72	2	25	1	6	33	28
30.	Robert Kubica (PL)	273	76	0	1	5	6	1	1
31.	Jack Brabham (AUS)	261 (253)	126	3	14	10	7	13	10
32.	Nick Heidfeld (D)	259	183	0	0	8	4	1	2
33.	Jody Scheckter (ZA)	255 (246)	112	1	10	14	9	3	6
34.	Denis Hulme (NZ)	248	112	1	8	9	17	1	9
35.	Jarno Trulli (I)	246,5	252	0	1	4	6	4	1
36.	Jean Alesi (F)	241	201	0	1	16	15	2	4
37.	Jacques Villeneuve (CDN)	235	163	1	11	5	7	13	9
38.	Jacques Lafitte (F)	228	176	0	6	10	16	7	6
	Romain Grosjean (F)	228	45	0	0	2	7	0	1
40.	Clay Regazzoni (CH)	212 (209)	132	0	5	13	10	5	15
41.	Alan Jones (AUS)	206 (199)	116	1	12	8	5	6	13
	Ronnie Peterson (S)	206	123	0	10	10	6	14	9
43.	Bruce McLaren (NZ)	196,5 (188,5)	101	0	4	11	12	0	3
44.	Eddie Irvine (GB)	191	146	0	4	6	16	0	1
45.	Stirling Moss (GB)	186,6 (185,6)	66	0	16	5	2	16	20
46.	Michele Alboreto (I)	186,5	194	0	5	9	9	2	5
47.	René Arnoux (F)	181	149	0	7	9	6	18	12
	Jacky Ickx (B)	181	116	0	8	7	10	13	14
49.	John Surtees (GB)	180	111	1	6	10	8	8	11
	Mario Andretti (USA)	180	128	1	12	2	5	18	10

In Klammern abzüglich Streichresultate; * laut FIA-Disqualifikation wurden die 97er Resultate gestrichen

Die Bestenliste

Leistung	Fahrer
WM-Titel:	M. Schumacher 7
GP-Starts:	Barrichello 323
Siege:	M. Schumacher 91
2. Plätze:	M. Schumacher 43
3. Plätze:	Barrichello, Räikkönen 28
Siege pro Saison:	M. Schumacher 13 (2004), Vettel 13 (2013)
Siege in Folge:	Vettel 9 (2013)
Siege im gleichen GP:	M. Schumacher 8 (Frankreich)
Siege in Folge (gl. GP):	Senna 5 (Monaco 1989–1993)
Podiumsplätze:	M. Schumacher 155
Führungskilometer:	M. Schumacher 24 082
WM-Punkte:	Alonso 1606
WM-Punkte (pro Saison):	Vettel 397 (2013)
Schnellste Runden:	M. Schumacher 77
Schnellste Runden pro Saison:	M. Schumacher (2004), Räikkönen (2008) 10
Pole-Positions:	Schumacher 68
Pole-Positions pro Saison:	Vettel 15 (2011)
Pole-Positions in Folge:	Prost 7 (1993)
Start-Ziel-Siege:	Senna 19
Jüngster GP-Sieger:	Sebastian Vettel, 21 Jahre, 73 Tage (2008, Italien)
Ältester GP-Sieger:	Luigi Fagioli, 53 Jahre, 22 Tage (1951, Frankreich)
Jüngster Weltmeister:	Sebastian Vettel, 23 Jahre, 134 Tage (2010)
Ältester Weltmeister:	Juan Manuel Fangio, 46 Jahre, 76 Tage (1957)
Jüngster Pilot am Start:	Jaime Alguersuari, 19 Jahre, 125 Tage (2009, Ungarn)
Ältester Pilot am Start:	Louis Chiron, 55 Jahre, 292 Tage (1955, Monaco)

Leistung	Team
Konstrukteurs-Titel:	Ferrari 16
GP-Siege:	Ferrari 221
Siege pro Saison:	McLaren (1988), Ferrari 15 (2002, 2004)
Siege in Folge (pro Saison):	McLaren 11 (1988)
WM-Punkte:	Ferrari 6525,1
WM-Punkte (pro Saison):	Red Bull 650 (2011)
Doppelsiege (pro Saison):	McLaren 10 (Senna, Prost 1988)
Pole-Positions:	Ferrari 207
Pole-Positions in Folge:	Williams 24 (1992, 1993)
Pole-Positions (pro Saison):	Red Bull 18 (2011)
Siege auf einer Strecke:	Ferrari 18 (Monza)

Zum Weiterlesen aus dem Motorbuch Verlag

Michael Schmidt

Formel 1 Saison 2014 - Alle Teams • Alle Strecken • Alle Fahrer

Die Karten in der Formel 1 sind für 2014 neu gemischt: Für Spannung, Zündung und Diskussionsstoff ist reichlich gesorgt. Dieser Klassiker unter den Formel 1-Büchern blickt auf Fahrer und Teams, erklärt Änderungen, stellt Strecken vor und bietet, hervorragend illustriert, Wissenswertes zu den Rennen.

ca. 192 Seiten, ca. 300 Abbildungen
Format 220 x 280 mm, gebunden

ISBN 978-3-613-03639-0

€ 24,90 **CHF 34,90 / € (A) 25,60 – ET: ca. März 2014**

Michael Schmidt

Sebastian Vettel - Vom Kart-Champion zum Formel 1-Weltmeister

Michael Schmidt skizziert in seinem Buch die beeindruckende Karriere des jungen Heppenheimers, stellt Team und Auto vor, zeigt eine Vielzahl an grandiosen Bildern und versucht dem Phänomen Vettel in Zahlen und Statistiken gerecht zu werden.

192 Seiten, 300 Bilder
Format 215 x 280 mm

ISBN 978-3-613-03382-5

€ 24,90 **CHF 34,90 / € (A) 25,60**

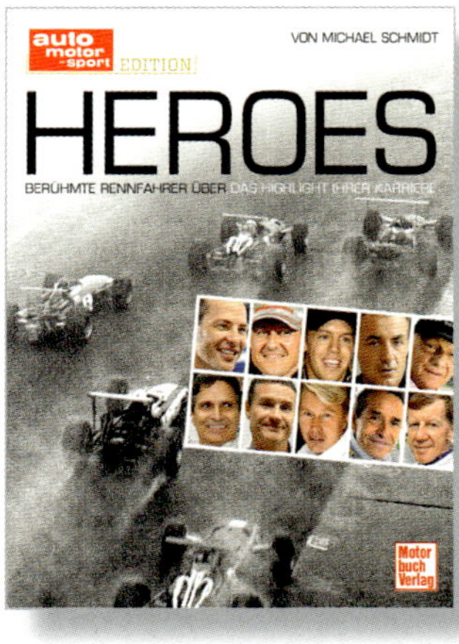

Michael Schmidt

Heroes

Manchmal genügt ein Rennen, eine geniale Runde oder einfach ein fantastisches Überholmanöver, um in die Ruhmeshalle des Motorsports einzuziehen. Michael Schmidt porträtiert in diesem Buch 60 Formel 1-Legenden und ihre größten Rennen. 34 grandiose Momente machen das Buch zur unvergesslichen Lektüre.

160 Seiten, 167 Bilder
Format 215 x 280 mm

ISBN 978-3-613-03471-6

€ 24,90 **CHF 34,90 / € (A) 25,60**

Überall, wo es Bücher gibt, oder unter:
www.motorbuch.de
Tel. 0711 / 98 809 984

Motor buch Verlag

Stand: November 2013
Änderungen in Preis und Lieferfähigkeit vorbehalten